吐魯番出土墓誌彙考

張銘心 ● 編著

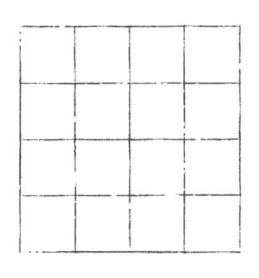

广西师范大学出版社
·桂林·

TULUFAN CHUTU MUZHI HUI KAO

本書出版得到中央民族大學建設世界一流大學（學科）專項建項經費資助

圖書在版編目（CIP）數據

吐魯番出土墓誌彙考 / 張銘心編著. —桂林：廣西師範大學出版社，2020.11
　ISBN 978-7-5598-2934-4

Ⅰ．①吐… Ⅱ．①張… Ⅲ．①墓誌－彙編－吐魯番地區 Ⅳ．①K877.45

中國版本圖書館 CIP 數據核字（2020）第 099618 號

廣西師範大學出版社出版發行
（廣西桂林市五里店路 9 號　郵政編碼：541004）
（網址：http://www.bbtpress.com）
出版人：黃軒莊
全國新華書店經銷
廣西民族印刷包裝集團有限公司印刷
（南寧市高新區高新三路 1 號　郵政編碼：530007）
開本：880 mm × 1 240 mm　1/32
印張：13.25　　　字數：290 千字
2020 年 11 月第 1 版　　2020 年 11 月第 1 次印刷
定價：68.00 元

如發現印裝質量問題，影響閱讀，請與出版社發行部門聯繫調換。

作者簡介

張銘心 1964年生,中央民族大學歷史文化學院教授。曾就職於故宫博物院,後留學日本,獲大阪大學文學博士學位。主要研究領域爲吐魯番學、出土文獻學(以石刻學爲主)、書畫篆刻史。

序

我從 1981 年冬參加《吐魯番出土文書》整理,就一直非常關注同一時期吐魯番出土的高昌至唐西州的墓塼。當初主要考慮,《文書》按墓葬編排,墓塼多有紀年,是《文書》斷代的重要依據。不久發現,墓塼還有很多關於官制和朔閏的重要資料。侯燦先生利用墓塼官制資料對麴氏高昌官制進行了研究[1],我利用墓塼朔閏資料對麴氏高昌曆法進行了探討[2]。我以爲,墓塼的價值大概已被發掘净盡。然而,張銘心君的出現,使我完全改變了看法。

張銘心君 1991 年發表的《高昌塼書法淺析》文章和 1993 年出版的《高昌塼書法》圖書[3],可以毫不誇張地説,具有里

---

[1] 侯燦:《麴氏高昌王國官制研究》,原載《文史》(第 22 輯),北京:中華書局,1984 年;後收入《高昌樓蘭研究論集》,烏魯木齊:新疆人民出版社,1990 年,第 1—72 頁。

[2] 王素:《麴氏高昌曆法初探》(附《麴氏高昌朔閏推擬表》),載《出土文獻研究續集》,北京:文物出版社,1989 年,第 148—180 頁。

[3] 張銘心:《高昌塼書法淺析》,《書法》1991 年第 6 期,第 44—45 頁;同作者《高昌塼書法》,桂林:廣西師範大學出版社,1993 年。

程碑的意義。這裏簡單介紹兩點：

（一）最早證實黃文弼先生掘獲高昌墓塼藏於故宫博物院。我們知道：黃文弼1930年春在吐魯番考古發掘所獲一百二十四方高昌墓塼，究竟藏於何處，一直存在藏於北京圖書館（今國家圖書館）和藏於中國歷史博物館（今中國國家博物館）二説。1991年至1993年，銘心君尚在故宫博物院工作，前揭文章和圖書所刊數十方高昌墓塼，均爲黃文弼当年掘獲品。這無疑清楚告訴我們：黃文弼掘獲高昌墓塼，實際藏於故宫博物院，從而破解了這一陳年舊案。[1]

（二）最早肯定高昌墓塼書法在中國書法史上應具重要地位。我們知道：最早注意高昌墓塼書法的是沙孟海先生。但他1932年首次見到黃文弼掘獲《畫承及妻張氏墓表》，在與友人吳公阜信中，討論的僅是書圓刻方等碑石製作問題[2]，并非傳統意義上的書法問題。後來，馬雍先生在肯定高昌郡文書具有較高書法價值的同時，表示對高昌國文書書法很不滿意，認爲水平大爲下降，有的甚至拙劣不堪。[3] 這種指責，導

---

[1] 據最新調查，黃文弼掘獲高昌墓塼一百二十四方，故宫博物院藏有一百二十二方，中國國家博物館藏有兩方（應是故宫博物院早年借給中國歷史博物館辦展覽，中國歷史博物館没有歸還）。參閲王素《故宫博物院藏敦煌吐魯番文獻述評》，載《國學的傳承與創新——馮其庸先生從事教學與科研六十周年慶賀學術文集》（下册），上海：上海古籍出版社，2013年，第930－933頁。

[2] 沙孟海：《書法史上的若干問題》，載《沙孟海論書叢稿》，上海：上海書畫出版社，1987年，第183頁。按：沙孟海的觀點，曾經引起爭論。參閲王玉池《一個影響頗廣的錯誤實例——高昌〈畫承夫婦塼誌〉問題》，《書法》1994年第5期，第4頁；楚默《沙孟海對書法批評的貢獻》，《中國書法》2011年第1期，第52頁。因與書法關係不大，這裏不擬贅述。

[3] 馬雍：《吐魯番出土高昌郡時期文書概述》，原載《文物》1986年第4期；後收入《西域史地文物叢考》，北京：文物出版社，1990年，第118頁。

致學界對主要屬於高昌國的墓塼書法也不太重視[1]。而銘心君前揭文章和圖書的發表與出版，徹底改變了這種認識[2]。

當然，高昌墓塼的價值還遠不止此。銘心君1994年辭去故宮博物院的工作，東渡日本求學，繼續從事高昌墓塼的研究。他的碩士論文《高昌墓磚の史的研究》，博士論文《トゥルファン出土高昌墓磚の源流とその成立》，都是研究高昌墓塼很有分量的成果。而本書的雛形，原本是他碩博士論文附錄的《資料編》。可見銘心君研究高昌墓塼，對於資料的收集是何等的專注和細緻！

本書在十幾年前就已初具規模。當時銘心君製作成電子本，廣贈學界同道，我也獲得了一份。看過之後，感覺很有價值，便問銘心君："是否可以考慮出版？"銘心君答："再等等！"我知道：他是想精益求精，將本書做得更好更完善。此後，他便繼續收集各類資料。現在，呈現到我們面前的這部書，雖然算不上洋洋巨著，但作爲高昌墓塼的"資料集"，至少有三點值得稱道：

---

[1] 譬如我受馬雍影響，較爲重視高昌郡書法，并曾撰文研究。參閱王素、劉紹剛《十六國時期高昌郡書法簡論》，原載《書法叢刊》1992年第4期，第1－12頁；後收入《漢唐歷史與出土文獻》，北京：故宮出版社，2011年，第436－442頁。而對高昌國書法，因有種種顧忌，沒有撰文研究。

[2] 在銘心君之後，關於高昌墓塼書法研究的論著才開始大量涌現，雖然多爲人云亦云，但值得一讀的也有不少，如：張同印、崔樹強《高昌墓塼書法》，原載《中國書法》1999年第4期，後改名《高昌墓表書法》，收入《隋唐墓誌書蹟研究》，北京：文物出版社，2003年，第51－63頁；侯燦主編《吐魯番墓塼書法》，重慶：重慶出版社，2002年；張小莊《從高昌磚論及魏碑體書風的成因等問題》，《中國書法》2010年第9期，第79－83頁。不贅舉。

(一) 材料完備

這裏說的材料,指的是高昌墓塼本身。我們知道,由於高昌墓塼具有特殊價值,對於該材料的整理,已有很長歷史,包括我在内,不少學人都做過類似工作。相關情況,本書《編寫説明》已有介紹,這裏無須贅述。在本書之前,收錄墓塼最多的,一是侯燦先生的《吐魯番出土磚誌集注》,一是石見清裕先生的《吐魯番出土墓表·墓誌の統計的分析》,都達到三百二十八方[1]。而本書收錄的墓塼,多達三百七十三方,比前者增加四十五方,數量穩居第一。有人或許會認爲,後來居上,很正常,不足爲奇。但如果知道其中還有從未公布的新材料,也許就不會這麽認爲了。譬如《和氏墓表》,存八行、八十餘字,時間爲義和三年(616)五月卅日,是吐魯番文物局 2008 年徵集品,《新獲吐魯番出土文獻》未收,本書首次將圖版與録文一并公布。可見本書收集材料之完備。

(二) 信息完備

這裏說的信息,指的是關於高昌墓塼本身的信息。主要有質地、書寫形式、尺寸大小、出土時間、出土地點、收藏地點等。需要指出的是,很多描述用語,都來自考古發掘的簡報和準報告[2],未作絲毫改動,具有原始檔案的真實性。譬如質地,并非全是塼質,還有石質、木質、土質等,故關於質地的描

---

[1] 侯燦、吴美琳:《吐魯番出土磚誌集注》,成都:巴蜀書社,2003 年;[日]石見清裕:《吐魯番出土墓表·墓誌の統計的分析》,《敦煌、吐魯番出土漢文文書の新研究》,東京:東洋文庫,2009 年,第 157—182 頁。

[2] 按:吐魯番考古發掘墓葬近千座,迄今只見有發掘簡報,没有見到嚴格意義上的考古報告。黄文弼的《吐魯番考古記》和《高昌塼集》,以及《吐魯番出土文書》《新獲吐魯番出土文獻》等,都屬於考古報告的一部分,只能算作考古準報告。

述用語,塼質外,還有灰塼、紅塼、泥質灰塼;石質外,還有砂岩石質;木質外,還有木牌、木質板;土質外,還有土坯、生土質、生土模製、黄泥模製土坯等。又譬如書寫形式,描述用語有墨書、朱書、墨格墨書、墨格朱書、墨地朱書、墨地刻字、朱書朱格、刻字填朱、墨地白粉書、墨地朱書朱格、墨格刻字填朱、刻字刻格填朱、白字白格墨地、前五行朱書末行墨書,等等。此外,録文雖然没有標行數,却是按行釋録,也是爲了儘可能保存原貌和原始信息。

(三)學術史完備

這裏説的學術史,指的是關於高昌墓塼的著録和研究的成果。本書徵引著録成果七十八種,始於 1914 年羅振玉的《西陲石刻録》,終於 2010 年戴良佐編著《西域碑銘録》;研究成果一百一十種,始於 1959 年小笠原宣秀的《龍谷大學所藏大谷探檢隊將來吐魯番出土古文書素描》,終於 2014 年米婷婷的《高昌墓塼對女性的記述》。可謂洋洋大觀!然而,本書學術史之完備并不僅此。同一方墓塼,録文出入較大者,爲了不偏不倚,本書往往將兩份録文并列,讓讀者自己判斷取捨。譬如:闞氏高昌國時期(460—488)《張祖墓表》有兩份録文,一份是《新獲吐魯番出土文獻》的,一份是本人《關於吐魯番新出闞氏王國張祖墓表的幾個問題》的;章和八年(538)三月十五日《宋阿虎墓塼》有兩份録文,一份是《隋唐五代墓誌匯編·新疆卷》的,一份是《吐魯番采坎古墓群清理簡報》的。此外,對於不同的觀點,本書也是儘量斟酌采用。當然,其中也有不少是銘心君自己的觀點。本書《編寫説明》謙稱僅是自己整理資料時"隨手的分析和記録"。但我認爲很多都是非常有價值的。關於這一點,我相信讀者會有自己的判斷,就不用我在這裏舉例説明了。

最後,還想提及的是,銘心君的碩導伊藤敏雄先生,是研究樓蘭與長沙吴簡的大家;博導荒川正晴先生,是研究吐魯番學與中西交通史的權威。這兩位先生都是我的畏友,他們學術視野開闊,文獻功底深厚,耳提面命,潛移默化,對銘心君學風的形成頗有影響。近些年來,銘心君的研究領域,也在不斷擴展,由高昌墓塼、吐魯番學、西域史地向中原逐漸回歸,對東晋十六國碑形墓誌源流和北魏司馬金龍碑形墓誌源流進行考析,引起學界廣泛的注意。希望銘心君能够再接再厲,立足高昌,放眼中原,做出更大的成績!

是爲序。

王　素

2017 年 1 月 25 日

目　録

編寫説明　/1

凡　例　/6

引用文獻及省稱　/9

研究論著及省稱　/20

一　高昌郡·高昌國時期墓塼

1. 張幼達墓表　/37
2. 張興明夫人楊氏墓表　/38
3. 張季宗及夫人宋氏墓表　/39
4. 張祖墓表　/40
5. 張文智墓表　/41
6. 張孝真妻索氏墓表　/42
7. 張歸宗夫人索氏墓表　/43
8. 朱阿定墓　/43

9. 宋阿虎墓塼 /44

10. 張洪妻焦氏墓表 /45

11. 朱阿定妻楊氏墓 /46

12. 畫承(附夫人張氏)墓表 /46

13. 氾靈岳墓表 /47

14. 羅英墓塼 /48

15. 田元初墓表 /48

16. 畫承夫人張氏墓表 /49

17. 張武忠妻高氏墓表 /50

18. 趙令達墓塼 /50

19. 氾紹和及夫人張氏墓塼 /51

20. 孟宣宗墓表 /52

21. 趙榮宗夫人韓氏墓表 /52

22. 張務忠妻高氏墓表 /53

23. 任叔達妻袁氏墓表 /54

24. 任□□墓表 /54

25. 張遁墓表 /55

26. 麴郍妻阿度女麴氏墓表 /56

27. 田紹賢墓表 /56

28. 麴惇墓表 /57

29. 劉□□墓表 /58

30. 任叔達墓表 /58

31. 張氏墓表 /59

32. 張洪及妻焦氏墓表 /60

33. 張氏附索演孫墓表　/61

34. 孟宣住墓　/61

35. 徐寧周妻張氏墓表　/62

36. 張孝真及妻索氏墓表　/63

37. 王阿和墓表　/63

38. 曹仁秀妻張氏墓塼　/64

39. 郭和兒及妻咆氏張氏墓表　/64

40. 張德淮墓表　/65

41. 史祐孝墓表　/66

42. 户曹參軍妻張連思墓塼　/66

43. 索守豬妻賈氏墓表　/67

44. 曹孟祐墓表　/68

45. 張神穆墓表　/68

46. 張武儁妻翟氏墓表　/69

47. 袁穆寅妻和氏墓表　/69

48. 王元祉墓表　/70

49. 令狐天恩墓表　/71

50. 索守豬墓表　/71

51. 張阿□墓表　/72

52. 唐忠賢妻高氏墓表　/73

53. 任□慎妻墓表　/73

54. 趙榮宗墓表　/74

55. 索顯忠妻曹氏墓表　/74

56. 王舉奴墓表　/75

57. 毛弘弘墓表　/76

58. 康虜奴母墓表　/76

59. 康虜奴及妻竺買婢墓表　/77

60. 張買得墓表　/77

61. 張僧惠墓表　/78

62. 曹阿檜墓表　/78

63. 張嗷其夫人杜氏墓表　/79

64. 麴謙友墓表　/79

65. 麴彈郍墓表　/80

66. 辛苟子墓表　/81

67. 張神忠墓表　/81

68. 晝儒子墓塼　/82

69. 郭恩子妻解氏墓表　/82

70. 孟氏妻某氏墓表　/83

71. 馬阿卷墓表　/84

72. 氾神武妻和氏墓塼　/84

73. 王理和妻董氏墓表　/85

74. 蘇玄勝妻賈氏墓塼　/85

75. 賈買苟妻索謙儀墓表　/86

76. 晝神邕妻周氏墓表　/86

77. 麴顯穆墓表　/87

78. 户曹參軍妻索氏夫人墓表　/88

79. 周賢文妻范氏墓表　/88

80. 趙孟雍妻張氏墓表　/89

81.賈買苟墓表 /90

82.張元尊墓表 /91

83.張武孝墓表 /91

84.辛氏墓表 /92

85.張忠宣墓表 /92

86.張氏墓表 /93

87.田孝養妻蘇武公墓表 /94

88.劉氏墓表 /94

89.□□將妻周氏墓表 /95

90.趙隔妻墓塼 /96

91.張買得妻王氏夫人墓表 /96

92.唐紹伯墓表 /97

93.斛懷祭夫人王氏墓表 /97

94.郭恩子墓表 /98

95.范氏墓表 /98

96.張順妻馬氏墓表 /99

97.任顯文墓表 /100

98.康□鉢墓表 /100

99.斛懷祭墓表 /101

100.張孝墓表 /102

101.畫伯演墓表 /102

102.張毅妻孟氏墓表 /103

103.孟孝□墓表 /103

104.氾崇慶墓表 /104

105. 和都子墓表 /105

106. 田賢文墓表 /105

107. 康蜜乃墓表 /106

108. 衛孝恭妻袁氏墓表 /106

109. 康衆僧墓表 /107

110. 索顯忠妻張孝英墓表 /107

111. 户曹□□墓表 /108

112. 賈謙恕墓表 /109

113. 張毅墓表 /109

114. 曹智茂墓表 /110

115. 康□□墓表 /110

116. □伯□墓塼 /111

117. 張難陁妻孟氏墓表 /111

118. 張救子墓塼 /112

119. 任□□墓表 /112

120. 麹孝嵩妻張氏墓表 /113

121. 傅子友墓表 /114

122. 賈氏墓表 /115

123. 馬氏墓表 /115

124. 張阿質妻麹氏墓表 /116

125. 索顯忠墓表 /117

126. 翟氏妻楊氏墓表 /117

127. 唐元護妻令狐氏墓表 /118

128. 趙榮宗妻馬氏墓表 /119

129.艮顯慎墓塼 /120

130.槁師祐墓塼 /120

131.鞏孝感墓塼 /121

132.趙宣墓表 /122

133.馬氏墓表 /123

134.某氏墓表 /123

135.張武忠墓表 /124

136.張沂子妻高氏墓塼 /125

137.賈羊皮墓表 /126

138.夏幼恕墓表 /126

139.張叔慶妻麴太明墓塼 /127

140.賈阿善墓表 /128

141.張時受墓表 /128

142.趙元祐墓表 /129

143.張容子墓表 /129

144.孟子墓表 /130

145.麴孝嵩墓表 /130

146.張保悅墓表 /131

147.唐仲謙墓表 /132

148.張武嵩妻汜氏墓表 /132

149.張仲慶妻焦氏墓表 /133

150.王皮苟墓表 /133

151.張鼻兒妻麴阿蕤墓表 /134

152.任謙墓表 /134

153. 張伯廋妻王氏墓表　/135

154. 張順墓塼　/136

155. 解顯武墓表　/137

156. 張頭子妻孟氏墓表　/138

157. 唐幼謙妻麴氏墓表　/138

158. 和氏墓表　/139

159. 趙僧胤墓表　/140

160. 唐舒平墓表　/141

161. 張順妻麴玉娥墓表　/142

162. 汜氏墓表　/142

163. □□墓表　/143

164. 王遵妻史氏墓表　/143

165. 趙善慶墓誌　/144

166. 張師兒墓表　/144

167. 汜法濟墓表　/146

168. 張武嵩墓表　/146

169. 張鼻兒墓表　/147

170. 張阿質墓表　/148

171. 嚴道亮（嚴道高）墓記　/149

172. 張仲慶墓塼　/149

173. 劉保歡墓表　/150

174. 張弘震墓表　/150

175. 張保守墓表　/151

176. 范法子墓塼　/152

177.麴慶瑜墓表 /152

178.傅僧邨墓表 /153

179.王伯瑜妻唐氏墓表 /154

180.范宗遜墓表 /155

181.祁顯明墓 /156

182.唐阿朋妻張氏墓表 /156

183.唐氏墓表 /157

184.宋仏住墓誌 /158

185.王保謙墓表 /158

186.王伯瑜墓表 /159

187.趙悅子妻馬氏墓表 /160

188.張謙祐墓塼 /161

189.康浮囝墓表 /161

190.曹武宣妻蘇氏墓表 /162

191.唐耀謙墓表 /163

192.史伯悅墓表 /163

193.麴延紹墓表 /164

194.趙悅子墓表 /164

195.張伯玉墓塼 /165

196.宋仏住妻張氏題記 /167

197.趙充賢墓表 /167

198.麴悅子墓表 /168

199.曹武宣墓表 /168

200.殘墓表 /169

201.任阿慶墓表　／169

202.賈容兒墓表　／170

203.任法悅墓表　／170

204.氾延壽(氾延熹)墓表　／171

205.侯慶伯墓塼　／172

206.唐阿朋墓表　／173

207.張善哲墓表　／173

208.王闍桂墓表　／174

209.張顯祐妻廟表　／175

210.□□羅妻太景墓表　／175

211.張師兒王氏墓表　／176

212.白坂奴墓表　／176

213.夏相兒墓表　／177

214.氾延海妻張歡臺墓表　／178

215.張銀子妻高臺暈墓表　／178

216.蘇□相墓表　／179

217.陽保救妻張臺墓表　／179

218.趙皐墓塼　／180

219.趙顯曹墓塼　／180

220.醫人墓塼　／181

221.跋兒墓塼(殘)　／182

222.張曙子墓表　／182

223.令狐法奴妻趙氏墓塼　／183

224.令狐氏墓塼　／183

225.張賢壽墓塼 /184

226.趙陳妻墓塼 /184

227.元貝墓塼 /184

228.殘墓塼 /185

二 唐西州時期墓塼

1.賈永究墓表 /186

2.康業相墓表 /187

3.張子慶墓表 /188

4.任阿悅妻劉氏墓表 /188

5.夏白兒墓塼 /189

6.麴氏墓表 /190

7.張難陁墓表 /190

8.嚴懷保妻左氏墓塼 /191

9.張隆悅妻麴文姿墓塼 /191

10.曹氏墓表 /192

11.張善哲妻麴法臺墓塼 /193

12.張謙祐妻嚴氏墓表 /194

13.唐神護墓表 /194

14.唐神護墓塼 /195

15.張海佰墓塼 /196

16.張元隆墓銘 /196

17.成伯熹墓銘 /197

18.張延衡妻麴氏墓塼 /198

19. 張延衡墓表　/199

20. 唐妻辛英疆墓表　/200

21. 唐武悅墓表　/201

22. 王歡岳墓塼　/202

23. 張子慶妻墓塼　/203

24. 王朋顯墓表　/203

25. 孟隆武墓塼　/204

26. 氾朋祐墓表　/205

27. 杜相墓表　/205

28. 王歡悅墓表　/206

29. 趙松柏墓塼　/207

30. 張團兒銘　/208

31. 張元峻墓塼　/209

32. 史伯悅妻麴氏墓表　/210

33. 董□隆母令狐氏墓塼　/211

34. 宋懷熹墓誌　/212

35. 陽士通墓塼　/213

36. 張龍相墓塼　/214

37. 趙羊德墓塼　/214

38. 宋武歡墓誌　/215

39. 任相住墓誌銘　/216

40. 任相住墓表　/216

41. □隆惡墓塼　/217

42. 范阿伯墓表　/218

43.張善和墓塼 /219

44.殘墓誌 /221

45.劉住隆妻王延臺之墓 /221

46.田慶延墓塼 /221

47.康延願銘 /222

48.趙善德妻墓塼 /223

49.趙緒豐墓表 /224

50.張君夫人毛姿臺墓塼 /224

51.氾武歡墓塼 /226

52.范隆仁墓塼 /227

53.趙海玫墓銛 /228

54.趙㮚墓塼 /228

55.宋懷仁墓誌 /228

56.唐曇海墓塼 /229

57.□追（眠良）墓塼 /230

58.翟郍寧昏母康波蜜提墓誌 /231

59.梁延懷墓誌 /232

60.氾相達墓誌 /233

61.張君妻麴姜墓表 /234

62.張君妻麴勝墓誌 /235

63.劉士恭墓塼 /236

64.□海悅墓塼 /237

65.范鄉願墓誌 /237

66.范永隆夫人賈氏墓誌 /238

67.氾延仕妻董真英墓誌　/239

68.王歡悅夫人麴氏墓銘　/241

69.劉不六墓誌　/242

70.王雅墓塼　/243

71.楊保救墓誌　/244

72.張安吉墓誌　/245

73.嚴海隆墓誌　/246

74.趙氏木表(Wooden stick)　/247

75.趙惡仁墓誌　/248

76.史柱墓塼　/248

77.□海生墓塼　/249

78.左憧憙(左憧熹)墓誌　/250

79.曹懷明妻索氏墓銘　/252

80.張君行母墓塼　/253

81.張歡□妻唐氏墓塼　/254

82.賈□行祖母翟氏墓塼　/255

83.唐藘誌銘　/256

84.張君墓誌　/257

85.王康師墓銘　/258

86.趙貞仁墓塼　/259

87.侯府君夫人張氏墓銘　/260

88.張相歡墓銘　/261

89.唐思文妻張氏墓塼　/263

90.氾智□墓誌銘　/263

91.永淳元年殘墓誌　/264

92.張歡夫人麴連墓誌銘　/265

93.氾建墓誌　/266

94.□如節墓誌　/267

95.賈父師墓誌　/268

96.王遮駔墓塼　/269

97.張雄夫人麴氏墓誌銘　/269

98.氾延仕墓塼　/273

99.張運感妻墓銘　/274

100.張富琳墓誌　/275

101.張懷寂墓誌銘　/276

102.田府君夫人衛氏墓誌　/281

103.唐憧海妻王氏墓牌　/282

104.范羔墓誌　/283

105.張智積妻麴慈音墓誌　/284

106.氾德達墓誌　/285

107.張禮臣墓誌銘　/286

108.張詮墓誌　/289

109.唐智宗墓誌　/291

110.康富多夫人康氏墓銘　/292

111.成達墓誌　/293

112.張公夫人麴娘（麴達女麴娘）墓誌銘　/294

113.張大岌妻焦氏墓塼　/296

114.張行倫墓誌　/296

115.張行倫墓誌　/298

116.張大良墓塼　/299

117.張運感及妻墓銘　/299

118.崔延武墓塼　/300

119.張彥墓塼　/300

120.史建洛妻馬氏墓塼　/301

121.上柱國張□墓塼　/302

122.高耀墓誌銘　/302

123.太原王氏之墓塼　/305

124.□□相墓塼　/305

125.刀柱柱墓誌　/306

126.曹建達墓塼　/307

127.氾大師墓誌　/308

128.傅阿歡墓塼　/309

129.趙慶富墓塼　/309

130.殘墓誌　/310

131.天山縣南平鄉殘墓塼　/310

132.唐□氏墓誌　/311

133.殘墓塼　/311

134.殘墓塼　/312

135.殘墓塼　/312

136.殘墓塼　/313

137.宋仁墓塼　/313

138.首□墓塼　/313

139.白願佰墓塼　/313

140.保相妻墓塼　/314

141.王氏墓塼　/314

142.康氏墓塼　/314

143.唐令狐□墓塼　/314

三　附屬資料

1.且渠封戴墓表　/315

2.鄯月光墓銘　/316

3.鄯乾墓銘　/317

4.麴斝墓誌　/318

5.楊敏墓誌　/319

6.康子相墓誌　/322

7.麴善岳墓塼　/323

8.蓋蕃墓誌　/324

9.麴建泰墓誌　/327

10.甘露寺尼真如塔銘　/329

11.麴安及妻董氏墓誌　/330

12.衡義整墓誌　/331

13.劉僧墓誌　/333

14.麴信墓誌　/336

15.袁公瑜墓誌　/337

16.鄧温墓誌　/340

17.成公崇墓誌　/343

18.麴崇裕夫人慕容氏墓誌　/345

索　引　/347

麴氏高昌國年表　/393

後　記　/395

編寫説明

　　如題所言,本書主要是一部關於吐魯番出土墓誌——高昌墓塼的銘文輯録和論著索引以及筆者的相關考釋的資料集。

　　高昌墓塼最初的發現,始於清末宣統二年(1910)巡檢張清在三堡(阿斯塔那)的發掘。據説當時出土的墓塼爲長壽三年(694)張懷寂墓誌和貞觀元年(627)以及大中二年(848)太原王氏墓塼。此後規模較大的發掘是1912年第三次大谷光瑞探險隊、1915年第三次斯坦因(Marc Aurel Stein)探險隊以及1930年西北科學考查團的三次發掘,而規模最大的還是1959年開始的由新疆維吾爾自治區博物館主持的發掘。時至今日,在阿斯塔那、哈拉和卓、雅爾和卓、洋海、木納爾、巴達木等古墳群的考古發掘斷斷續續,時而還有古墓盗掘現象發生,出土高昌墓塼的數量仍然在不斷增長。

　　至今所見高昌墓塼,多是以考古報告、目録索引、博物館藏品圖錄等形式發表的。其中，收錄數量較多的是王素編纂的《吐魯番出土高昌文獻編年》（以下簡稱《高昌文獻編年》，參見下文《引用文獻及省稱》，以下同），侯燦、孟憲實撰寫的《吐魯番出土墓磚題錄》（《墓磚題錄》），關尾史郎編纂的《吐魯番出土漢文墓誌索引稿》（《索引稿》）以及穆順英和王炳華主編的《隋唐五代墓誌匯編·新疆卷》（《新疆墓誌》）。其中《高昌文獻編年》只收錄了高昌郡到高昌國時代的墓磚，唐西州時代的墓磚沒有收錄。而且，此書雖然記錄了墓磚的人名、年代、磚質、書寫形式、出土地、收藏地、文獻出處等信息，但是磚銘、墓磚尺寸等信息并沒有記錄。《新疆墓誌》雖然收錄有高昌國時代和唐西州時代的高昌墓磚，但其收錄墓磚僅一百九十九件，與實際出土高昌墓磚的總數還有較大差距，且缺少墓磚各方面的相關信息。同時，此書收錄墓磚的圖版雖爲當時最多的，但是沒有標明文獻出處。同樣，《索引稿》著錄了人名、年代、文獻出處等内容，而且收錄高昌墓磚達三百二十六件，但是這一數字還是與實際出土數量有一定差距。此後，侯燦、吳美琳所編《吐魯番出土磚誌集注》（《磚誌集注》）共收錄包括高昌國以前的四件、高昌國時代的二百零六件、唐西州時代的一百一十六件[1]，共三百二十六件吐魯番出土墓誌。此前侯燦還從書法的角度，編纂過《吐魯番墓磚書法》（《墓磚書法》）一書，此書收錄彩色圖版十一張、墨書黑白圖版七十九張、刻寫黑白圖

---

〔1〕《磚誌集注》中排列的數字爲一百一十八方，然其中《畫承墓表》（546）及《畫承夫人張氏墓表》（550）爲同一件墓表的兩次書寫；同時，《麴善岳墓誌》（662）雖然是高昌麴氏後人亡故使用的墓誌，但因出土於洛陽（參見本書附屬資料），嚴格意義上還不能納入"吐魯番出土墓表、墓誌"，因此其總數就只有一百一十六方。

版二十一張,共一百一十一幅清晰度較高的高昌墓塼圖版。隨着近年來墓塼的不斷出土,歷史學界對這批高昌墓塼的關注度也没有減弱。關尾史郎與清水はるか共同編纂的《トゥルファン出土漢文墓誌集成(稿)—高昌郡・高昌国篇》(《墓誌集成》)收録了從北涼到麴氏高昌國時期墓塼共二百二十八件,這一數字超過了以往出版的各種著録的高昌郡至高昌國時期墓塼的總數。與此同時,石見清裕撰寫的《吐魯番出土墓表・墓誌の統計的分析》(《統計分析》)一文,以表格的形式對高昌墓塼進行了統計,其中收録麴氏高昌國及以前的墓塼二百一十件、唐西州時期的一百一十八件,共三百二十八件,這一數字與《磚誌集注》同,并没有把最新出土墓塼收録在内。有關吐魯番出土墓表、墓誌方面的論著,近年還有戴良佐編著的《西域碑銘録》(烏魯木齊:新疆人民出版社,2013年),該書"主要收録生於或到過西域、新疆的名人名碑和墓誌銘"(序言第3頁),并"專録墓碑、碣、神道碑、墓誌銘與石刻,不收墓表"(序言第3頁)。[1] 據此,該書共收録了吐魯番出土高昌國時期墓誌四件、唐西州時期墓誌十件。

本書在前人的基礎上,網羅各類資料,將搜集的墓塼提高到了三百七十一件。這其中包括高昌郡至高昌國時期的二百二十八件[2]和唐西州時期的一百四十三件[3]。這一數字超

---

[1] 吐魯番出土墓表和墓誌從銘文書式上看,没有一個可以截然區分的標準。而從其自名上看,高昌國時期的墓誌多自稱"墓表",未見有自稱"墓誌"或"墓誌銘"的墓誌,而唐西州時期則"墓表""墓誌"混用。

[2] 這一數字排除了一塼二誌的《畫承墓表》(546)及《畫承夫人張氏墓表》(550)的重復,同時也不包括大涼承平十三年(455)且渠封戴墓表。關於且渠封戴墓表,參見本書附屬資料。

[3] 這一數字不包括洛陽出土的龍朔二年(662)麴善岳墓塼。關於麴善岳墓塼,參見本書附屬資料。

过了此前同類研究總數四十二件〔1〕。此外,本書本着盡量全面搜集相關資料的初衷,還將十餘件與高昌國或唐西州有關而非吐魯番出土(且渠封戴墓表例外)的墓誌資料進行了整理,并作爲附屬資料列於最後。〔2〕

本書最初的編寫,是筆者在大阪教育大學攻讀修士(碩士)學位時,爲了撰寫學位論文(1997年4月—1999年3月)而準備的基礎資料。當時只完成了高昌郡及高昌國時代的部分資料。1999年4月進入大阪大學攻讀博士課程後,筆者繼續完成了唐西州時期的資料整理。此資料集作爲筆者的博士學位申請論文附編《資料編》(以下簡稱"原稿"),於2003年初提交給了日本大阪大學。

2013年,以筆者爲代表組成的"吐魯番出土高昌墓塼整理與考釋"項目組在原稿的基礎上,繼續擴充資料,并加大研究論著的檢索範圍,進一步豐富了原稿的內容。當初整理此資料集,目的是方便修士、博士學位申請論文寫作資料的檢索,并沒有出版的設想,因此在編排格式上更注重實用性。例如在研究論著索引方面,引用的基本是與筆者論文寫作有關的論著。又如,爲了支持活字檢索,把一些電腦字庫中沒有出現過的字都置換成了可檢索的活字,這樣的處理雖然便於電腦檢索,但與銘文原來的字體有了差别。

---

〔1〕這一數字減去了三件一誌二主《畫承夫人張氏墓表》(550)、《張師兒王氏墓表》(637)和《張運感妻墓誌》(700)的重復計算。

〔2〕近年發表的墓誌資料中屢見與西域有關的內容,若全部整理收錄,恐影響本書的預定出版日期。本書在校勘階段,掛一漏萬,僅補入了一些與高昌國或唐西州有關的墓誌資料,因未能仔細檢索,相關研究成果或有遺漏。

本書一直追求的是録文的完整性，因此即使後來完成了博士論文的寫作，原稿的整理工作也没有停止。特别是近年來，又新收録了近十餘年間發表的高昌墓塼近二十件，還在吐魯番文物局發現了一件從未發表過的墓塼。可以説，本書是至今爲止收録吐魯番出土墓誌數量最多的一部資料集。但必須説明的是，本書研究論著索引中收録的研究論著主要是十餘年前的研究成果，雖然近期的論著也有補入，但與學界實際研究成果的發表數量還是有一定差距。另外，録文中不可識之字或模糊不清的字較多，這給銘文的斷句帶來了困難。本書爲了統一體例，也爲了不給使用者過多編者的主觀意見，就把斷句工作留給本書的使用者了。

　　還需要説明的是，本書墓塼資料注釋中的一些内容，多是原稿整理資料時筆者隨手的分析和記録，其中的内容有前人的研究成果（參見每件墓塼資料最後的文獻索引），也有筆者的隨筆記録，或可啓發研究，但缺乏嚴謹性，而且當時僅是研究的參考，所以大都寫出想法，没有論證。另外，爲便於吐魯番學界同仁利用高昌墓塼資料進行研究，筆者在十餘年前就已將原稿電子版廣泛複製給了學界同仁。此後，其使用者的研究中雖見有引用原稿者，但給出注釋者甚少〔1〕。因此本書中的一些觀點與近十幾年來一些研究者的觀點有相同處，望學界明鑒。

---

〔1〕 李方先生的《唐西州勛官仕途考論》(《吐魯番學研究》2008年第1期)及《唐西州官僚政治制度研究》(哈爾濱：黑龍江教育出版社，2013年)等研究是筆者所見到的明確標明引用的論著。

凡　例

　　1.本書資料的編排順序如下:①序號(以墓塼紀年先後爲序),②名稱,③墓塼紀年,④塼質,⑤書寫形式,⑥高×寬×厚(cm),⑦出土年代＋出土地＋編號,⑧收藏地,⑨錄文(錄文排版按照墓塼銘文的排列格式作換行處理),⑩注釋與考釋,⑪【參考文獻】(按出版發表年代排序)。

　　例:

　　① ②
　113.張毅墓表

　　　　　③　　　　　④　⑤　　⑥
　延昌卅七年(597)閏六月十三日　灰塼　朱書　35×35×
4.5　⑦73TAM517:27　⑧新考

　　延昌 卅七 年丁 巳 歲

　　閏六月 丙午朔 十三日

　　戊午□□ 新除郎將
⑨
　　轉殿中將軍又遷

　　諮議 參 軍追贈倉部

　　司馬張毅 之 墓 表

⑩注:同墓出土延昌卅一年(591)張毅妻孟氏墓表,延昌卅一年欠名隨葬衣物疏,延昌卅七年武德隨葬衣物疏。

⑪《侯燦1984》,《墓誌録》,《新疆墓誌》,《出土文書壹》254,《索引稿》,《宋曉梅1994》,《高昌文獻編年》,《張銘心1999》,《王素2000》,《阿斯塔那出土墓誌》,《孟憲實2001》,《磚誌集注》,《孟憲實2004》194、204,《墓誌集成》,《統計分析》,《李筍2013》】

2.名稱後綴中的墓塼名,原則上使用墓塼自名,如"墓表""墓記""墓誌""墓銘""墓誌銘"等。如無自名,則高昌國時期的使用"墓塼"一詞,西州時期的視銘文内容,或以"墓塼"稱之,或以"墓誌"稱之。

3.出土年代、出土地、收藏編號等,如果有考古發掘編號,則記入發掘編號。例如,73TAM506:4,表示1973年在阿斯塔那第506號墓出土的編號第4號出土物;75TKM96:33,表示1975年在哈拉和卓第96號墓出土的編號爲第33號的出土物。另外,如果是斯坦因在阿斯塔那發掘的墓塼,則使用Ast表示。其中將古墳群分爲i、ii、iii……x十區,各區内被發掘的墳墓以1、2、3進行編號,例如一區三號墓,編號爲"Ast.i.3"。

4.如塼文有殘欠,其中字數可數的,用"□□□"表示。字數不可數的,則用"□…□"表示。

5.電腦字庫中没有,同時也不可識的銘文,用"○"表示。

6.部分異體字、死字换成活字。

7.黄文弼《高昌塼集》一書中使用的是"尺""寸"單位,本書中以 1 尺＝33.33 厘米,1 寸＝3.33 厘米進行了換算。

8.參考文獻和研究論著中,論文和資料性書籍後不加頁碼,研究著作後則加頁碼。有些論文如果只引用了一兩方墓塼,則不列入研究論文索引,而是在其所涉及的墓塼的"注釋與考釋"項中列出。

9.收藏地略稱

故宮:故宮博物院

歷博:中國歷史博物館(現國家博物館)

新博:新疆維吾爾自治區博物館

新考:新疆維吾爾自治區文物考古所

吐文:吐魯番文物保護研究管理所(現吐魯番文物局、吐魯番地區博物館)

千唐誌齋:千唐誌齋博物館

關於收藏地,《高昌文獻編年》中把黄文弼氏發掘的墓塼記録爲中國歷史博物館、故宮博物院、北京圖書館(今國家圖書館)收藏。歷博編集《中国歷史博物館藏法書大觀》之《戦国秦漢唐宋元墨蹟》(東京:柳原書店,1994 年 12 月)和《碑刻拓本》(同,1997 年 3 月)出版後,才確定了中國歷史博物館(今國家博物館)所藏高昌墓塼爲六件。通過筆者 1998 年秋在故宮博物院的調查可知,中國歷史博物館的高昌墓塼均是從故宮博物院借出,黄文弼發掘的高昌墓塼除了借給中國歷史博物館的六件,全部收藏在故宫博物院。本書中關於大谷探險隊發掘墓塼的收藏地,根據的是白須净真、荻信雄氏《高昌墓塼考釈(一)》(《墓塼考釋(一)》)中記録的收藏地。

引用文獻及省稱

本書的引用文獻以圖錄、目錄、考古發掘報告爲主。有少數高昌墓塼第一次發表在研究論文中,這些論文也會出現在引用文獻中。

以下文獻按出版發表時間順序排列。

1.《西陲録》

羅振玉:《西陲石刻録》,1914 年,《羅雪堂先生全集》(三編),第二十册,臺北:文華出版公司,1970 年

2.《考古圖譜》

[日]香川默識:《西域考古図譜》,東京:國華社,1915 年(同書影印本參見學苑出版社,1999 年)

3.《内藤七》

[日]内藤湖南:《高昌国の紀年に就て》,《芸文》1915 年第 11 號,本書參考《内藤湖南全集》(第七卷),東京:筑摩書房,1997 年,第 448—460 頁

4.王樹枏:《新疆訪古録》(1918年),載《石刻史料新編》(第二輯),第十五册,臺北:新文豐出版公司,1979年

5.《亞洲腹地》

A.Stein, *Innermost Asia*, Vol. Ⅲ, 1928;另參考巫新華等譯《亞洲腹地考古圖記》(第三卷),桂林:廣西師範大學出版社,2004年。本書文獻索引中所注頁碼爲中譯本頁碼

6.《西陲後録》

羅振玉:《西陲石刻後録》(1928年),載《羅雪堂先生全集》(三編),第二十册,臺北:文華出版公司,1970年

7.《高昌塼集》

黄文弼:《高昌塼集》(西北科學考查團叢刊之一),1930年

8.《高昌專録》

羅振玉:《高昌專録》(1933年),載《石刻史料新編》(第三輯),第三十二册,臺北:新文豐出版公司,1982年

9.《高昌陶集》

黄文弼:《高昌陶集》(西北科學考查團叢刊之一),1934年

10.《洛陽出土石刻》

郭玉堂:《洛陽出土石刻時地記(正始004)》(1939年成書),鄭州:大象出版社,2005年

11.《隴右金石録》

張維:《隴右金石録》,甘肅省文獻徵集委員會,1944年

12.《旅博圖録》

[日]杉村勇造、後藤真太郎:《旅順博物館図録》,東京:座

右寶刊行會,1953年

13.《特刊》

西北歷史博物館:《新疆出土文物展覽特刊》,1954年

14.《漢魏墓誌集釋》

趙萬里:《漢魏南北朝墓誌集釋》,北京:科學出版社,1956年(廣西師範大學出版社2008年再版)

15.《文物1960》

新疆維吾爾自治區博物館:《新疆吐魯番阿斯塔那北區墓葬發掘簡報》,《文物》1960年第6期

16.《西域文化》

西域文化研究會編《西域文化研究》第五《中央アジア仏教美術》,京都:法藏館,1962年［圖版第二十五收録高昌墓塼六件,此六件墓塼圖版原載香川默識《西域考古図譜》(上卷,東京:國華社,1915年)］

17.《文物1972》

新疆維吾爾自治區博物館:《吐魯番縣阿斯塔那——哈拉和卓古墓群清理簡報》,《文物》1972年第1期

18.《書道1974》

《書道全集》(第七卷),東京:平凡社,1974年

19.《文物1975》

《1973年吐魯番阿斯塔那古墓群發掘簡報》,《文物》1975年第7期

20.《大谷》

《大谷探検隊発掘の墓塼のリスト》,見［日］白須凈真、萩

信雄《高昌墓塼考釈（一）》,《書論》第 13 號,1978 年

21.《曾億丹 1978》

曾億丹:《洛陽發現鄭開明二年墓》,《考古》1978 年第 3 期

22.《羅振玉 1982》

羅振玉:《芒洛冢墓遺文四編》卷四,載《石刻史料新編》,第一輯,第十九册,臺北:新文豐出版公司,1982 年

23.《侯燦 1984》

侯燦:《麴氏高昌王國官制研究》,載《文史》（第 22 輯）,北京:中華書局,1984 年;後載同氏《高昌樓蘭研究論集》,烏魯木齊:新疆人民出版社,1990 年

24.《文物 1984》

柳洪亮:《唐天山縣南平鄉令狐氏墓誌考釋》,《文物》1984 年第 5 期

25.《六朝墓誌》

王壯弘、馬成名:《六朝墓誌檢要》,上海:上海書畫出版社,1985 年

26.《墓塼拾遺》

新疆吐魯番地區文管所:《高昌墓塼拾遺》,載《敦煌吐魯番文獻研究論集》（第三輯）,北京:北京大學出版社,1986 年

27.《楊興華 1987》

楊興華:《西安曲江發現唐尼真如塔銘》,《文博》1987 年第 5 期

28.《新疆文物 1988》

新疆維吾爾自治區文物普查辦公室、吐魯番文物普查隊:

《吐魯番地區文物普查資料彙編》,《新疆文物》1988 年第 3 期

29.《新疆文物 1989》

新疆首屆考古專業人員訓練班:《交河故城寺院及雅爾湖古墓發掘簡報》,《新疆文物》1989 年第 4 期

30.《藝術考古》

陳國燦、侯燦、李徵:《韓樂然與新疆文物藝術考古》,《文物天地》1989 年第 6 期

31.《中央美術》

韓國國立中央博物館:《中央アジアの美術》,東京:學生社,1989 年

32.《北圖館藏》

《北京圖書館藏中國歷代石刻拓本匯編·北朝》,鄭州:中州古籍出版社,1989 年

33.《千唐誌齋藏誌》

河南省文物研究所、河南省洛陽地區文管處:《千唐誌齋藏誌》,北京:文物出版社,1989 年

34.《墓誌錄》

侯燦:《解放後新出土吐魯番墓誌錄》,載《敦煌吐魯番文獻研究論集》(第五輯),北京:北京大學出版社,1990 年

35.《漢魏墓誌彙編》

趙超:《漢魏南北朝墓誌彙編》,天津:天津古籍出版社,1990 年

36.《新疆墓誌》

穆順英、王炳華:《隋唐五代墓誌匯編·新疆卷》,天津:天

津古籍出版社,1991年

37.《隋唐五代墓誌匯編》

王仁波:《隋唐五代墓誌匯編》(陝西卷,第三册),天津:天津古籍出版社,1991年

38.《考古1992》

柳洪亮:《1986年新疆吐魯番阿斯塔那古墓群發掘簡報》,《考古》1992年第2期

39.《索引稿》

[日]關尾史郎:《吐魯番出土漢文墓誌索引稿》(Ⅰ～Ⅲ),載《吐魯番出土文物研究会会報》第86號(1993年3月1日)、第87號(1993年4月1日)、第88號(1993年5月1日)

40.《李思宇樊維岳1993》

李思宇、樊維岳:《藍田縣出土唐故忠武將軍右衛率鄧温墓誌銘》,《文博》1993年第3期

41.《斯坦因文書研究》

陳國燦:《斯坦因所獲吐魯番文書研究》,武漢:武漢大學出版社,1995年

42.《陝西石刻》

李域錚:《陝西古代石刻藝術》,西安:三秦出版社,1995年

43.《出土文書》

《吐魯番出土文書》(圖録本,壹～肆),北京:文物出版社,1992—1996年

44.《唐墓誌》

周紹良、趙超:《唐代墓誌彙編》,上海:上海古籍出版社,

1992 年

45.《墓塼題録》

侯燦、孟憲實:《吐魯番出土墓塼題録》,《新疆文物》1994 年第 2 期

46.《歷博法書十二》

《中國歷史博物館藏法書大觀》第十二卷《戰國秦漢唐宋元墨蹟》,東京:柳原書店,1994 年

47.《高昌文獻編年》

王素:《吐魯番出土高昌文獻編年》,臺北:新文豐出版公司,1997 年

48.《唐代文獻編年》

陳國燦:《吐魯番出土唐代文獻編年》,臺北:新文豐出版公司,2002 年

49.《歷博法書十》

《中國歷史博物館藏法書大觀》第十卷《碑刻拓本》,東京:柳原書店,1997 年

50.《新出表・誌》

[日]荒川正晴:《ヤールホト古墓群から新たに出土した墓表・墓誌》,《シルクロード国際研究集会》,1997 年 6 月 22 日

51.《荒川正晴 2000》

[日]荒川正晴:《ヤールホト古墓群新出の墓表・墓誌をめぐって》,《シルクロード学研究紀要》2000 年第 10 卷

52.《新出文書》

柳洪亮:《新出吐魯番文書及其研究》,烏魯木齊:新疆人

民出版社,1997年

53.《交河新出墓誌》

邱陵:《吐魯番交河溝西墓地新出土墓誌及其研究》,載《敦煌吐魯番研究》(第四卷),北京:北京大學出版社,1999年

54.《阿斯塔那1959—1960》

新疆博物館考古部:《吐魯番阿斯塔那第二次發掘簡報(1959—1960年)》,《新疆文物》2000年第3、4期合刊

55.《阿斯塔那1960》

新疆博物館考古部:《吐魯番阿斯塔那第三次發掘簡報(1960年)》,《新疆文物》2000年第3、4期合刊

56.《阿斯塔那1972—1973》

新疆文物考古研究所:《吐魯番阿斯塔那第十次發掘簡報(1972—1973年)》,《新疆文物》2000年第3、4期合刊

57.《阿斯塔那1973》

新疆文物考古研究所:《吐魯番阿斯塔那第十一次發掘簡報(1973年)》,《新疆文物》2000年第3、4期合刊

58.《阿斯塔那出土墓誌》

穆舜英:《吐魯番阿斯塔那古墓群出土墓誌登記表》,《新疆文物》2000年第3、4期合刊

59.《阿斯塔那收集墓誌》

穆舜英:《吐魯番阿斯塔那——哈拉和卓古墓區收集墓誌表》,《新疆文物》2000年第3、4期合刊

60.《北京旅順倫敦藏阿斯塔那墓誌》

穆舜英:《北京故宫博物院、遼寧旅順博物館、英國倫敦博

物院保存的吐魯番阿斯塔那古墓區出土墓誌表》,《新疆文物》2000 年第 3、4 期合刊

61.《墓磚書法》

侯燦:《吐魯番墓磚書法》,重慶:重慶出版社,2002 年

62.《磚誌集注》

侯燦、吳美琳:《吐魯番出土磚誌集注》,成都:巴蜀書社,2003 年

63.《康氏家族墓 2006》

吐魯番地區文物局:《新疆吐魯番地區交河故城溝西墓地康氏家族墓》,《考古》2006 年第 12 期

64.《木納爾墓地 2006》

吐魯番地區文物局:《新疆吐魯番地區木納爾墓地的發掘》,《考古》2006 年第 12 期

65.《巴達木墓地 2006》

吐魯番地區文物局:《新疆吐魯番地區巴達木墓地發掘簡報》,《考古》2006 年第 12 期

66.《新獲文獻》

榮新江、李肖、孟憲實:《新獲吐魯番出土文獻》,北京:中華書局,2008 年

67.《磚刻銘文集》

胡海帆、湯燕:《中國古代磚刻銘文集》,北京:文物出版社,2008 年

68.《墓誌集成》

[日]關尾史郎、清水はるか:《トゥルファン出土漢文墓誌集

成（稿）—高昌郡·高昌国篇》,《東部ユーラシア周縁世界の文化システムに関する資料学的研究》,2009 年 3 月

69.《統計分析》

［日］石見清裕:《吐魯番出土墓表·墓誌の統計的分析》,載［日］土肥義和編《吐魯番出土漢文文書の新研究》,東京:東洋文庫,2009 年

70.《墓表八種》

故宮博物院:《高昌墓表八種》,北京:紫禁城出版社,2010 年

71.《故宮藏誌彙編》

郭玉海、方斌:《故宮博物院藏歷代墓誌彙編》,北京:紫禁城出版社,2010 年

72.《西域碑銘錄》

戴良佐:《西域碑銘錄》,烏魯木齊:新疆人民出版社,2013 年

73.《河洛墓刻》

趙君平、趙文成:《河洛墓刻拾零》,北京:北京圖書館出版社,2007 年

74.《曹建強 馬旭銘 2010》

曹建強、馬旭銘:《唐康子相墓出土的陶俑與墓誌》,《中原文物》,2010 年第 6 期

75.《洛陽新獲墓誌續編》

喬棟、李獻奇、史家珍:《洛陽新獲墓誌續編》,北京:科學出版社,2008 年

76.《秦晉豫新出墓誌》

趙君平、趙文成:《秦晉豫新出墓誌蒐佚》,北京:國家圖書館出版社,2011年

77.《齊運通 2012》

齊運通:《洛陽新獲七朝墓誌》,北京:中華書局,2012年

78.《毛陽光 余扶危 2013》

毛陽光、余扶危:《洛陽流散唐代墓誌彙編》,北京:國家圖書館出版社,2013年

研究論著及省稱
(以出版和發表年代爲序)

———

1.《小笠原宣秀 1960》

[日]小笠原宣秀:《龍谷大学所藏大谷探検隊将来吐魯番出土古文書素描》,載西域文化研究會編《西域文化研究》,京都:法藏館,1960 年,第 387—418 頁;又見同氏《龍谷大學所藏大谷探險隊帶來的吐魯番出土文書綜述》,載[日]橘瑞超著、柳洪亮譯《橘瑞超西行記》附録五,烏魯木齊:新疆人民出版社,1999 年

2.《白須净真 1975》

[日]白須净真:《唐代吐魯番の豪族——墓塼よりみた初期・西州占領策と残留豪族の考察を中心として》,《東洋史苑》第 9 號,1975 年 12 月

3.《白須净真 1977》

[日]白須净真:《唐代吐魯番の豪族——とくに阿史那賀魯の反乱以後における旧高昌豪族への処遇を中心として》,《龍谷

史壇》第 72 號,1977 年

4.《墓塼考釋(一)》

［日］白須淨真、萩信雄:《高昌墓塼考釈(一)》,《書論》第 13 號,1978 年

5.《墓塼考釋(二)》

［日］白須淨真、萩信雄:《高昌墓塼考釈(二)》,《書論》第 14 號,1978 年

6.《墓塼考釋(三)》

［日］白須淨真:《高昌墓塼考釈(三)》,《書論》第 19 號,1981 年

7.《白須淨真 1979》

［日］白須淨真:《高昌門閥社会の研究―張氏を通じてみたその構造の一端》,《史学雑誌》第 88 編,第 1 號,1979 年

8.《吳震 1981》

吳震:《麴氏高昌國史索隱——從張雄夫婦墓誌談起》,《文物》1981 年第 1 期;又見同氏《吳震敦煌吐魯番文書研究論集》,上海:上海古籍出版社,2009 年,第 208—219 頁

9.黃烈:《北涼史上的幾個問題》,載《中國古代史論叢》(第一輯),福州:福建人民出版社,1982 年,第 231—251 頁;再錄同氏《中國古代民族史研究》,北京:人民出版社,1987 年,第 310—400 頁

10.《荒川正晴 1983》

［日］荒川正晴:《麴氏高昌国の官制について》,《史観》109,1983 年

11.《王素 1984》

王素:《高昌令狐氏的由來》,載《學林漫錄》(九集),北京:中華書局,1984年,第184—188頁

12.《柳洪亮 1984》

柳洪亮:《唐天山縣南平鄉令狐氏墓誌考釋》,《文物》1984年第5期

13.《魯才全 1985》

魯才全:《〈蓋蕃墓誌〉考釋》,載《魏晉南北朝隋唐史資料》(第七期),1985年12月

14.《魯才全 1986》

魯才全:《跋武周〈袁公瑜墓誌〉》,載《魏晉南北朝隋唐史料》(第八期),武漢大學學報編輯部,1986年

15.《荒川正晴 1986》

[日]荒川正晴:《麴氏高昌国における郡県制の性格をめぐって—主としてトゥルファン出土資料による》,《史学雑誌》第95編,第3號,1986年

16.《侯燦 1986》

侯燦:《大凉且渠封戴墓表考釋》,《亞洲文明論叢》,成都:四川人民出版社,1986年;後載同氏《高昌樓蘭研究論集》,烏魯木齊:新疆人民出版社,1990年

17.《侯燦 1987》

侯燦:《高昌章和十三年朱阿定妻楊氏墓表出土時間、地點與有關問題補論》,《新疆文物》1987年第1期;後載同氏《高昌樓蘭研究論集》,烏魯木齊:新疆人民出版社,1990年

18.《彭琪 1987》

彭琪:《麴氏高昌王國史論雜談》,《新疆師範大學學報(哲學社會科學版)》,1987 年第 4 期

19.《寫體與刻體》

沙孟海:《兩晉南北朝書迹的寫體與刻體》,《西泠藝叢》1987 年第 16 期

20.《趙超 1988》

趙超:《蓋蕃一家墓誌綜考》,載《文史》,(第二十九輯),北京:中華書局,1988 年

21.《張廣達 1988》

張廣達:《唐滅高昌國後的西州形勢》,載同氏《文書、典籍與西域史地》,桂林:廣西師範大學出版社,2008 年(原載《東洋文化》第 68 號,1988 年;後載同氏《西域史地叢稿初編》,上海:上海古籍出版社,1995 年)

22.《關尾史郎 1988》

[日]關尾史郎:《トゥルファン出土高昌国税制関係文書の基礎的研究―条記文書の古文書学的分析を中心として(一)》,《人文科学研究》第 74 輯,1988 年

23.《白須淨真 1989》

[日]白須淨真:《唐代の西州の武城城の前城主と沙州の寿昌城主―唐代西州の城及びその城主にかんする考察のための序章》,《西北史地》1989 年第 3 期

24.《白須淨真 1990》

[日]白須淨真:《アスターナ・カラホージャ古墳群の墳

墓と墓表・墓誌とその編年（一）—三世紀から八世紀に亙る被葬者層の変遷をかねて》，《東洋史苑》第 34、35 合并號，1990 年，第 1—72 頁

25.《王素 1989》

王素:《麴氏高昌中央行政體制考論》,《文物》1989 年第 11 期

26.《王素 1990》

王素:《吐魯番所出高昌取銀錢作孤易券試釋》,《文物》1990 年第 9 期

27.《宋曉梅 1991》

宋曉梅:《麴氏高昌國張氏之仕宦——張氏家族研究之一》,《西北民族研究》1991 年第 2 期

28.《關尾史郎 1991》

[日]關尾史郎:《高昌国の侍郎について—その所属と職掌の検討》,《史林》第 74 卷第 5 號,1991 年 9 月

29.《段雙印劉合心 1992》

段雙印、劉合心:《唐西州岸頭府果毅都尉楊敏墓誌考》,《文博》1992 年第 1 期

30.《白須净真 1992》

[日]白須净真:《トゥルファン古墳群の編年とトゥルファン支配者層の編年—麴氏高昌国の支配者層と西州の在地支配者層》,《東方学》第 84 輯,1992 年

31.《張銘心 1992》

張銘心:《高昌塼書法淺析》,《書法》1991 年第 6 期；又見

《名篇佳書》,上海:上海書畫出版社,2008年

32.《侯燦1992》

侯燦:《吐魯番出土墓塼及其研究概述》,《西域研究》1992年第3期

33.《孟憲實1993》

孟憲實:《〈蓋蕃墓誌〉與唐太宗西州移民》,《新疆地方誌》,1993年第4期

34.《朱雷1993》

朱雷:《龍門石窟高昌張安題記與唐太宗對麴朝大族之政策》,載黃約瑟、劉健明《隋唐史研究》,香港大學亞洲研究中心,1993年;後收入《朱雷敦煌吐魯番文書論叢》,上海:上海古籍出版社,2012年,第95—103頁

35.《王素1993》

王素:《吐魯番出土〈某氏族譜〉新探》,《敦煌研究》1993年第1期,第60—68頁

36.《孟憲實1993》

孟憲實:《吐魯番出土張行倫墓誌考讀》,《新疆師範大學學報(哲學社會科學版)》1993年第2期

37.《侯燦1993》

侯燦:《高昌建昌六年(560)麴悖墓表考補》,《西域研究》1993年第4期

38.《孫永樂1994》

孫永樂:《交河郡夫人墓·高昌·吐魯番——兼述高昌與中原的關係》,《中國邊疆史地研究》1994年第2期

39.《陳守忠 孫永樂 1994》

陳守忠、孫永樂:《榆中麴氏與高昌國——從一塊新出土的墓誌説起》,《社科縱橫》1994 年第 6 期

40.《樊波 李舉綱 1994》

樊波、李舉綱:《〈唐尼真如塔銘〉考略》,載《碑林集刊》(第二輯),西安:西北大學出版社,1994 年

41.《宋曉梅 1994》

宋曉梅:《麴氏高昌國張氏之婚姻》,《中國史研究》1994 年第 2 期

42.《孟憲實 1994a》

孟憲實:《〈隋唐五代墓誌匯編·新疆卷〉評介》,《新疆師範大學學報(哲學社會科學版)》1994 年第 1 期

43.《孟憲實 1994b》

孟憲實:《唐統一後西州人故鄉觀念的轉變——以吐魯番出土墓磚資料爲中心》,《新疆師範大學學報(哲學社會科學版)》1994 年第 2 期

44.《孟憲實 宣紅 1995》

孟憲實、宣紅:《試論麴氏高昌中央諸曹職掌》,《西域研究》1995 年第 2 期

45.《王翰章 尹夏清 1996》

王翰章、尹夏清:《新出唐劉僧墓誌考釋》,載《碑林集刊》(第四輯),西安:陝西人民美術出版社,1996 年

46.《孟憲實 1997》

孟憲實:《關於麴氏高昌晚期紀年的幾個問題》,載《學術

集林》(卷十),上海:上海遠東出版社,1997年

47.《王素1997》

王素:《莫尼克·瑪雅爾著、耿昇譯〈古代高昌王國物質文明史〉》,載《敦煌吐魯番研究》(第二卷),1997年;後收入同氏《漢唐歷史與出土文獻》,北京:故宫出版社,2011年,第506—599頁

48.《白須净真1997》

[日]白須净真:《吐魯番社会—新興庶民層の成長と名族の没落》,載[日]谷川道雄等《魏晋南北朝隋唐時代史の基本問題(中国史学の基本問題2)》;另見[日]白須净真《吐魯番的古代社會——新興平民階層的崛起與望族的没落》,載[日]谷川道雄主編、李憑等譯《魏晉南北朝隋唐史學的基本問題》,北京:中華書局,2010年

49.《王素1998》

王素:《麴氏高昌"義和政變"補説》,載《敦煌吐魯番研究》(第一卷),1996年,第177—194頁

50.《王宗磊1998》

王宗磊:《吐魯番交河溝西墓地出土的墓誌及其相關問題》,《西域研究》1998年第2期,第60—63頁

51.《史稿·統治編》

王素:《高昌史稿》(統治編),北京:文物出版社,1998年

52.《王素1999》

王素:《麴氏王國末期三府五郡二十二縣考》,《西域研究》1999年第3期,第23—32頁

53.《張銘心 1999》

張銘心:《麴氏高昌墓塼の紀年問題》,《歷史研究》第 37 號,1999 年;另見同氏《高昌墓塼書式研究——以"紀年"問題爲中心》,《新疆師範大學學報(哲學社會科學版)》2004 年第 1 期

54.《全唐文新編》

《全唐文新編》,長春:吉林文史出版社,2000 年

55.《朱雷 2000》

朱雷:《敦煌吐魯番文書論叢》,蘭州:甘肅人民出版社,2000 年

56.《王素 2000》

王素:《麴氏王國軍事制度新探》,《文物》2000 年第 2 期,第 77—86 頁

57.《史稿·交通編》

王素:《高昌史稿》(交通編),北京:文物出版社,2000 年

58.《張銘心 2001》

張銘心:《"義和政變"與"重光復辟"問題的再考察——以高昌墓磚爲中心》,載《敦煌吐魯番研究》(第五卷),2001 年

59.《侯燦 2001》

侯燦:《吐魯番出土"張季宗及夫人宋氏墓表"考釋》,《吐魯番學研究》2001 年第 2 期

60.《施新榮 2001》

施新榮:《也談高昌麴氏之郡望——與王素先生商榷》,《西域研究》2001 年第 3 期

61.《孟憲實 2001》

孟憲實:《麴氏高昌追贈制度初探》,載《敦煌吐魯番研究》(第五卷),2001 年

62.《郭玉海 2001》

郭玉海:《故宮收藏的高昌塼》,《收藏家》2001 年第 9 期

63.《速水 2002》

[日]速水大:《アスターナ 100 号墓墓主氾徳達について——トルファンの氾氏と関連して》,《明大アジア史論集》第 7 號,2002 年

64.《王素 2002》

王素:《敦煌吐魯番文獻》,北京:文物出版社,2002 年

65.《葉貴良 2003》

葉貴良:《〈吐魯番出土磚誌集注〉釋録指瑕》,《吐魯番學研究》2003 年第 2 期

66.《孟憲實 2004》

孟憲實:《試論麴氏高昌王朝的綰曹郎中》,《新疆師範大學學報(哲學社會科學版)》2004 年第 1 期

67.《孟憲實 2004》

孟憲實:《漢唐文化與高昌歷史》,濟南:齊魯書社,2004 年

68.《侯燦 2005》

侯燦:《〈吐魯番出土磚誌集注〉補正》,《新疆師範大學學報(哲學社會科學版)》2005 年第 3 期

69.《李方 2005》

李方:《唐西州岸頭府官吏編年考證》,《中國歷史文物》2005 年第 6 期

70.《王素 2006》

王素:《高昌郡府官制研究》,《吐魯番學研究——第二屆吐魯番學國際學術研討會論文集》,上海:上海辭書出版社,2006 年,第 16—21 頁

71.《張銘心 2006》

張銘心:《吐魯番出土"且渠封戴墓表"的性質以及無紀年高昌墓塼的年代問題——以高昌墓塼的起源問題爲中心》,《新疆師範大學學報(哲學社會科學版)》2006 年第 2 期

72.《何磊 2007》

何磊:《袁公瑜、袁承嘉父子墓誌銘點注》,載《西南古籍研究》(2006 年),昆明:雲南大學出版社,2007 年

73.《孟憲實 2007》

孟憲實:《唐代府兵"番上"新解》,《歷史研究》2007 年第 2 期;後收入榮新江、李肖、孟憲實《新獲吐魯番出土文獻研究論集》,北京:中國人民大學出版社,2010 年

74.《許全勝 2007》

許全勝:《吐魯番出土墓誌劄記》,《西域研究》2007 年第 1 期

75.《李肖 2007》

李肖:《交河溝西康家墓地與交河粟特移民的漢化》,載《敦煌吐魯番研究》(第十卷),2007 年;後收入榮新江、李肖、

孟憲實《新獲吐魯番出土文獻研究論集》,北京:中國人民大學出版社,2010 年

76.《張銘心 2007》

張銘心:《吐魯番交河溝西墓地新出土高昌墓磚及其相關問題》,《西域研究》2007 年第 2 期;後收入榮新江、李肖、孟憲實《新獲吐魯番出土文獻研究論集》,北京:中國人民大學出版社,2010 年

77.《裴成國 2007》

裴成國:《從高昌國到唐西州量制的變遷》,載《敦煌吐魯番研究》(第十卷),2007 年

78.《高丹丹 2007》

高丹丹:《吐魯番出土〈某氏族譜〉與高昌王國的家族聯姻——以宋氏家族爲例》,《西域研究》2007 年第 4 期

79.《肖瑜 2007》

肖瑜:《〈吐魯番出土磚誌集注〉釋文商榷三則》,《廣西大學學報(哲學社會科學版)》2007 年第 6 期

80.《張雨 2007》

張雨:《吐魯番文書所見唐代里正的上直》,《西域文史》(第 2 輯),2007 年

81.《刁淑琴 朱鄭慧 2008》

刁淑琴、朱鄭慧:《北魏鄴乾、鄴月光、于仙姬墓誌及其相關問題》,《河南科技大學學報(社會科學版)》,2008 年第 6 期

82.《樊維岳 李思宇 2008》

樊維岳、李思宇:《大唐故忠武將軍右衛率鄧温墓誌銘考

釋》,載《鳳鳴玉山》,西安:陝西旅遊出版社,2008年

83.《徐暢 2008》

徐暢:《敦煌吐魯番出土文獻所見唐代城主新議》,《西域研究》2008年第1期

84.《李方 2008》

李方:《唐西州勳官仕途考論》,《吐魯番學研究》2008年第1期

85.《萬大衛 2009》

萬大衛:《〈麴犨墓誌〉校讀》,《四川職業技術學院學報》2009年第2期

86.《氣賀澤 2009》

[日]氣賀澤保規:《唐代西州府兵制再論—西州「衛士」の位置づけをめぐって》,載[日]土肥義和編《吐魯番出土漢文文書の新研究》,東京:東洋文庫,2009年;另見2013年修訂版

87.《王素 2009》

王素:《關於吐魯番新出闞氏王國張祖墓表的幾個問題》,《文物》2009年第1期

88.《王素 2010a》

王素:《吐魯番考古與高昌歷史研究》,載《故宮學術講壇》(第一輯),北京:故宮出版社,2011年

89.《王素 2010b》

王素:《吐魯番新獲唐西州高昌縣思恩寺僧籍臆說》,載《高昌社會變遷及宗教演變》,烏魯木齊:新疆人民出版社,2010年

90.《李方 2010》

李方:《唐西州官吏編年考證》,北京:中國人民大學出版社,2010 年

91.《姚崇新 2011》

姚崇新:《中古藝術宗教與西域歷史論稿》,北京:商務印書館,2011 年

92.《劉安志 2011》

劉安志:《敦煌吐魯番文書與唐代西域史研究》,北京:商務印書館,2011 年

93.《劉光蓉 2011》

劉光蓉:《〈吐魯番出土磚誌集注〉釋義校補》,《綿陽師範學院學報》2011 年第 6 期

94.《中田裕子 2012》

[日]中田裕子:《〈康子相墓誌〉再考—趙振華著〈洛陽古代銘刻文獻研究〉の紹介もかねて》,中亞研究論壇論文,2012 年 7 月 28 日,另見同氏《再考〈康子相墓誌〉》,居延遺址與絲綢之路歷史文化國際學術研討會論文,甘肅金塔,2013 年 8 月 24－26 日(此文後收入會議自印《居延遺址與絲綢之路歷史文化國際學術研討會論文集》)

95.《胡戟 榮新江 2012》

胡戟、榮新江:《大唐西市博物館藏墓誌》,北京:北京大學出版社,2012 年

96.《陳國燦 2012》

陳國燦:《陳國燦吐魯番敦煌出土文獻史事論集》,上海:

上海古籍出版社,2012 年

97.《裴成國 2012》

裴成國:《故國與新邦——以貞觀十四年以後唐西州的塼誌書寫爲中心》,《歷史研究》2012 年第 5 期

98.《榮新江 2013》

榮新江:《大唐西市博物館所藏墓誌の整理と唐研究上の意義》,[日]梶山智史譯,《東アジア石刻研究》第 5 號,2013 年 3 月

99.《翟旻昊 2013》

翟旻昊:《新出〈麴建泰墓誌〉發微》,《中國中古史研究:中國中古史青年學者聯誼會會刊》(第 3 卷),北京:中華書局,2013 年

100.《山下將司 2013》

[日]山下將司:《軍府と家業—北朝末唐初におけるソグド人軍府官と軍團》,此文原爲中國中古史青年學者聯誼會發表論文(東京中央大學,2013 年 8 月 25 日),後改名《北朝末—唐初におけるソグド人軍府と軍團》,發表於《ソグド人と東ユーラシアの文化交涉》,第 163、170 頁,另參見同氏《ソグド人の東方活動に関する基礎的研究》,科學研究費補助金基盤研究(B)成果報告書,東京,2013 年

101.《李方 2013a》

李方:《唐西州官僚政治制度研究》,哈爾濱:黑龍江教育出版社,2013 年

102.《李筍 2013》

李筍:《試論高昌國楷書形態的演變及特點——以吐魯番出土文獻爲中心》,載《中古墓誌胡漢問題研究》,銀川:寧夏人民出版社,2013 年

103.《李方 2013b》

李方:《唐西州行政體制考論》,哈爾濱:黑龍江教育出版社,2013 年

104.《米婷婷 2014》

米婷婷:《高昌墓塼對女性的記述》,《吐魯番學研究》2014 年第 1 期

105.《劉子凡 2014》

劉子凡:《唐伊、西、庭軍政體制研究》,博士學位論文,中國人民大學,2014 年,又見同氏《瀚海天山——唐代伊、西、庭三州軍政体制研究》,上海:中西書局,2016 年 3 月

106.《王素 2014》

王素:《唐麴建泰墓誌與高昌"義和政變"家族——近年新刊墓誌所見隋唐西域史事考釋之二》,載《魏晉南北朝隋唐史資料》(第三十輯),上海:上海古籍出版社,2014 年

107.《劉子凡 2014》

劉子凡:《〈唐成公崇墓誌〉考釋》,《文獻》2014 年第 3 期

108.《福島惠 2014》

[日]福島惠:《長安・洛陽のソグド人》,《ソグド人と東ユーラシアの文化交涉》,東京:勉誠出版株式會社,2014 年

109.《龔靜 2015》

龔靜:《高昌平滅後的麴氏王姓——從麴建泰墓誌說起》,《社會科學戰綫》2015 年第 5 期

110.《王素 2016》

王素:《唐康子相和成公崇墓誌中有關高昌與西州的資料——近年新刊墓誌所見隋唐西域史事考釋之三》,《故宮博物院院刊》2016 年第 1 期

一
高昌郡・高昌國時期墓塼

1.張幼達墓表

　　高昌時期(386—460)　　灰塼　　朱書　　34×34×4.5
69TKM52:1　　新博

　　龍驤將軍散騎

　　常侍敦煌張幼達

　　之墓表

　　夫人宋氏

注：墓塼無紀年，王素推定爲承平元年(443)前。侯燦推定爲麴氏延昌以前。據白須净真考證，此墓表的時代有可能上溯到四世紀末的後涼(《白須净真1990》19—20)。

【《侯燦1984》，《墓誌録》588，《白須净真1990》，《新疆墓誌》，《白須净真1992》113，《索引稿》，《王素1993》，《宋曉梅1994》，《孟憲實1994b》，《高昌文獻編年》，《阿斯塔那出土墓誌》，《孟憲實2001》，《磚誌集注》，《孟憲實2004》190，《張銘心2006》，《墓誌集成》，《統計分析》，《米婷婷2014》】

2.張興明夫人楊氏墓表

高昌郡時期(400—421)　灰地朱書　36.5×36.5×4　75TKM60:1　新考

折衝將軍新

城太守敦煌張

興明夫人楊氏墓表

注:①墓塼無紀年,王素推定爲承平元年(443)前。侯燦推定爲麴氏延昌以前。《新疆墓誌》推定爲"高昌時期(531—640)葬",荒川正晴考證爲西凉(400—421)時期,白須浄真支持荒川説。②對於1、2、3號的三方墓塼的年代,白須浄真認爲"これら墓表は、すべて素材は「塼」であり、その大きさは三〇ヤンチ臺の方形である。揃って紀年がないが、かつて考察したように","五世紀のものと見て間違いない"。(《白須浄真1990》)這三方墓塼都没有紀年,説明無紀年不是一個偶然的現象[開元年間(713—741)的張彦墓塼當屬偶然現象],而是某一時期的書寫格式(書式)。這或許可以證明此方墓塼的時期早於且渠封戴墓表。同時,本墓表無紀年的書式也説明河西圓首碑形墓表與高昌墓塼應不是繼承關係,特别是從同稱"墓表"這點看,而或許是同一文化源流的不同地域表現。但是且渠封戴墓表在高昌出現後,高昌墓塼開始出現紀年,這應視爲高昌墓塼發展的新階段。

【《侯燦1984》,《荒川正晴1986》56、72,《墓誌録》588,《白須浄真1990》,《新疆墓誌》,《白須浄真1992》114,《宋曉梅1994》,《孟憲實1994b》,《高昌文獻編年》,《阿斯塔那出土墓誌》,《碑誌集注》,《侯燦2005》,《張銘心2006》,《墓誌集成》,《統計分析》,《米婷婷2014》】

3.張季宗及夫人宋氏墓表

且渠氏高昌時期(442—460)　朱書　41×40×5　阿斯塔那　故宫

河西王通事舍人

敦煌張季宗之墓

表夫人燉煌宋氏

注：①本墓表在《高昌塼集》中注録爲出土於哈拉和卓古墳群，但在《高昌塼集(增訂本)》中注録爲出土於阿斯塔那古墳群。白須净真認爲本墓表出土於哈拉和卓古墳群(《白須净真1979》)。另外，《黄文弼蒙新考察日記》(北京：文物出版社，1990年)第528頁記載爲吐峪溝路北古墳院出土。②"夫人"一詞的使用。參考孟憲實、姚崇新《從"義和政變"到"延壽改制"——麴氏高昌晚期政治史探微》[《敦煌吐魯番研究》(第二卷)]，麴氏高昌國時期的墓塼中，"夫人"一詞共出現十六回。另參考《漢石例》"有官職者妻得統稱夫人例"條。③本墓表没有紀年，具體的年代已不可考。各研究者的年代考證中，白須净真推測爲且渠氏高昌國時代(401—460)，王素推斷爲承平元年(443)以前(《高昌文獻編年》)，侯燦認爲是且渠氏高昌時期(《侯燦2001》)。無紀年本身就説明了本墓表書式的原始性。公元四世紀末五世紀初期，河西地域流行着圓首碑形墓誌，而江南地域流行着長方形墓誌(參見張銘心《十六國時期碑形墓誌源流考》，《文史》2008年第2期)。各地墓誌的形制及書式雖然没有定型，但是紀年等已是必見的内容。中原地域出土墓誌中，未見紀年的有洛陽出土西晉年間的魏雛墓誌[同出石柱紀年是元康八年(298)][趙萬里：《漢魏南北朝墓誌集釋》(卷一)，北京：科學出版社，1956年]、偃師出土西晉年間的劉韜墓誌[趙萬里：《漢魏南北朝墓誌集釋》(卷

一)],以及遼寧出土北魏初年的劉賢墓誌(曹汛:《北魏劉賢墓誌》,《考古》1984年第7期;遼寧省博物館編著《遼寧省博物館藏碑誌精粹》,北京:文物出版社,2000年)。其中劉韜墓誌的書式與本墓表基本相同。中原文化的西傳雖然有個時間差的問題,但由劉韜等墓誌的無紀年的書式來看,本墓誌的時代不應該太晚。從本墓表中的"河西王"官號看,其時代應屬於且渠氏北涼時期和且渠氏高昌時期。然而若如王素所判斷的屬於且渠氏高昌以前的北涼時期的話,張季宗的任官地必定是武威。若此,張季宗墓表的書式應是有紀年的河西圓首碑形墓表的書式,而非無紀年的高昌郡時期高昌墓塼的書式。所以張季宗應是闞爽政權時期的高昌人,且渠無諱占領高昌後,歸順了且渠氏,其官號是且渠氏高昌時期的官號。同時也可以説明,張季宗墓表是且渠氏高昌時期的墓塼。

【《高昌塼集》,《墓塼考釋(一)》,《墓塼考釋(二)》183,《白須净真1979》,《高昌專録》,《侯燦1986》100,《史稿·統治編》256—257,《白須净真1990》,《白須净真1992》114,《孟憲實1994b》,《高昌文獻編年》,《侯燦2001》,《磚誌集注》,《張銘心2006》,《墓誌集成》,《統計分析》,《故宮藏誌彙編》,《米婷婷2014》】

4.張祖墓表

闞氏高昌國時期(460—488)　木牌　墨書　尺寸不明
97TSYM1:22　吐文

　　録文Ⅰ　□□威神城主張祖

　　　　　　□…□侍…參

　　　　　　□…□

　　録文Ⅱ　高寧□□戍主張祖

□…□侍參
□…□

注：①本墓表出土於吐魯番鄯善縣洋海墓地。發現有張祖墓表的墓葬已被盜空，只出土了此墓表。此墓南側另有一被盜墓葬(97TSYM1)，出土有無紀年女性缺名衣物疏和闞氏高昌永康十二年(477)張祖買奴券，另外還出土有永康十三年、十四年的曆日。由此發掘者推測，本墓表有可能原來也屬於這一墓葬，是後來被盜墓者帶到了另一墓葬中。②錄文Ⅰ錄自《新獲文獻》。關於本墓表，王素先生有專題研究(參見《王素2009》)，其研究結果體現在錄文Ⅱ中。

【《新獲文獻》，《王素2009》，《墓誌集成》】

5.張文智墓表

章和七年(537)　　紅塼　　朱書　　37×37×4　　69TKM54:1　新博

初除橫截郡錄事參軍司馬□
補王府左長史領吏部事加威遠將
軍拜折衝將軍歷安樂永安白芳三縣令
長史如故遷揚威將軍民部郎中以章和
七年丁巳歲七月一日卒官時年九十二追贈
建威將軍吏部郎中燉煌張文智之墓表
夫人扶風馬氏夫人張掖翟氏

注：①九十二歲卒官。另參考延昌廿七年(587)張氏墓表之"亡於位，春秋八十"。②此墓塼銘文的結尾處為"夫人＋籍貫＋某氏"。這種書式在上舉三方無紀年墓塼中出現過。中原墓誌中這種內容也有所見。如前揭西晉劉韜墓誌的結尾處為"夫人沛國蔡氏"，北魏

尹祥墓誌[正光五年(524)七月死亡,孝昌二年(526)七月埋葬][參見周錚《北魏尹祥墓誌考釋》,載《北朝研究》(第一輯),北京:北京燕山出版社,2000年]的結尾處爲"夫人隴西辛氏"。周錚認爲"對於誌主的夫人,僅在銘文的最後淡淡地提了一筆。這是極爲罕見的"。其實這種書式在西晉墓誌中多有所見,應視爲時代特徵。另外,此墓塼先書寫官名,再書寫紀年(卒齡)、追贈官號、姓名、"墓表"及夫人籍貫、姓氏的書式與此後的麴氏高昌國時期墓塼不同,某種程度上講,更接近河西出土的梁舒墓表(鍾長發、寧篤學:《武威金沙公社出土前秦建元十二年墓表》,《文物》1981年第2期)。這似乎可以説明在麴氏高昌國時期墓塼再度出現的時候,墓塼的書式還有高昌郡時期的特徵,新的書式還沒有完全定型。

【《白須净真1979》,《侯燦1984》,《王素1989》,《墓誌録》,《白須净真1990》30,《宋曉梅1991》,《新疆墓誌》,《白須净真1992》115,《索引稿》,《王素1993》,《宋曉梅1994》,《孟憲實1994b》,《孟憲實宣紅1995》,《高昌文獻編年》,《阿斯塔那出土墓誌》,《孟憲實2001》,《磚誌集注》,《孟憲實2004》117、196、202,《侯燦2005》,《墓誌集成》,《統計分析》,《陳國燦2012》56,《李筍2013》,《米婷婷2014》】

6.張孝真妻索氏墓表

章和七年(537)十一月十五日　紅塼　墨書　35.7×36.5×5.3　69TKM51:1　新博

章和七年丁巳歲十一月壬戌
朔十五日乙亥民部參軍張
孝真妻索氏之墓表

注:①同墓出土延昌四年(564)同名墓表,原因不明。但據墓表内容,此墓表應是索氏的墓表,而延昌四年的墓表應是其夫張孝真的墓表。②壬戌朔,十五日是丙子,乙亥是十四日。

【《侯燦1984》,《墓誌錄》,《新疆墓誌》,《索引稿》,《王素1993》,《宋曉梅1994》,《孟憲實1994a》,《高昌文獻編年》,《阿斯塔那出土墓誌》,《磚誌集注》,《墓誌集成》,《統計分析》,《李筍2013》,《米婷婷2014》】

7.張歸宗夫人索氏墓表

章和七年(537)十一月十五日　塼質　墨書　40×40×3.3　阿斯塔那(吐峪溝路北)　故宮

章和七年丁巳歲十一月壬戌

朔十五日乙亥平遠府錄事參

軍張歸宗夫人索氏墓表

注:①白須净真認爲此墓塼應是出土於哈拉和卓古墓群。參見《白須净真1979》注7。②高昌索氏的籍貫問題,可參考《宋曉梅1994》。

【《高昌塼集》,《墓塼考釋(一)》,《白須净真1979》,《侯燦1984》,《彭琪1987》,《宋曉梅1991》,《新疆墓誌》,《高昌文獻編年》,《索引稿》,《王素1993》,《宋曉梅1994》,《王素1999》,《磚誌集注》,《孟憲實2004》142,《墓誌集成》,《統計分析》,《故宮藏誌彙編》,《李筍2013》,《米婷婷2014》】

8.朱阿定墓

章和八年(538)二月七日　灰塼　刻字　34.5×34×3.5　75TKM采集　新考

章和八年戊午

歲二月朔庚寅閈

七日丙申執都城參

軍都官參軍元出

閈郡朱阿定墓

注：①"閈"即"閈"，參考《碑別字新編》。②墓表文的最後只書寫了"墓"字，這與其他墓塼有顯著不同。前揭西晉劉韜墓誌刻銘中也只書寫了"墓"，是否本墓塼的"墓"之名稱來源於西晉墓誌？這是一個值得關注的問題。關於此問題的討論參考《張銘心2007》。③關於建除紀年，參考《磚誌集注》朱阿定墓表注釋。

【《侯燦1984》，《侯燦1987》148，《墓誌錄》，《新疆墓誌》，《索引稿》，《孟憲實1994b》，《高昌文獻編年》，《阿斯塔那收集墓誌》，《孟憲實2001》，《磚誌集注》，《孟憲實2004》206，《張銘心2007》，《磚刻銘文集》，《墓誌集成》，《統計分析》，《李筍2013》，《米婷婷2014》】

9. 宋阿虎墓塼

章和八年(538)三月十五日　　灰塼　刻字填朱　33×(殘)24×4.5　吐魯番市(75TRM)　吐文

錄文Ⅰ　章和八□

　　　　歲三月□□□主簿

　　　　燕國宋字阿

　　　　虎

錄文Ⅱ　章和八年戊午

　　　　歲三月庚申朔

　　　　十五日兵營主簿燕國宋

宇阿虎

注：①録文Ⅰ録自《新疆墓誌》，録文Ⅱ録自《吐魯番采坎古墓群清理簡報》（《新疆文物》1990年第3期）。録文Ⅱ中的"兵營"應是"兵曹"之誤。②《墓塼拾遺》著録爲"宋宇阿虎"。《新疆墓誌》中的照片比較清晰，"宇"當讀爲"字"。

【《墓磚拾遺》，《白須净真1990》38，《新疆墓誌》，《索引稿》，《孟憲實1994b》，《高昌文獻編年》，《磚誌集注》，《磚刻銘文集》，《墓誌集成》，《統計分析》，《李筍2013》】

10.張洪妻焦氏墓表

章和十三年（543）正月十三日　灰塼　黑地刻格刻字填朱　36×36×4　72TAM170:1　新博

章和十三年癸亥歲

正月壬戌朔十三日

甲戌財官校尉洴林

令張洪妻焦氏之墓

表

注：①同墓出土延昌二年（562）張洪墓表、章和十三年（543）孝姿衣物疏、章和十八年（548）光妃衣物疏、延昌二年長史孝寅衣物疏。"財官校尉"，待考。②高昌焦氏，參考《宋曉梅1994》。

【《侯燦1984》，《王素1989》，《墓誌録》，《新疆墓誌》，《白須净真1992》115，《索引稿》，《宋曉梅1994》，《高昌文獻編年》，《阿斯塔那出土墓誌》，《磚誌集注》，《磚刻銘文集》，《墓誌集成》，《統計分析》，《李筍2013》，《米婷婷2014》】

11. 朱阿定妻楊氏墓

　　章和十三年(543)十二月廿七日　灰塼　朱書　39×39×4　75TKM 采集　吐文

　　章和十三年水亥

　　歲十二月丙辰朔

　　廿七日壬午辛除□

　　參軍轉都城參軍

　　朱阿定墓妻楊氏

注：①《高昌文獻編年》判斷爲廿二日。王素《麴氏高昌朔閏推擬表》章和十三年十二月朔是丙辰，那麼壬午則是廿七日。②辛除即新除。《墓磚拾遺》錄文爲"朱阿之"。

【《侯燦1984》，《墓磚拾遺》，《侯燦1987》148，《墓誌錄》，《白須淨眞1990》注88，《新疆墓誌》，《侯燦1992》，《索引稿》，《高昌文獻編年》，《磚誌集注》，《墓誌集成》，《統計分析》，《李筍2013》】

12. 畫承(附夫人張氏)墓表

　　章和十六年(546)十二月三日　刻字填朱　46×44×3　交河城溝西　故宮

　　章和十六年歲次析木之津冬

　　十二月己巳朔三日辛未高昌兵部

　　主簿轉交河郡户曹參軍殿

　　中中郎將領三門子弟諱承字

　　仝安春秋七十有八畫氏之墓表

　　夫人張氏永平二年□□鶉火

二月辛巳朔廿五日乙巳合葬

　　上天潜善享年七十有九

注：①《高昌塼集》中將"仝"作"全"。②夫人張氏墓表［永平二年（550）］爲朱書。③《磚誌集注》將第二行第七字釋録爲"二"，觀此塼拓本及《故宫藏誌彙編》所載圖版，可確定爲"三"，再查王素《麴氏高昌曆法初探》，章和十六年十二月三日確爲辛未。④《墓塼題録》認爲《新疆墓誌》中登載的本墓塼刻銘部分的拓本是另一方墓塼，誤。

【《高昌塼集》，《高昌專録》，《侯燦1984》，《寫體與刻體》，《白須淨真1990》39，《新疆墓誌》，《張銘心1992》，《索引稿》，《墓塼題録》，《宋曉梅1994》，《孟憲實1994a》，《高昌文獻編年》，《王宗磊1998》，《張銘心1999》，《孟憲實2001》，《磚誌集注》，《孟憲實2004》142，《磚刻銘文集》，《墓誌集成》，《統計分析》，《故宫藏誌彙編》，《裴成國2012》，《李筍2013》】

13.氾靈岳墓表

　　章和十八年（548）六月九日　塼質　刻字填朱　45×44.2×3.6　交河城溝西氾塋　故宫

　　章和十八年歲次壽星夏

　　六月朔辛酉九日己巳田

　　地郡虎牙將軍内幹將轉

　　交河郡宣威將軍殿中中

　　郎領三門散望將字靈岳

　　春秋六十有七卒氾氏之

　　墓表

注：①先在田地郡任虎牙將軍、内幹將，後轉交河郡任宣威將軍、殿

中中郎、領三門散望將，最後葬於交河溝西墓地氾塋，可知氾靈岳是交河人，曾到田地任官。②氾姓，參見和平二年(552)氾紹和及夫人張氏墓塼注釋。

【《高昌塼集》，《高昌陶集》，《高昌專錄》，《侯燦 1984》，《白須淨真 1990》39，《新疆墓誌》，《張銘心 1992》，《索引稿》，《高昌文獻編年》，《張銘心 1999》，《孟憲實 2001》，《速水 2002》，《磚誌集注》，《孟憲實 2004》142，《磚刻銘文集》，《墓誌集成》，《統計分析》，《故宮藏誌彙編》，《李筍 2013》】

14. 羅英墓塼

章和十八年(548)十一月十八日前後　土質　刻字　60TAM313　新博

羅英

注：同出章和十八年十一月十八日欠名隨葬衣物疏。

【《出土文書壹》288，《侯燦 1992》，《墓塼題錄》，《高昌文獻編年》，《張銘心 1999》，《阿斯塔那出土墓誌》，《磚誌集注》，《墓誌集成》】

15. 田元初墓表

永平元年(549)三月廿四日　塼質　刻字填朱　40×41.6×5.3　交河城溝西　歷博

永平元年歲在鶉

尾三月朔丙辰廿

四日己卯交河郡

鎮西府兵曹參軍

但旻天不吊享年

六十有四字元初

田氏之墓表

【《高昌塼集》,《高昌專錄》,《侯燦1984》,《彭琪1987》,《白須净真1990》34,《新疆墓誌》,《索引稿》,《歷博法書十》,《高昌文獻編年》,《孟憲實2001》,《磚誌集注》,《孟憲實2004》206,《磚刻銘文集》,《墓誌集成》,《統計分析》,《故宫藏誌彙編》,《劉光蓉2011》,《李筍2013》,《米婷婷2014》】

16.畫承夫人張氏墓表

永平二年(550)二月廿五日　塼質　朱書　46×44.6×3.3　交河城溝西畫塋　故宫

章和十六年歲次析木之津冬

十二月己巳朔三日辛未高昌兵部

主簿轉交河郡戶曹參軍殿

中中郎將領三門子弟諱承字

仚安春秋七十有八畫氏之墓表

夫人張氏永平二年歲在鶉

火二月辛巳朔廿五日乙巳合葬

上天潛善享年七十有九

注:①與畫承墓表同塼,畫承墓表爲刻銘填朱。②《高昌塼集》中將"仚"作"全",參考馬向欣編著《六朝别字記新編》(北京:北京書目文獻出版社,1995年)。③"夫人"一詞參考張季宗及夫人宋氏墓表[且渠氏高昌時期(442—460)]的注釋。④高昌國時期墓塼,字名往

往混用,此墓表有名有字,所見高昌墓塼中僅此一例。參見王素《唐鞠建泰墓誌與高昌"義和政變"家族》,載《魏晉南北朝隋唐史資料》(第三十輯),上海:上海古籍出版社,2014年。⑤《墓塼題錄》認爲《新疆墓誌》中登載的本墓塼的刻銘部分的拓本是另一方墓塼,誤。

【《高昌塼集》,《高昌專錄》,《高昌陶集》,《侯燦 1984》,《寫體與刻體》,《新疆墓誌》,《索引稿》,《宋曉梅 1994》,《高昌文獻編年》,《王宗磊 1998》,《孟憲實 2001》,《磚誌集注》,《墓誌集成》,《統計分析》,《李筍 2013》】

17.張武忠妻高氏墓表

永平二年(550)四月十二日　紅塼　朱書　36×35×5.3　69TAM114:2　新博

永平二年庚午四月

十二日張武忠妻

高氏之墓表

注:①一男四女合葬墓。同墓出土延和六年(607)張武忠墓表。參考吳震《麴氏高昌國史索隱》(《文物》1981年第1期)。②參考建昌二年(556)張務忠(張武忠)妻高氏墓表。

【《吳震 1981》,《墓誌錄》,《宋曉梅 1991》,《新疆墓誌》,《索引稿》,《宋曉梅 1994》,《高昌文獻編年》,《阿斯塔那出土墓誌》,《磚誌集注》,《墓誌集成》,《統計分析》,《李筍 2013》,《米婷婷 2014》】

18.趙令達墓塼

和平元年(551)一月三日　塼質　朱書　40×40　59TAM303:1　新博

和平元年辛未一月

三日虎牙將軍令兵

將明威將軍民部

參軍趙令達墓

【《文物1960》,《白須净真1975》36,《侯燦1984》,《墓誌錄》,《出土文書壹》129,《索引稿》,《高昌文獻編年》,《張銘心1999》,《阿斯塔那出土墓誌》,《孟憲實2001》,《碑誌集注》,《孟憲實2004》206,《張銘心2007》,《墓誌集成》,《統計分析》,《西域碑銘錄》,《米婷婷2014》】

19.汜紹和及夫人張氏墓塼

和平二年(552)八月一日　塼質　前五行朱書末行墨書　41.6×40×5.3　交河城溝西汜塋　故宫

和平二年壬申歲八月朔

丙申鎮西府虎牙將軍領

內幹將汜紹和七月廿七日

卒春秋五十有八也以八

月一日申時葬於墓也

夫人燉煌張氏享年六十二

注：①汜紹和墓塼與永徽元年(650)汜朋祐墓表同墓塋出土。②汜紹和之"汜",據多方高昌墓塼圖版,無誤。然據《元和姓纂》,唐人姓氏中無"汜"姓。"汜"或爲"氾"。漢有氾勝之,爲黃門侍郎。晉敦煌有郎中氾騰,張掖太守氾彥,皆爲氾勝之後。參見《元和姓纂》[(唐)林寶撰,岑仲勉校記,北京：中華書局,1994年第1版,2008年第2次印刷]第九卷。

【《高昌塼集》,《高昌專錄》,《白須淨真1975》,《侯燦1984》,《新疆墓誌》,《索引稿》,《宋曉梅1994》,《孟憲實1994b》,《高昌文獻編年》,《王宗磊1998》,《張銘心1999》,《孟憲實2001》,《郭玉海2001》,《速水2002》,《磚誌集注》,《墓誌集成》,《統計分析》,《故宮藏誌彙編》,《李筍2013》】

20.孟宣宗墓表

和平四年(554)九月五日　朱書　37.6×36.6×3.3　交河城溝西孟塋　故宮

　　和平四年甲戌歲九月
　　朔甲申五日戊子鎮西
　　府省事遷功曹吏但旻
　　天不弔享年五十有二
　　寢疾卒字宣宗孟氏之
　　墓表

【《高昌塼集》,《高昌專錄》,《高昌陶集》,《白須淨真1975》,《侯燦1984》,《新疆墓誌》,《張銘心1992》,《索引稿》,《高昌文獻編年》,《孟憲實2001》,《磚誌集注》,《孟憲實2004》206,《張銘心2007》,《墓誌集成》,《統計分析》,《故宮藏誌彙編》,《劉光蓉2011》,《李筍2013》】

21.趙榮宗夫人韓氏墓表

建昌元年(555)正月十二日　塼質　墨書　35×35×3.7　交河城溝西趙塋　故宮

　　建昌元年乙亥歲正月

朔壬午十二日水巳鎮

西府侍內幹將趙榮宗

夫人韓氏春秋六十有

七寢疾卒趙氏妻墓

表

注：參考同墓出土延和三年(604)趙榮宗妻馬氏墓表、延昌十三年(573)趙榮宗墓表。

【《高昌塼集》，《高昌專錄》，《高昌陶集》，《白須淨真1975》，《侯燦1984》，《彭琪1987》，《新疆墓誌》，《索引稿》，《高昌文獻編年》，《王宗磊1998》，《磚誌集注》，《孟憲實2004》142，《墓誌集成》，《統計分析》，《墓表八種》，《故宮藏誌彙編》，《李筍2013》，《米婷婷2014》】

22.張務忠妻高氏墓表

建昌二年(556)三月廿三日　灰塼　墨書　25×37.5×6
73TAM522：1　新博

建昌二年丙

子歲三月丙

子朔廿三日戊

戌侍郎務忠

妻高氏之

墓表

注：張武忠(張務忠)妻高氏原埋葬於TAM522墓[參考永平二年(550)張武忠妻高氏墓表]。張武忠[參考延和六年(607)張武忠墓表]死後，高氏移葬於TAM114墓，同墓出土永平二年(550)張武忠妻高氏墓表。高氏二次埋葬，墓塼紀年均書寫埋葬日而不書寫死亡

日。紀年相差六年。須注意的是，TAM114墓共埋葬了一男四女，高氏第二次埋葬的時間也不是其夫死亡的延和六年(607)。

【《吳震1981》,《侯燦1984》,《墓誌錄》,《新疆墓誌》,《關尾史郎1991》,《索引稿》,《宋曉梅1994》,《高昌文獻編年》,《阿斯塔那出土墓誌》,《施新榮2001》,《磚誌集注》,《墓誌集成》,《統計分析》,《李筍2013》】

23.任叔達妻袁氏墓表

建昌二年(556)十月廿八日　塼質　刻字填朱　36×36×4.3　交河城溝西任塋　故宮

建昌二年丙子歲十月朔壬
申廿八日己未鎮西府客
曹參軍錄事參軍任叔
達妻張掖袁氏之墓
表

注：①參考同墓出土延昌元年(561)任氏及夫人袁氏墓表。②《白須淨真1975》誤爲延昌二年(562)。

【《高昌塼集》,《高昌磚錄》,《高昌陶集》,《白須淨真1975》,《侯燦1984》,《新疆墓誌》,《索引稿》,《孟憲實1994b》,《高昌文獻編年》,《磚誌集注》,《磚刻銘文集》,《墓誌集成》,《統計分析》,《故宮藏誌彙編》,《李筍2013》,《米婷婷2014》】

24.任□□墓表

建昌三年(557)六月十五日　塼質　墨地朱書　41×40×4
交河城溝西任塋　故宮

建昌三年歲次星

記六月朔戊辰十

五日壬午但旻天不

弔享年五十有一任□

□之墓表

【《高昌塼集》,《高昌專錄》,《高昌陶集》,《白須淨真1975》,《新疆墓誌》,《索引稿》,《高昌文獻編年》,《磚誌集注》,《墓誌集成》,《統計分析》,《故宮藏誌彙編》,《劉光蓉2011》,《李筍2013》】

25.張遣墓表

建昌四年(558)二月九日　灰塼　藍地刻字填朱　35×35×3.5　72TAM169:1　新考

建昌四年戊寅歲

二月甲子朔九日

壬申王國侍郎遷

壁中將軍追贈淩

江將軍屯田司馬

張遣之墓表

注:同墓出土建昌四年(558)張孝章衣物疏,延昌十六年(576)信女某甲衣物疏。

【《白須淨真1979》36,《侯燦1984》,《王素1989》,《墓誌錄》,《白須淨真1990》31,《關尾史郎1991》,《新疆墓誌》,《出土文書壹》207,《白須淨真1992》115,《索引稿》,《高昌文獻編年》,《白須淨真1997》,《張銘心1999》,《阿斯塔那1972—1973》,《阿斯塔那出土墓誌》,《孟憲實2001》,《磚誌集注》,《孟憲實2004》194、202、204,《磚

刻銘文集》,《墓誌集成》,《統計分析》,《李筍 2013》】

26.麴郍妻阿度女麴氏墓表

建昌四年(558)二月十六日　塼質　朱書　40.3×41×3.6
交河城溝西麴塋②　故宮

　　建昌四年戊寅歲二月甲子
　　朔十六日戊寅兵曹
　　司馬麴郍妻喪於
　　交河城西白字阿度女
　　麴氏之墓表

注：①同墓出土延昌十七年(577)麴彈郍及夫人張氏墓表。②高昌墓塼中的夫人姓氏,多是使用本家姓。本墓表中第四行的"白"可能是阿度女本家的姓。施新榮將"白"釋爲"北"(《施新榮2001》54),然至今交河城溝西墓地所出土的高昌墓塼銘文中記錄葬地的文字裏尚未見到"西北"的用詞。

【《高昌塼集》,《高昌專錄》,《高昌陶集》,《侯燦1984》,《新疆墓誌》,《索引稿》,《高昌文獻編年》,《施新榮2001》,《磚誌集注》,《墓誌集成》,《統計分析》,《故宮藏誌彙編》,《李筍2013》,《米婷婷2014》】

27.田紹賢墓表

建昌五年(559)四月廿九日　塼質　墨書　34.3×34.3×3
交河城溝西田塋　故宮

　　建昌五年己卯歲四月
　　朔戊午廿九日丁亥鎮
　　西府兵曹參軍紹賢但旻

天不吊春秋卅有九寢疾

卒田氏之墓表

【《高昌塼集》,《高昌專錄》《高昌陶集》,《侯燦1984》,《新疆墓誌》,《索引稿》,《高昌文獻編年》,《孟憲實2001》,《磚誌集注》,《孟憲實2004》206,《墓誌集成》,《統計分析》,《墓表八種》,《故宮藏誌彙編》,《李筍2013》】

28.麴惇墓表

建昌六年(560)十一月廿四日　塼質　墨地白粉書 37×37　交河城溝西　故宮

建昌六年庚辰歲十一月

戊申朔廿四日辛未初拜

長史廣威將軍領兵部事

□武城縣出爲橫截令入

補宿衛事移吏部郎中宿

衛事如故轉縮曹郎中又

遷建威將軍縮曹郎中如

故追贈鎮遠將軍都郎中

麴惇之墓表

注：①《新疆墓誌》著錄爲"塼刻",誤。②埋葬於交河,官居二等,是個非常特殊的例子。墨地白粉書也是稀少的。交河麴氏與高昌麴氏的關係從中可否找出綫索？③白須淨真在《墓塼考釋(一)》及2000年7月15日在箱根的唐代史研究會暑期研討會發表的《トゥルファン諸古墳群出土墓表・墓誌研究とその課題》將此墓塼列入出土地不明項。《高昌文獻編年》記錄爲1953年出土於交河城

溝西。④《侯燦1993》爲此墓表的專題研究。

【《特刊》,《墓塼考釋(一)》,《新疆墓誌》,《侯燦1992》,《索引稿》,《侯燦1993》,《墓塼題録》,《孟憲實1994a》,《高昌文獻編年》,《施新榮2001》,《孟憲實2001》,《磚誌集注》,《孟憲實2004》102、103、110、111、196、203、306,《磚刻銘文集》,《墓誌集成》,《統計分析》,《李筍2013》】

29.劉□□墓表

延昌元年(561)三月十日　塼質　朱書　35.7×35.7×4.3　交河城溝西劉塋　故宫

鎮西府内主簿劉

□□□□□□

歲禦鶉尾望舒建

平壽星十日乙卯朔

以申時卒於墓

注:原年代不明,《高昌文獻編年》推斷爲延昌元年。《索引稿》(No.203)定爲高昌國時代。②"申時卒於墓"之"卒",意爲"葬"。參考其他墓塼,多有"辰時"埋葬者,故"以申時卒於墓"可以理解爲申時葬於墓。

【《高昌塼集》,《高昌專録》,《高昌陶集》,《白須净真1975》43,《高昌文獻編年》,《磚誌集注》,《墓誌集成》,《統計分析》,《故宫藏誌彙編》】

30.任叔達墓表

延昌元年(561)十一月廿五日　塼質　墨書　39×39×

4.3　交河城溝西任塋　故宮

　　延昌元年辛巳歲十一月

　　朔辛卯廿五日乙卯交河郡

　　客曹參軍録事參軍春秋八十

　　有九任氏之墓表

　　夫人張掖袁氏

注：①此墓表未書寫墓主名字，但同墓出土建昌二年(556)任叔達妻袁氏墓表，可知此任氏爲任叔達。②《高昌陶集》："蓋其妻先死，後任氏附葬時又續書袁氏於其後。"③十一月朔爲癸卯。廿五日爲丁卯。如果是辛卯朔廿五日則是乙卯。由此可知當時平時并不使用干支紀日。

【《高昌塼集》，《高昌專録》，《高昌陶集》，《侯燦1984》，《索引稿》，《孟憲實1994b》，《高昌文獻編年》，《孟憲實2001》，《磚誌集注》，《孟憲實2004》206，《墓誌集成》，《統計分析》，《故宮藏誌彙編》，《李筍2013》，《米婷婷2014》】

31.張氏墓表

　　延昌二年(562)四月十一日　塼質　朱書　33×33×4
交河城溝西　故宮

　　延昌二年壬午歲四月朔

　　庚子十一日庚戌鎮西府

　　省事後□功曹寢疾卒春

　　秋□十八有葬於

　　西陵張氏之墓表

注：①本墓塼出土於交河城溝西。銘文中的西陵當即西原。清代端方《匋齋藏石記》卷五《呂憲墓表》對呂憲墓表銘文中的"北陵"解釋道："地形闊則曰原,地勢高則曰陵。《玉篇》,陵,抱也。《國語》管仲曰,定民之居,成民之事,陵爲之終,注以爲葬也。并不專指帝王葬處而言。"②第四行的"八"下有鉤乙號"レ",示"八"與"有"字倒書。

【《高昌塼集》,《高昌專録》,《侯燦1984》,《新疆墓誌》,《索引稿》,《高昌文獻編年》,《荒川正晴2000》,《孟憲實2001》,《磚誌集注》,《孟憲實2004》206,《墓誌集成》,《統計分析》,《故宫藏誌彙編》,《李筍2013》,《米婷婷2014》】

32.張洪及妻焦氏墓表

延昌二年(562)十一月廿九日　灰塼　刻字填朱　42×42×4.5　72TAM170:2　新考

延昌二年壬午歲十一
月丁卯朔廿九日乙未
新除明威補爲侍郎轉
爲財官校尉洿林令遷
爲虎威將軍轉爲廣武
將軍遷爲長史令如故
追贈振武將軍倉部郎
中張洪妻焦氏之墓表

注：同墓出土章和十三年(543)張洪妻焦氏墓表、章和十三年(543)孝姿衣物疏、章和十八年(548)光妃衣物疏、延昌二年(562)長史孝寅衣物疏。

【《侯燦1984》,《墓誌錄》,《白須淨眞1990》31、39,《新疆墓誌》,《關尾史郎1991》,《出土文書壹》143,《白須淨眞1992》,《索引稿》,《宋曉梅1994》,《高昌文獻編年》,《張銘心1999》,《阿斯塔那1972—1973》,《阿斯塔那出土墓誌》,《孟憲實2001》,《磚誌集注》,《孟憲實2004》203,《磚刻銘文集》,《墓誌集成》,《統計分析》,《李筍2013》,《米婷婷2014》】

33.張氏附索演孫墓表

延昌三年(563)十月廿八日　塼質　刻字填朱　33.3×27.3×5　交河城溝西索塋　故宮

延昌三年水未歲十月朔

辛卯廿八日戊午記室參

軍妻張氏之墓表

客曹參令兵

將索演孫

注：①銘文前三行字小而規整,後兩行字大而草率。②《高昌文獻編年》誤記爲十一月。③《磚誌集注》認爲"客曹參令兵將"即"客曹參軍領兵將",此解當是。

【《高昌塼集》,《高昌專錄》,《高昌陶集》,《侯燦1984》,《新疆墓誌》,《索引稿》,《王素1993》,《高昌文獻編年》,《磚誌集注》,《磚刻銘文集》,《墓誌集成》,《統計分析》,《故宮藏誌彙編》,《李筍2013》】

34.孟宣住墓

延昌三年(563)十二月廿五日　塼質　朱書　39.3×27.3×5　交河城溝西孟塋　故宮

延昌三年水未歲十

二月廿五日孟宣

住之墓

【《高昌塼集》,《高昌專錄》,《高昌陶集》,《白須净真1975》,《索引稿》,《高昌文獻編年》,《磚誌集注》,《墓誌集成》,《統計分析》,《故宫藏誌彙編》,《李筍2013》】

35.徐寧周妻張氏墓表

延昌四年(564)三月十七日　塼質　朱書　35×31.5

哈拉和卓　旅順博物館

延昌四年甲申歲

三月己未朔十七日

乙亥虎牙將軍後遷

明威將軍遙遙郡徐

寧周妻金城張氏之

墓表

注:關於高昌墓塼的埋藏位置,從考古發掘記録看基本上都是離地面很近的墓道口處。然而據吉川小一郎記載,"墓室前部有寬2尺、高3尺的門洞,墓誌放在這裏,還有的墓塼埋放在墓道入口處的左方"(參見[日]小笠原宣秀《龍谷大學所藏大谷探險隊帶來的吐魯番出土文書綜述》,載[日]橘瑞超著、柳洪亮譯《橘瑞超西行記》附録五,烏魯木齊:新疆人民出版社,1999年)。

【《考古圖譜》,《西域文化》,《高昌專錄》,《旅博圖錄》,《西陲後錄》,《墓塼考釋(一)》,《大谷》,《侯燦1984》,《内藤七》,《寫體與刻體》,《新疆墓誌》,《侯燦1992》,《索引稿》,《墓塼題錄》,《孟憲實

1994b》,《高昌文獻編年》,《北京旅順倫敦藏阿斯塔那墓誌》,《磚誌集注》,《墓誌集成》,《統計分析》,《李筍2013》,《米婷婷2014》】

36.張孝真及妻索氏墓表

延昌四年(564)八月三日　灰塼　墨格刻字填朱　35×35×3.5　69TKM51:2　新博

　　延昌四年甲申歲八
　　月丁亥朔三日己丑
　　民部參軍殿中中郎
　　府門散將敦煌張氏
　　諱孝真妻索氏墓表

注:同墓出土章和七年(537)同名墓表,原因不明。據銘文內容看,本墓表應不是張孝真妻索氏的墓表,而是張孝真的墓表。索氏墓表銘文最後部分的書寫方式應是"……敦煌張氏諱孝真墓表妻索氏"。若如此,537年張孝真妻索氏墓表與本墓表同時出土就可以解釋了。

【《侯燦1984》,《墓誌錄》,《新疆墓誌》,《索引稿》,《宋曉梅1994》,《孟憲實1994b》,《高昌文獻編年》,《阿斯塔那出土墓誌》,《磚誌集注》,《磚刻銘文集》,《墓誌集成》,《統計分析》,《裴成國2012》,《李筍2013》】

37.王阿和墓表

延昌五年(565)二月廿日　塼質　墨書　22.3×21.6×5　交河城溝西王塋　故宮

　　延昌五年歲在乙酉二

月朔水丑廿日壬申卒

　　　廿二日甲戌葬

　　　王阿和之墓表

注：①此墓塼紀月殘，曾被判斷爲四月，《高昌文獻編年》定爲二月。②銘文第三行有人録爲"喪"，但根據銘文第二行最後一字"卒"判斷，此字當爲"葬"。

【《高昌塼集》，《高昌專録》，《高昌陶集》，《白須淨眞1975》，《新疆墓誌》，《索引稿》，《孟憲實1994a》，《高昌文獻編年》，《張銘心1999》，《磚誌集注》，《墓誌集成》，《統計分析》，《故宮藏誌彙編》，《李筍2013》】

38.曹仁秀妻張氏墓塼

　　延昌五年(565)二月廿七日　　灰塼　朱書　24×31.5×5　56TYM105:1　新博

　　　延昌五年乙酉

　　　歲二月朔癸丑

　　　廿七日己卯鎮

　　　西府户曹參軍

　　　曹仁秀妻張氏

　　　墓表

【《侯燦1984》，《新疆文物1989》，《墓誌録》，《索引稿》，《高昌文獻編年》，《磚誌集注》，《墓誌集成》，《統計分析》，《米婷婷2014》】

39.郭和兒及妻陶氏張氏墓表

　　延昌五年(565)四月十四日　　灰塼　墨書　35.8×35.8×3

魯克沁　吐文

延昌五年乙酉歲四月

癸丑朔十四日丙寅故田

地户曹參軍西□郭

和兒春秋七十而終並

妻隴靳陁氏敦煌張氏墓表

注：延昌五年二月朔爲癸丑，延昌五年四月爲壬子朔，十四日爲丙寅。若從癸丑計算，十四日應爲乙丑。

【《墓塼拾遺》，《新疆墓誌》，《索引稿》，《孟憲實 1994b》，《高昌文獻編年》，《孟憲實 2001》，《磚誌集注》，《孟憲實 2004》206，《墓誌集成》，《統計分析》，《李筍 2013》，《米婷婷 2014》】

40.張德淮墓表

延昌五年(565)五月十六日　灰塼　朱書　36×36×5
69TKM50:1　新博

延昌五年水酉

歲五月壬午朔十

六日丁酉北廳 左

右 敦煌張德淮□

墓表

注：侯燦認爲，麴氏高昌官制中有"北廳左右"的官職，故"北廳"後兩字或爲"左右"。

【《侯燦 1984》，《墓誌錄》，《新疆墓誌》，《出土文書壹》184，《索引稿》，《孟憲實 1994b》，《高昌文獻編年》，《阿斯塔那出土墓誌》，《磚誌

集注》《墓誌集成》《統計分析》《李筍2013》】

41.史祐孝墓表

延昌五年（565）十二月十一日　塼質　朱書　41.3×41.3×3.6　交河城溝西史塋　故宮

延昌五年乙酉歲十
二月己酉朔十一日
己未初鎮西府省事
遷交河郡功曹史轉
交河田曹司馬追贈
高昌司馬建康史祐
孝之墓表

注：《白須淨眞1990》的釋文是"史裕孝"。

【《高昌塼集》《高昌專錄》《高昌陶集》《白須淨眞1979》《侯燦1984》《白須淨眞1990》34，《新疆墓誌》《索引稿》《孟憲實1994b》《高昌文獻編年》《孟憲實2001》140、142、190、197、203，《磚誌集注》《孟憲實2004》140、142、190、197、203，《墓誌集成》《統計分析》《故宮藏誌彙編》《李筍2013》】

42.户曹參軍妻張連思墓塼

延昌六年（566）正月十七日　灰塼　刻字填朱　29.5×24×4　雅爾崖古墓區　新博

延昌六年丙戌
歲正月朔戊寅
十七日水巳以

前令兵將次補

戶曹參軍妻張

氏字連思墓

注：銘文只書寫"戶曹參軍妻"，而戶曹參軍爲何人却不書寫，這個現象在高昌墓塼中出現過不止一次［參見延昌廿五年(585)八月廿二日戶曹參軍妻索氏夫人墓表］，值得注意。

【《侯燦1984》,《新疆文物1989》,《墓誌録》,《新疆墓誌》,《索引稿》,《高昌文獻編年》,《磚誌集注》,《張銘心2007》,《磚刻銘文集》,《墓誌集成》,《統計分析》,《李筍2013》,《米婷婷2014》】

43.索守豬妻賈氏墓表

延昌七年(567)七月廿二日　塼質　朱書　39×41.3×5
交河城溝南　故宫

延昌七年歲禦聚訾

望舒建於實流下旬

二日日維辛卯兵曹

參軍索守豬妻賈氏

春秋六十有五靈柩葬

文表於暮也

注：①下旬二日，即廿二日。高昌紀日裏這樣的例子還有延昌十二年(572)十二月廿九日張阿□墓表(下旬九日)、延壽十一年(634)正月廿四日任法悦墓表(下旬四日)等。②"聚訾"爲"丁亥","流"爲"沉","實沉"是"孟夏四月","暮"爲"墓"。③同墓出土延昌十二年(572)索守豬墓表。

【《高昌塼集》,《高昌陶集》,《侯燦1984》,《新疆墓誌》,《索引稿》《孟憲實1994a》《高昌文獻編年》《磚誌集注》《墓誌集成》《統計分析》《故宮藏誌彙編》《李筍2013》《米婷婷2014》】

44.曹孟祐墓表

延昌七年(567)九月五日　塼質　朱書　41.7×41.7×4.3　交河城溝西曹塋　故宮

延昌七年歲禦聚訾

望舒建於隆婁上旬

五日日維析木户曹

參軍曹孟祐春秋六

十有一於丁酉日戌

時寢疾卒文表於

墓也

注："隆婁"應爲"降婁"之誤。"降婁"爲歲星紀年，即九月。丁酉日爲廿九日。

【《高昌塼集》《高昌專錄》《高昌陶集》《侯燦1984》《新疆墓誌》《索引稿》《高昌文獻編年》《張銘心1999》《孟憲實2001》《磚誌集注》《孟憲實2004》206《墓誌集成》《統計分析》《故宮藏誌彙編》《李筍2013》】

45.張神穆墓表

延昌七年(567)十二月十日　砂岩石質　墨書　58×32×12　67TAM88:10　新博

延昌七年丁亥歲十二月丁卯朔

十日丙子故高昌主簿

張神穆之墓表

注：夫婦合葬墓,同墓出土延昌七年(567)牛辰英隨葬衣物疏一件。本墓表書寫於未經加工整形的砂岩上。

【《侯燦1984》,《墓誌録》,《新疆墓誌》,《出土文書壹》198,《索引稿》,《高昌文獻編年》,《張銘心1999》,《阿斯塔那出土墓誌》,《孟憲實2001》,《磚誌集注》,《孟憲實2004》206,《墓誌集成》,《統計分析》,《李筍2013》】

46.張武儁妻翟氏墓表

延昌八年(568)十月十六日　木質板　墨書　30×22×3.2　67TAM90:27　新博

延昌八年戊子歲十月朔

壬寅十六日丁巳北廂

左右張武儁妻

翟氏之墓表

注：十月朔應爲壬戌,從壬寅計算十六日爲丁巳。由此可知,古人計算紀日干支是先找出朔日再推算具體日期的干支的。

【《文物1972》,《侯燦1984》,《墓誌録》,《出土文書壹》201,《索引稿》,《宋曉梅1994》,《高昌文獻編年》,《阿斯塔那出土墓誌》,《磚誌集注》,《墓誌集成》,《統計分析》,《李筍2013》,《米婷婷2014》】

47.袁穆寅妻和氏墓表

延昌九年(569)十一月三十日　磚質　墨書　37.6×37.6×5　交河城溝西袁塋　故宫

延昌九年己

丑歲十一月

丙戌朔卅日乙

卯袁穆寅妻和

氏之墓表

【《高昌塼集》,《高昌專錄》,《高昌陶集》,《新疆墓誌》,《索引稿》,《高昌文獻編年》,《磚誌集注》,《墓誌集成》,《統計分析》,《故宮藏誌彙編》,《李筍 2013》,《米婷婷 2014》】

48.王元祉墓表

延昌十一年(571)三月八日　塼質　墨地朱書　38.5×40　Ast.09　大英博物館

延昌十一年辛卯歲三

月朔戊申八日乙卯諮

議參軍轉民部司

馬追贈長史王元祉

之墓表

注：①據斯坦因的記録,此墓表爲村民送來,無出土地信息,斯坦因記録爲 Ast(即阿斯塔那)。②《墓塼題録》作"王亢祉"。③《磚誌集注》徵引文獻注釋文獻出處爲《亞洲腹地》第四卷(圖版)和第三卷(録文注解),不知何據。

【《亞洲腹地》3/75,《墓塼考釋(一)》,《侯燦 1984》,《新疆墓誌》,《侯燦 1992》,《索引稿》,《斯坦因文書研究》379,《墓塼題録》,《高昌文獻編年》,《北京旅順倫敦藏阿斯塔那墓誌》,《孟憲實 2001》,《磚誌集注》,《孟憲實 2004》203,《磚刻銘文集》,《墓誌集成》,《統計分析》,《李筍 2013》】

49.令狐天恩墓表

延昌十一年(571)四月六日　塼質　墨格墨書　41.5×41×4.7　交河城溝西令狐塋　故宮

延昌十一年辛卯歲
四月朔戊寅六日水
未前爲交河郡内幹
將後轉遷户曹參軍
字天恩春秋六十有
八令狐氏之墓表也

【《高昌塼集》,《高昌塼録》,《高昌陶集》,《侯燦1984》,《新疆墓誌》,《張銘心1992》,《索引稿》,《高昌文獻編年》,《孟憲實2001》,《磚誌集注》,《孟憲實2004》206,《墓誌集成》,《統計分析》,《墓表八種》,《故宮藏誌彙編》,《王素2010a》,《李筍2013》】

50.索守豬墓表

延昌十二年(572)十一月十五日　塼質　墨格朱書　39×39×5　交河城溝南索塋　故宮

延昌十二年壬辰歲
十一月朔己亥十五
日辛亥新除兵曹主
薄後遷爲兵曹參軍
索守豬敦煌北府人
也春秋九十咸二寢
疾卒於交河埒上靈

柩葬之墓表

注：①同墓出土延昌七年(567)索守豬妻賈氏墓表。②十五日是癸酉，十三日是辛亥。黃文弼疑十五日的"五"爲三的誤寫。

【《高昌塼集》，《高昌專錄》，《高昌陶集》，《侯燦1984》，《索引稿》，《孟憲實1994b》，《高昌文獻編年》，《孟憲實2001》，《磚誌集注》，《孟憲實2004》206，《許全勝2007》，《墓誌集成》，《統計分析》，《故宮藏誌彙編》】

51.張阿□墓表

　　延昌十二年(572)十二月廿九日　塼質　朱書　33.6×34.2×5　交河城溝西張塋②　故宮

　　延昌十二年歲禦壽星
　　望舒建於星記下旬九
　　日日維丙辰新除鎮西
　　府散望將□□省事又
　　轉□□兵參軍復遷爲
　　户曹司馬字阿□春秋
　　七十咸一原出敦煌功
　　曹後也靈柩葬題文於
　　墓張氏之墓表者也

注：《高昌陶集》著錄，此墳塋第二塚出土延昌某年張氏墓表。未見他書著錄。(參考《高昌陶集》，雅爾崖古墳塋發掘報告，17.鞠塋文末)

【《高昌塼集》，《高昌專錄》，《高昌陶集》，《侯燦1984》，《新疆墓誌》，《索引稿》，《孟憲實1994a》，《孟憲實1994b》，《高昌文獻編年》，

《荒川正晴2000》,《孟憲實2001》,《磚誌集注》,《孟憲實2004》190、《許全勝2007》,《墓誌集成》,《統計分析》,《故宮藏誌彙編》,《李筍2013》】

52.唐忠賢妻高氏墓表

延昌十三年(573)二月三日　塼質　刻格朱書　42×42×4.3　交河城溝西唐塋　故宮

延昌十三年水巳歲
二月朔丁酉破上旬
三日己亥□□爲交
河縣小門散望將□
疾於交河垾上春秋
七十有四字忠賢唐
妻高氏之墓表

注:黃文弼《高昌塼集》未畫第五和第六行分行記號。

【《高昌塼集》,《高昌專録》,《高昌陶集》,《白須淨真1975》,《侯燦1984》,《索引稿》,《高昌文獻編年》,《孟憲實2001》,《磚誌集注》,《孟憲實2004》4、5、134,《墓誌集成》,《統計分析》,《故宮藏誌彙編》,《米婷婷2014》】

53.任□慎妻墓表

延昌十三年(573)二月十四日　塼質　朱書　35×33.6×3.6　交河城溝西任塋　故宮

延昌十三年水巳
歲二月十四日任

□慎妻墓

【《高昌塼集》,《高昌專錄》,《高昌陶集》,《白須净真1975》,《新疆墓誌》,《索引稿》,《高昌文獻編年》,《磚誌集注》,《張銘心2007》,《墓誌集成》,《統計分析》,《故宫藏誌彙編》,《李筍2013》,《米婷婷2014》】

54.趙榮宗墓表

延昌十三年(573)二月十六日　塼質　刻字填朱　39.6×40×5　交河城溝西趙塋　故宫

延昌十三年水巳歲

二月朔丁酉十六日

壬子今補撫軍府主

簿復爲内幹將更遷

爲内行參軍痾疾於

交河塀上春秋八十

字榮宗趙氏之墓表

注：參考同墓出土建昌元年(555)趙榮宗夫人韓氏墓表、延和三年(604)趙榮宗妻馬氏墓表。

【《高昌塼集》,《高昌專錄》,《高昌陶集》,《侯燦1984》,《彭琪1987》,《新疆墓誌》,《張銘心1992》,《索引稿》,《高昌文獻編年》,《王宗磊1998》,《孟憲實2001》,《磚誌集注》,《孟憲實2004》142,《磚刻銘文集》,《墓誌集成》,《統計分析》,《故宫藏誌彙編》,《李筍2013》】

55.索顯忠妻曹氏墓表

延昌十三年(573)三月廿六日　塼質　朱書　39.3×39×

4.3 交河城溝南索塋　故宮

　　延昌十三年水巳歲
　　三月朔丙寅廿六日
　　辛卯虎牙將軍索顯
　　忠妻曹氏寢疾卒靈
　　柩葬
　　文表於墓也

注：①同墓出土延昌卅五年(595)索顯忠妻張孝英墓表、延昌卌一年(601)索顯忠墓表。②《新疆墓誌》定名爲"索阿忠妻曹氏墓表"。③"柜"意爲屋檐，此處當爲"柩"之異寫。參見侯燦相關研究。

【《高昌塼集》，《高昌專錄》，《高昌陶集》，《侯燦 1984》，《新疆墓誌》，《索引稿》，《孟憲實 1994a》，《高昌文獻編年》，《磚誌集注》，《墓誌集成》，《統計分析》，《故宮藏誌彙編》，《李筍 2013》，《米婷婷 2014》】

56.王舉奴墓表

　　延昌十三年(573)四月廿七日　塼質　朱書　40.6×40.6×5
交河城溝西　故宮

　　延昌十三年水巳歲
　　四月廿七日客曹參
　　軍春秋七十四咸
　　一王舉奴卒於
　　西崖

注："七十四咸一"，據《許全勝 2007》解釋，"咸"當作"減"，七十四咸一，即七十三。王舉奴，亦有人釋作"王鼠奴"。

【《高昌塼集》,《高昌專錄》,《侯燦1984》,《新疆墓誌》,《索引稿》,《高昌文獻編年》,《孟憲實2001》,《磚誌集注》,《孟憲實2004》206,《許全勝2007》,《墓誌集成》,《統計分析》,《故宮藏誌彙編》,《李筍2013》】

57.毛弘弘墓表

延昌十三年(573)十月廿六日　塼質　墨書　40.6×40.6×4　交河城溝西　故宮

延昌十三年水巳歲十

月水巳朔廿六日戊午

戶曹主簿毛弘

弘之墓表

注:《新疆墓誌》著錄爲延昌三年(563)。

【《高昌塼集》,《高昌專錄》,《侯燦1984》,《新疆墓誌》,《索引稿》,《孟憲實1994a》,《高昌文獻編年》,《孟憲實2001》,《磚誌集注》,《孟憲實2004》206,《墓誌集成》,《統計分析》,《故宮藏誌彙編》,《李筍2013》】

58.康虜奴母墓表

延昌十四年(574)二月廿一日　木質　朱書　左長23.5,右長28,下寬10.7,厚3.6　04TBM201:1　吐文

延昌十四年甲午歲二月

廿一日康虜奴公母之

墓表

注:此墓誌出土於巴達木2號臺地的康氏家族墓地201墓的墓道西

壁下。胡楊木板製作，呈縱長方形，下邊呈斜邊。

【《巴達木墓地 2006》，《張銘心 2007》，《李肖 2007》，《新獲文獻》，《墓誌集成》，《李筍 2013》】

59.康虜奴及妻竺買婢墓表

延昌十四年(574)二月廿三日　塼質　朱書　33.8×33.8×3.5　04TBM202:1　吐文

康虜奴及妻

竺氏買婢延昌

十四年甲午歲二月廿

三日康之墓表

注：此墓誌出土於巴達木2號臺地的康氏家族墓地202墓的距墓道口向西2.8米處，字面向內側立西壁下。塼體變形，塼面屈曲。

【《巴達木墓地 2006》，《張銘心 2007》，《李肖 2007》，《新獲文獻》，《墓誌集成》，《李筍 2013》，《米婷婷 2014》】

60.張買得墓表

延昌十五年(575)七月九日　塼質　墨書　35.6×35.8×4.3　交河城溝西張塋　故宮

延昌十五年乙未歲七月癸

丑朔九日辛酉鎮西府

散望將追贈功曹吏昊

天不弔春秋五十有六字買

得張氏之墓表

注：同墓出土延昌廿八年(588)張買得妻王氏夫人墓表。

【《高昌塼集》,《高昌塼錄》,《高昌陶集》,《侯燦1984》,《新疆墓誌》,《索引稿》,《高昌文獻編年》,《孟憲實2001》,《磚誌集注》,《孟憲實2004》205,《墓誌集成》,《統計分析》,《墓表八種》,《故宮藏誌彙編》,《劉光蓉2011》,《李筍2013》】

61.張僧惠墓表

延昌十六年(576)四月十九日　灰塼　刻字刻格填朱　39×39×4　出土地不明(庫號L14·15)　新博

延昌十六年丙[申]

歲四月朔己酉十

九日丁卯以前庫

部主簿後轉遷庫

部參軍張僧惠之

墓表也

【《侯燦1984》,《王素1989》,《墓誌錄》,《索引稿》,《高昌文獻編年》,《阿斯塔那收集墓誌》,《孟憲實2001》,《磚誌集注》,《孟憲實2004》206,《磚刻銘文集》,《墓誌集成》,《統計分析》,《李筍2013》】

62.曹阿檜墓表

延昌十六年(576)十一月十二日　灰塼　墨書　32.3×32.1×4.5　雅爾崖古墓區(56TYM103:6)　新博

延昌十六年[丙申]歲十一月

乙[亥]十二日丙戌鎮西

府兵曹主簿字阿檜

春秋卅有七曹氏之

墓表

注:《新疆墓誌》著録爲"朱書"。《新疆文物1989》著録爲"朱戈",當爲錯排字。

【《侯燦1984》,《新疆文物1989》,《墓誌録》,《新疆墓誌》,《索引稿》,《高昌文獻編年》,《孟憲實2001》,《磚誌集注》,《孟憲實2004》206,《墓誌集成》,《統計分析》,《李筍2013》】

63.張𩏂萁夫人杜氏墓表

延昌十六年(576)十二月廿二日　塼質　白地墨書　38.5×38.5×4.5　86TAM390:1　吐文

延昌十六年丙

申歲十二月朔

乙巳廿二日丙

寅春秋卅九張

𩏂萁夫人杜氏

之墓表

【《新疆墓誌》,《考古1992》,《索引稿》,《墓塼題録》,《孟憲實1994a》,《高昌文獻編年》,《阿斯塔那出土墓誌》,《磚誌集注》,《墓誌集成》,《統計分析》,《李筍2013》,《米婷婷2014》】

64.麴謙友墓表

延昌十七年(577)正月廿三日　塼質　墨地刻字　35.7×35.7×4　交河城溝西麴塋①　故宫

延昌十七年丁酉歲

正月甲戌朔廿三日

丙申故處仕麴謙友

追贈交河郡鎮西府

功曹史麴君之墓表

【《高昌塼集》,《高昌專錄》,《高昌陶集》,《白須净真1979》,《侯燦1984》,《彭琪1987》,《新疆墓誌》,《索引稿》,《高昌文獻編年》,《孟憲實2001》,《施新榮2001》,《磚誌集注》,《孟憲實2004》141、149、205,《磚刻銘文集》,《墓誌集成》,《統計分析》,《故宫藏誌彙編》,《李筍2013》】

65. 麴彈邟墓表

延昌十七年(577)七月一日　塼質　墨書　35.7×35.7×4　交河城溝西麴塋②　故宫

延昌十七年丁酉歲七月壬申朔

鎮西府帶閤主薄遷兵曹司馬

追贈高昌兵部司馬字彈邟

春秋六十九寢疾卒夫人燉煌張氏

麴氏之墓表

注:①同墓出土延昌四年(558)麴邟妻白阿度女麴氏墓表。②麴彈邟應即麴邟,彈邟或許是麴邟的字。

【《高昌塼集》,《高昌專錄》,《高昌陶集》,《白須净真1979》,《侯燦1984》,《新疆墓誌》,《索引稿》,《孟憲實1994b》,《高昌文獻編年》,《荒川正晴2000》,《孟憲實2001》,《施新榮2001》,《磚誌集注》,《孟憲實2004》190、197、203,《墓誌集成》,《統計分析》,《墓表八種》,《故宫藏誌彙編》,《李筍2013》,《米婷婷2014》】

66.辛苟子墓表

延昌十八年(578)二月十三日　生土質　墨書　32.2×31.8×3.9　EM3:6　新考

延昌十八年戊戌歲二月

戊戌朔十三日辛亥字

苟子春秋卅有八喪於

墓辛氏之墓表

注:EM3:6在《新出表·誌》中編號爲E-Ⅳ-d-3,黃文弼將其劃在溝西區辛塋。

【《王宗磊1998》,《交河新出墓誌》,《新出表·誌》,《荒川正晴2000》,《磚誌集注》,《墓誌集成》,《統計分析》,《李筍2013》】

67.張神忠墓表

延昌十九年(579)三月二日　塼質　朱書　45×43×5　交河城溝西　故宮

延昌十九年己亥

歲三月朔壬辰二

日癸巳客曹主簿

張神忠春秋五十

有五寢疾卒於□

内張氏之墓表

注:同墓出土墓塼一件,内容不明。參見《高昌陶集》。

【《高昌塼集》,《高昌專録》《高昌陶集》,《侯燦1984》,《索引稿》,

《高昌文獻編年》,《張銘心 1999》,《孟憲實 2001》,《磚誌集注》,《孟憲實 2004》206,《墓誌集成》,《統計分析》,《故宮藏誌彙編》】

68.畫儒子墓塼

延昌十九年(579)八月十七日　塼質　墨書　33×36×4
交河城溝西畫塋　故宮

　　延昌十九年己亥歲八月
　　己未朔十七日寢疾卒
　　昊天不吊享年廿有
　　七友朋悼傷鄉閭悲悛廿日
　　葬於墓字儒子

注:①黃文弼原注:"墓表不署姓名,以其附於畫纂墓旁,或亦姓畫,卒年二十有七,無妻子,蓋其取名儒子之故歟。"(《高昌陶集》)②十七日卒,廿日葬。二十餘歲,似乎不應該早早準備墓葬,由此可以推測其墓的挖掘時間僅僅二三日即可完成,可惜不知此墓規模如何。

【《高昌塼集》,《高昌專錄》,《高昌陶集》,《索引稿》,《新疆墓誌》,《高昌文獻編年》,《張銘心 1999》,《郭玉海 2001》,《磚誌集注》,《墓誌集成》,《統計分析》,《故宮藏誌彙編》,《劉光蓉 2011》,《李筍 2013》】

69.郭恩子妻解氏墓表

延昌廿年(580)九月廿五日　塼質　墨格朱書　35×35
哈拉和卓　旅順博物館

　　延昌廿年庚子

歲 九月朔 癸未

廿五日丙午開

郭恩子妻解氏

之墓表

注：①參考延昌廿九年(589)郭恩子墓表。②《新疆墓誌》誤記爲九月五日。③己未朔是廿五日丁未，丙午是廿四日。

【《高昌專錄》，《西域文化》，《西陲後錄》，《墓塼考釋(一)》，《大谷》，《新疆墓誌》，《侯燦1992》，《索引稿》，《墓塼題錄》，《內藤七》，《高昌文獻編年》，《考古圖譜》，《北京旅順倫敦藏阿斯塔那墓誌》，《磚誌集注》，《墓誌集成》，《統計分析》，《李筍2013》，《米婷婷2014》】

70.孟氏妻某氏墓表

延昌廿年(580)□月七日　塼質　朱書　尺寸不明　交河城溝西　歷博

延昌廿年庚

子歲□七日孟氏妻

□□□□之墓

注：《高昌文獻編年》與《索引稿》收錄本墓塼，文獻出處著明爲《高昌塼集》與羅振玉《高昌專錄》，但《高昌塼集》中延昌廿年的墓塼未收錄此塼。本錄文據羅振玉《高昌專錄》。

【《高昌專錄》，《索引稿》，《高昌文獻編年》，《磚誌集注》，《張銘心2007》，《墓誌集成》，《統計分析》，《米婷婷2014》】

71.馬阿卷墓表

延昌廿一年(581)五月廿七日　塼質　朱書　4.×33.3×3.6　交河城溝西馬塋　故宫

延昌廿一年辛丑歲

五月己西朔廿七日

乙亥鎮西府虎牙將

軍更遷明威將軍復

轉宣威將軍追贈殿

中中郎將春秋六十

字阿卷馬氏之墓表

【《高昌塼集》,《高昌塼録》,《高昌陶集》,《侯燦1984》,《白須净真1990》64,《新疆墓誌》,《索引稿》,《高昌文獻編年》,《孟憲實2001》,《磚誌集注》,《孟憲實2004》198、204,《墓誌集成》,《統計分析》,《故宫藏誌彙編》,《李筍2013》】

72.氾神武妻和氏墓塼

延昌廿一年(581)十二月十日　灰塼　朱書　34×34×3.5　56TYM2:1　新博

延昌廿一年辛

丑歲十二月朔

乙亥十日甲申

記室參軍氾神

武妻和氏之墓

表

【《侯燦1984》,《新疆文物1989》,《墓誌錄》,《索引稿》,《高昌文獻編年》,《速水2002》,《磚誌集注》,《墓誌集成》,《統計分析》,《李筍2013》,《米婷婷2014》】

73.王理和妻董氏墓表

延昌廿一年(581)十二月十九日　塼質　朱書　36×36×4.3　交河城溝西　故宮

延昌廿一年辛丑歲

十二月十九日虎牙將

軍王理和妻年

七十有七董氏

之墓表

注:《新疆墓誌》作"董氏"。

【《高昌塼集》,《高昌塼錄》,《侯燦1984》,《白須淨真1990》36,《新疆墓誌》,《索引稿》,《高昌文獻編年》,《郭玉海2001》,《磚誌集注》,《墓誌集成》,《統計分析》,《故宮藏誌彙編》,《李筍2013》,《米婷婷2014》】

74.蘇玄勝妻賈氏墓塼

延昌廿二年(582)正月九日　塼質　朱格朱書　38×38×4　交河城溝西蘇塋　故宮

延昌廿二年壬寅

歲正月朔乙巳九

日水丑户曹參軍

黨內事蘇玄勝妻

賈氏春秋六十有

六□□於墓

【《高昌塼集》,《高昌塼錄》,《高昌陶集》,《侯燦1984》,《新疆墓誌》,《索引稿》,《高昌文獻編年》,《磚誌集注》,《張銘心2007》,《墓誌集成》,《統計分析》,《故宮藏誌彙編》,《李筍2013》,《米婷婷2014》】

75.賈買苟妻索謙儀墓表

延昌廿二年(582)二月廿一日　塼質　朱書　35.5×35.5　哈拉和卓　韓國國立中央博物館

延昌廿二年壬寅歲二月

朔乙亥廿一日乙未虎牙

將軍相上將賈買苟

妻索氏謙儀之墓表

注：參考延昌廿六年(586)賈買苟墓表。

【《西陲後錄》,《大谷》,《墓塼考釋(一)》,《侯燦1984》,《中央美術》,《侯燦1992》,《索引稿》,《墓塼題錄》,《高昌文獻編年》,《王素2002》,《磚誌集注》,《墓誌集成》,《統計分析》,《李筍2013》,《米婷婷2014》】

76.畫神邕妻周氏墓表

延昌廿二年(582)四月三日　塼質　朱格朱書　34×33.3×4.3　交河城溝西畫塋　故宮

延昌廿二年壬

寅歲四月甲辰

朔三日丙子鎮

西府田曹參軍

畫神邕妻建康

周氏之墓表也

注：①同墓出土延昌卅一年(591)畫伯演墓表。②"甲辰"應是"甲戌"。③《磚誌集注》誤排版爲蘇玄勝妻賈氏墓表。

【《高昌塼集》,《高昌磚錄》,《高昌陶集》,《侯燦1984》,《新疆墓誌》,《索引稿》,《孟憲實1994b》,《高昌文獻編年》,《磚誌集注》,《墓誌集成》,《統計分析》,《故宮藏誌彙編》,《李筍 2013》,《米婷婷 2014》】

77.麴顯穆墓表

延昌廿四年(584)二月二日　塼質　朱書　39×36.6×4 交河城溝西麴塋②　故宮

延昌廿四年甲辰

歲二月朔水巳二

日甲午新除兵曹

參軍麴顯穆春秋

七十有七麴氏之

墓表

【《高昌塼集》,《高昌磚錄》,《高昌陶集》,《侯燦1984》,《新疆墓誌》,《索引稿》,《高昌文獻編年》,《孟憲實2001》,《施新榮2001》,《磚誌集注》,《孟憲實2004》194、207,《墓誌集成》,《統計分析》,《故宮藏誌彙編》,《李筍 2013》】

78.户曹參軍妻索氏夫人墓表

延昌廿五年(585)八月廿二日　塼質　朱格朱書　39×39×5　交河城溝西　故宮

延昌廿五年乙巳
歲八月朔乙酉廿
二日丙午戶曹參
軍妻遇患殞喪春
秋七十有七索氏
夫人之墓表

注:銘文只書寫"戶曹參軍妻",而戶曹參軍爲何人却不書寫,這個現象在高昌墓塼中出現過不止一次[參見延昌六年(566)戶曹參軍妻張連思墓塼],值得注意。

【《高昌塼集》,《侯燦1984》,《新疆墓誌》,《索引稿》,《高昌文獻編年》,《磚誌集注》,《墓誌集成》,《統計分析》,《故宮藏誌彙編》,《李筍2013》,《米婷婷2014》】

79.周賢文妻范氏墓表

延昌廿六年(586)三月廿五日　塼質　刻銘填朱(?)　40×40　吐魯番　酒泉祁連元(舊藏)

延昌廿六年丙午
歲三月朔辛亥廿
五日乙亥民部主
簿周賢文妻范氏
之墓表

注:①據1938年張維刊行的《隴右金石錄》記載,此墓表爲前安肅道

尹祁連元得之於吐魯番，"其磚高廣各一尺五分，作正方形，字凡朱書五行，前四行各七字，末行三字"。②據陳萬里《西行日記》記載："一四，早起發嘉峪關六十里，於午前十一時到肅州，寓東關悅來店。……晤牛科長并獲觀得自吐魯番之高昌墓表磚一，約定明日假拓數紙携歸。……一五，……（午後）一時至道署，拓高昌墓磚，方約尺二，共三十一字。"紫禁城出版社1997年第二版第一次印刷的《陳萬里陶磁考古文集》第375頁將"三十一字"改爲"三十三字"。錄文爲："延昌二十六年丙午歲三月朔辛亥二十五日乙亥民部主簿周賢文妻范氏野墓表。"（與第一版錄文同）高昌墓磚銘文的"二十"均寫作"廿"，可知排版時誤將"廿"改作"二十"了。③《高昌文獻編年》，注釋爲朱書。據陳氏上文中"約定明日假拓數紙携歸"，"拓高昌墓磚"等記載，磚文應是刻銘而非朱書，或者刻銘填朱。否則何能言拓？

【《隴右金石錄》，《墓磚題錄》，《侯燦1992》，《索引稿》，《墓磚考釋（一）》，《高昌文獻編年》，《磚誌集注》，《磚刻銘文集》，《墓誌集成》，《統計分析》，《米婷婷2014》】

80.趙孟雍妻張氏墓表

延昌廿六年（586）四月二日　灰磚　朱書　34.3×34.4
60TAM326:20　新博

延昌廿六年丙午歲
三月廿七日丁丑將
孟雍妻卒年趙氏原
出敦煌將孟雍秉節
彌固夙夜在公蒙皇

恩慧先崇授領兵將

後有勳於朝復遣贈

民部參軍今妻張氏

皇天降災奄尒殞逝

四月二日壬午拋喪

故顯其墓表

注：①此墓表定名多有爭議，如將孟雍等，此處從《許全勝2007》説。②侯燦《麴氏高昌王國官制研究》將"拋（挽）喪"釋爲"拋亡"。③"崇"亦作"策""策"之訛字。

【《侯燦1984》，《墓誌録》，《索引稿》，《出土文書貳》249，《孟憲實1994b》，《高昌文獻編年》，《張銘心1999》，《阿斯塔那1959—1960》，《阿斯塔那出土墓誌》，《孟憲實2001》，《磚誌集注》，《孟憲實2004》192、204，《許全勝2007》，《墓誌集成》，《統計分析》，《李筍2013》，《米婷婷2014》】

81. 賈買苟墓表

延昌廿六年(586)四月十一日　塼質　朱書　尺寸不明
哈拉和卓　東京國立博物館

延昌廿六年丙午歲

四月朔辛巳十一日

辛卯虎牙將軍後遷

葙上將追贈宣威將

軍賈買苟之墓表

注：①參考延昌廿二年(582)賈買苟妻索氏墓表。②録文參考《内藤七》，此外，《西陲後録》的"葙上將"作"相上將"。

【《高昌塼録》,《西陲後録》,《大谷》,《墓塼考釋(一)》,《侯燦1984》,《侯燦1992》,《索引稿》,《墓塼題録》,《高昌文獻編年》,《内藤七》,《磚誌集注》,《墓誌集成》,《統計分析》,《米婷婷2014》】

82.張元尊墓表

延昌廿六年(586)十月一日　灰塼　墨書　31×31×4　95TYGXM7:12　新博

延昌廿六年丙午歲十

月戊申朔寢疾卆

春秋七十七張元尊

之墓表

注:《新出表·誌》的墓域編號爲J-Ⅷ-c-3,此墓域爲黃文弼記録的溝南區張塋。

【《王宗磊1998》,《交河新出墓誌》,《新出表·誌》,《荒川正晴2000》,《磚誌集注》,《墓誌集成》,《統計分析》,《李筍2013》】

83.張武孝墓表

延昌廿六年(586)十月廿五日　灰塼　黑地朱格朱書　32.3×32.3×4　吐魯番縣勝金公社(71TWM1:1)　吐文

延昌廿六年丙午

歲十月廿五日以

散今補永昌令兵

將後遷户曹參軍

張武孝之墓表也

注:①《新疆墓誌》著録爲延昌廿五年(585)。②此文中的"令兵"應即"領兵"。

【《墓塼拾遺》,《新疆墓誌》,《索引稿》,《高昌文獻編年》,《孟憲實2001》,《磚誌集注》,《孟憲實2004》207,《墓誌集成》,《統計分析》,《李筍2013》】

84.辛氏墓表

延昌廿六年(586)十一月卅日　塼質　朱書　31×30.6×3.5　EM2:28　新考

延昌廿六年丙午

歲十一月朔丁丑

卅日丙午初鎮西

府省事後遷中兵

參軍於交河堈遇

患殞喪春秋五十有

五辛氏之墓表

注:《新出表・誌》的墓域編號爲E-Ⅳ-d-2,該墓域爲黃文弼所記録的溝西區辛塋。

【《王宗磊1998》,《交河新出墓誌》,《新出表・誌》,《荒川正晴2000》,《磚誌集注》,《墓誌集成》,《統計分析》,《李筍2013》】

85.張忠宣墓表

延昌廿七年(587)五月三日　塼質　刻豎格朱書　41×41×4.5　阿斯塔那棉花加工廠古墓區(86TAM385:1)　吐文

延昌廿七年丁未歲

五月朔甲戌三日丙

子虎牙將軍張

忠宣之墓表

【《新疆墓誌》,《考古 1992》,《索引稿》,《墓塼題錄》,《孟憲實 1994a》,《高昌文獻編年》,《阿斯塔那出土墓誌》,《孟憲實 2001》,《磚誌集注》,《墓誌集成》,《統計分析》,《李筍 2013》】

86.張氏墓表

延昌廿七年(587)五月十七日　塼質　刻豎格朱書 35×35×4.6　交河城溝西　故宮

延昌廿七年丁未歲

五月朔甲戌十七日

庚寅初爲虎牙將軍

後轉內幹將更遷追

贈明威將軍於交河

郡薨亡於位春秋八

十張氏之墓表

注：八十歲亡於任上。《唐會要》卷六十七："舊制年七十以上應致仕,若齒力未衰,亦聽釐務。"另參考章和七年(537)張文智墓表之"卒官,時年九十二"。

【《高昌塼集》,《高昌專錄》,《侯燦 1984》,《新疆墓誌》,《索引稿》,《高昌文獻編年》,《孟憲實 2001》,《磚誌集注》,《孟憲實 2004》204,《墓誌集成》,《統計分析》,《故宮藏誌彙編》,《李筍 2013》】

87.田孝養妻蘇武公墓表

延昌廿七年(587)九月十二日　塼質　朱格朱書　39×39×4.6　交河城溝西　故宮

延昌廿七年丁

未歲九月朔壬

申開十二日水

未虎牙將軍田

孝養妻武公蘇

氏之墓表

【《高昌塼集》,《高昌專錄》,《侯燦 1984》,《新疆墓誌》,《索引稿》,《孟憲實 1994b》,《高昌文獻編年》,《碑誌集注》,《孟憲實 2004》349,《墓誌集成》,《統計分析》,《故宮藏誌彙編》,《李筍 2013》,《米婷婷 2014》】

88.劉氏墓表

延昌廿七年(587)九月十三日　塼質　刻豎格朱書　38.6×38.6×5.6　交河城溝西劉塋　故宮

延昌廿七年丁未

歲九月朔壬申十

三日甲申新除追

贈虎牙將軍於交

河埠上遇患殞喪

春秋卌有二劉氏

之墓表

注:《高昌塼集》《新疆墓誌》《高昌文獻編年》《墓誌集成》定爲九月,

《索引稿》定爲十一月。其中《墓誌集成》將第二行"九月朔"三個字補文爲"乙巳朔",高昌墓塼銘文的書寫習慣一般是"紀年＋干支歲＋某月＋朔干支＋日干支",如此,這三個字應該是"某月朔"。延昌廿七年朔日爲壬申的月份爲九月,故三字應補爲"九月朔"。

【《高昌塼集》,《高昌專錄》,《高昌陶集》,《白須净真1975》,《侯燦1984》,《新疆墓誌》,《索引稿》,《高昌文獻編年》,《孟憲實2001》,《磚誌集注》,《孟憲實2004》204,《墓誌集成》,《統計分析》,《故宮藏誌彙編》,《李筍2013》】

89.□□將妻周氏墓表

延昌廿八年(588)正月廿五日　塼質　刻格朱書　38×38×4.3　交河城溝西　故宮

延昌廿八年戊申

歲正月□□□廿

五日□□□□將

妻遇□□□□□

位春□□十有三

周氏□□之墓表

注:第二行"正月"後三字和第三行"五日"後二字,按高昌墓塼紀年書寫通例和朔閏表推算,應該是"朔庚午"和"甲子"。參見《磚誌集注》。

【《高昌塼集》,《高昌專錄》,《新疆墓誌》,《索引稿》,《高昌文獻編年》,《磚誌集注》,《墓誌集成》,《統計分析》,《故宮藏誌彙編》,《李筍2013》,《米婷婷2014》】

90.趙隝妻墓塼

延昌廿八年(588)四月廿九日以後　土塼　刻字　30×31×14　TAM308　新博

趙隝妻

注:①《文物1960》記録有趙隝妻墓塼,注明出土於59TAM306墓,但《阿斯塔那出土墓誌》序號第4、5表明TAM306出土的是另外一方墓塼。《高昌文獻編年》也認爲有誤。②同墓出土延昌廿八年四月廿九日趙顯曹夏田券,《高昌文獻編年》認爲,此趙隝即趙顯曹,故此墓塼的刻寫時間應在該日期以後。

【《墓誌録》,《出土文書壹》247,《侯燦1992》,《墓塼題録》,《高昌文獻編年》,《阿斯塔那出土墓誌》,《磚誌集注》,《墓誌集成》,《統計分析》】

91.張買得妻王氏夫人墓表

延昌廿八年(588)五月十四日　塼質　朱書　38×39×4　交河城溝西張塋　故宫

延昌廿八年戊申歲

五月朔己巳十四日壬午

功曹買得妻遇患殞喪

春秋五十有五王氏

夫人之墓表

注:同墓出土延昌十五年(575)張買得墓表,故知此墓表爲張買得妻王氏墓表。

【《高昌塼集》,《高昌專録》,《高昌陶集》,《侯燦1984》,《新疆墓誌》,《索引稿》,《高昌文獻編年》,《磚誌集注》,《墓誌集成》,《統計分

析》,《故宮藏誌彙編》,《李筍 2013》,《米婷婷 2014》】

92.唐紹伯墓表

延昌廿九年(589)二月十日　灰塼　朱書　40.3×39.5×4.5　64TAM18:9　新博

延昌廿九年己

西歲二月朔甲

午十日癸卯追

贈虎牙將軍唐

紹伯之墓表

【《侯燦 1984》,《墓誌錄》,《出土文書壹》249,《索引稿》,《高昌文獻編年》,《阿斯塔那出土墓誌》,《孟憲實 2001》,《磚誌集注》,《孟憲實 2004》204,《墓誌集成》,《統計分析》,《李筍 2013》】

93.麴懷祭夫人王氏墓表

延昌廿九(589)十月五日　塼質　刻格刻字填朱　38×38×3.6　交河城溝西麴塋①　故宮

延昌廿九年己西

歲十月朔庚申五

日甲子倉部司馬

麴懷祭妻遇患殞

喪春秋六十有六

王氏夫人之墓表

注:同墓出土延昌卅一年(591)麴懷祭墓表。

【《高昌塼集》,《高昌專錄》,《高昌陶集》,《白須净真 1979》,《侯燦 1984》,《新疆墓誌》,《索引稿》,《高昌文獻編年》,《孟憲實 2001》,《施新榮 2001》,《磚誌集注》,《磚刻銘文集》,《墓誌集成》,《統計分析》,《故宮藏誌彙編》,《李筍 2013》,《米婷婷 2014》】

94.郭恩子墓表

延昌廿九年(589)十一月十八日　塼質　墨書　31.5×28　高昌故城北郊　韓國國立中央博物館

延昌廿九年己

西歲十一月朔

庚寅十八日丁

未虎牙將軍郭

恩子之墓表

注:①參考延昌廿年(580)郭恩子妻解氏墓表。②收藏在韓國的文獻出處,參見《墓塼考釋(一)》。

【《考古圖譜》,《西域文化》,《西陲後録》,《書道 1974》,《大谷》,《墓塼考釋(一)》,《侯燦 1984》,《白須净真 1990》33,《新疆墓誌》,《白須净真 1992》115,《侯燦 1992》,《索引稿》,《墓塼題録》,《内藤七》,《高昌文獻編年》,《北京旅順倫敦藏阿斯塔那墓誌》,《王素 2002》,《磚誌集注》,《墓誌集成》,《統計分析》,《李筍 2013》】

95.范氏墓表

延昌廿九年(589)□月十三日　灰塼　朱書　34×34×4　M2　新考

延昌廿九年己酉

歲□月十三日□

□□以前□□妻

范(?)氏之墓表

注:①録文參照《新出表·誌》。②《新出表·誌》的編號爲D-Ⅳ-f-2，對應於黄文弼之溝西區。③《墓誌集成》第九三號"高昌延昌廿九年某氏墓表"與第九四號"高昌延昌廿九年某人妻范氏墓表"應該是同一件墓誌。

【《交河新出墓誌》，《新出表·誌》，《荒川正晴2000》，《磚誌集注》，《墓誌集成》，《統計分析》】

96.張順妻馬氏墓表

延昌卅年(590)三月廿七日　紅塼　朱方格墨地朱書
35×35×4.5　73TAM113:2　新考

延昌卅年庚戌

歲三月戊子朔

廿七日甲寅王

國侍郎敦煌張

氏妻扶風馬氏

□□之墓表也

注:一男二女合葬墓。同墓出土延和十二年(613)張順墓表、義和四年(617)張順妻鞠玉娥墓表、欠名(鞠玉娥)衣物疏一件。

【《侯燦1984》，《墓誌録》，《宋曉梅1991》，《出土文書壹》332，《關尾史郎1991》，《索引稿》，《王素1993》，《宋曉梅1994》，《孟憲實1994b》，《高昌文獻編年》，《張銘心1999》，《阿斯塔那出土墓誌》，《磚誌集注》，《孟憲實2004》349，《墓誌集成》，《統計分析》，《陳國燦

2012》54,《米婷婷2014》】

97.任顯文墓表

延昌卅年(590)四月廿六日　塼質　刻字　39×38×4.3　交河城溝西任塋　故宮

延昌卅年庚戌歲四月丁
巳朔交河郡賊曹參軍
追贈田曹錄事參軍顯文
廿六日壬午喪於墓春
秋七十有二任氏之墓表

【《高昌塼集》,《高昌陶集》,《白須净真1975》,《侯燦1984》,《新疆墓誌》,《索引稿》,《高昌文獻編年》,《孟憲實2001》,《磚誌集注》,《孟憲實2004》141、205,《磚刻銘文集》,《墓誌集成》,《統計分析》,《故宮藏誌彙編》,《李筍2013》】

98.康□鉢墓表

延昌卅年(590)十二月　塼質　橫竪墨綫界欄　銘文朱書　36.5×36.5×3.5　2004TYGXM4:1(04TJM4:1)

延昌卅年庚戌歲十
二月朔 甲寅 十八日
□領兵胡將康□
鉢春秋五十有四□
疾卒於 交河 城内□
柩啟康氏之墓

注：此墓誌出土於交河雅爾湖墓地東南部的康氏家族塋院TYGXM4斜坡墓道中。在墓道東端南壁4.8米處，有一高0.43米、寬0.45米、進深0.1米方形壁龕，墓誌字面向內嵌在龕中。墓誌青灰色塼質，墓誌銘文從右至左豎排，其下半部由於潮濕，字迹已全部脫落。共六行，約四十六字。另外，延昌卅年十二月十八日的干支是辛未，墓誌銘文相對位置似是"庚□"。

【《康氏家族墓2006》，《張銘心2007》，《李肖2007》，《新獲文獻》，《墓誌集成》，《李筍2013》】

99.麴懷寂墓表

延昌卅一年(591)三月九日　塼質　藍地朱格朱書　34×35×4.6　交河城溝西麴塋　故宮

延昌卅一年辛亥歲三

月朔壬午九日庚寅新除

交河中兵參軍轉遷客曹

司馬更遷倉部司馬追

贈倉部長史金城

麴懷寂之墓表

注：①同墓出土延昌廿九年(589)麴懷寂夫人王氏墓表。②麴懷寂墓表是TYM古墳塋出土的唯一的一方記錄有麴氏高昌國中央職事官身份的墓塼。此外延昌五年(565)史祐孝墓表和延昌十七年(577)麴彈郁墓表雖有中央官號，但均是追贈。

【《高昌塼集》，《高昌陶集》，《白須淨真1979》33，《侯燦1984》，《新疆墓誌》，《孟憲實1994b》，《索引稿》，《高昌文獻編年》，《王宗磊1998》，《荒川正晴2000》，《磚誌集注》，《孟憲實2004》141、196、197、

204,《墓誌集成》,《統計分析》,《故宮藏誌彙編》,《陳國燦 2012》54,《李筍 2013》】

100.張孝墓表

延昌卅一年(591)三月廿九日　灰塼　朱書　36×36×4.5　63TAM(原編號 63A0053)　吐魯番文保所

延昌卅一年辛亥

歲三月朔癸丑

廿九辛巳日敦煌

張孝之暮表

【《墓塼拾遺》,《新疆墓誌》,《索引稿》,《孟憲實 1994b》,《高昌文獻編年》,《阿斯塔那收集墓誌》,《磚誌集注》,《墓誌集成》,《統計分析》】

101.畫伯演墓表

延昌卅一年(591)十月十四日　塼質　墨書　34.6×34.6×4　交河城溝西畫塋　故宮

君字伯演田曹參軍畫篆之

孟子便弓馬好馳射寢疾卒

春秋卌有五延昌卅一年辛亥

歲十月十四日喪於廟畫氏之

墓表

注：同墓出土延昌廿二年(582)畫神邕妻周氏墓表。

【《高昌塼集》,《高昌專錄》,《高昌陶集》,《侯燦 1984》,《新疆墓誌》,《索引稿》,《宋曉梅 1994》,《高昌文獻編年》,《張銘心 1999》,《孟憲實 2001》,《磚誌集注》,《孟憲實 2004》207,《墓誌集成》,《統計

分析》,《故宮藏誌彙編》,《李筍 2013》】

102.張毅妻孟氏墓表

延昌卅一年(591)十月廿五日　灰塼　朱書　35.5×35.5×4.5　73TAM517:26　新考

延昌卅一年

辛亥歲十月

朔己酉廿五

日甲戌殿中

將軍張毅妻

孟氏之墓表

注:①同墓出土延昌卅七年(597)張毅墓表、延昌卅一年欠名隨葬衣物疏、延昌卅七年武德隨葬衣物疏。②廿五日癸酉,廿六甲戌。

【《侯燦 1984》,《墓誌錄》,《出土文書壹》254,《索引稿》,《宋曉梅 1994》,《高昌文獻編年》,《張銘心 1999》,《阿斯塔那出土墓誌》,《磚誌集注》,《墓誌集成》,《統計分析》,《米婷婷 2014》】

103.孟孝□墓表

延昌卅一年(591)十二月十四日　塼質　朱書　39×38.5×4.5　交河城溝西孟塋　故宮

延昌廿一年辛亥歲十

二月朔□戊䚟日辛酉

□□□交河城中鎮西府

□□□將春秋七十□

□□□郡人也字

孝□孟氏之墓

表也

注：①本墓塼的紀年爲"延昌廿一年"，從閏朔推算，辛亥當爲"延昌卅一年"。《故宫藏誌彙編》將此墓表定爲"延昌廿一年"。②第二行"戊葬"二字爲墨書。

【《高昌塼集》，《高昌專録》，《高昌陶集》，《白須净真1975》，《彭琪1987》，《索引稿》，《孟憲實1994b》，《高昌文獻編年》，《磚誌集注》，《墓誌集成》，《統計分析》，《故宫藏誌彙編》，《裴成國2012》】

104.氾崇慶墓表

延昌卅二年(592)閏正月十七日　塼質　朱書　尺寸不明　哈拉和卓　韓國國立中央博物館

延昌卅二年壬子歲

閏正月丁未朔十七

日水亥新除内直主

簿後遷内直參軍追

贈殿中將軍氾崇慶

之墓表之焉也

注：《西陲後録》的"水亥"作"水充"。

【《高昌專録》，《西陲後録》，《大谷》，《墓塼考釋（一）》，《侯燦1984》，《侯燦1992》，《索引稿》，《墓塼題録》，《高昌文獻編年》，《内藤七》，《張銘心1999》，《速水2002》，《磚誌集注》，《墓誌集成》，《統計分析》，《李筍2013》】

105.和都子墓表

延昌卅二年(592)三月十六日　灰塼　墨地刻字　36×36×4.5　L1.4.46　新博

延昌卅二年壬

子歲三月丙午

朔十六日辛酉

新除虎牙將軍

追贈壁中中郎

將和都子之墓表

【《特刊》,《墓塼考釋（一）》,《侯燦 1984》,《墓誌錄》,《侯燦 1992》,《索引稿》,《高昌文獻編年》,《阿斯塔那收集墓誌》,《孟憲實 2001》,《磚誌集注》,《孟憲實 2004》204,《磚刻銘文集》,《墓誌集成》,《統計分析》,《李筍 2013》】

106.田賢文墓表

延昌卅二年(592)五月十日　塼質　朱書　34×35×5.3　交河城溝西田塋　故宮

延昌卅二年壬子

歲五月朔乙亥十

日甲申春秋七十

有□卒於交河塀

上戶曹參軍賢

文田氏之墓表

注:五月朔乙巳,六月朔乙亥。

【《高昌塼集》,《高昌專録》,《高昌陶集》,《侯燦1984》,《新疆墓誌》,《索引稿》,《高昌文獻編年》,《磚誌集注》,《墓誌集成》,《統計分析》,《故宮藏誌彙編》,《李筍2013》】

107.康蜜乃墓表

延昌卅三年(593)三月　塼質　朱書　35.7×35.6×4　TYGXM5:1(04TJM5:1)　吐文

延昌卅三年癸丑

歲三月□□日卒於

交河垺上殯葬康

蜜乃春秋八十有二

康氏之墓表

注:此墓誌出土於交河雅爾湖墓地東南部的康氏家族塋院TYGXM5墓中,距墓道東端2.68米處,南壁有一寬0.44米、高0.36米、進深0.1米的壁龕,墓誌嵌在龕內。出土時已經斷裂爲四塊。

【《康氏家族墓2006》,《張銘心2007》,《李肖2007》,《新獲文獻》,《墓誌集成》,《李筍2013》】

108.衛孝恭妻袁氏墓表

延昌卅三年(593)十一月七日　塼質　朱書朱格　39×38×3.7　交河城溝西衛塋　故宮

延昌卅三年水丑歲十一

月朔丁酉上旬七日□惟

癸卯交河内散望將衛孝

恭妻源州武威袁氏春秋

六十有七□□此十月晦

日奄背殯喪靈柩葬表文

注：晦即農曆月份的最後一天，此處爲十月廿九日。十一月七日是埋葬日。

【《高昌塼集》，《高昌專録》，《高昌陶集》，《侯燦 1984》，《索引稿》，《孟憲實 1994b》，《高昌文獻編年》，《張銘心 1999》，《磚誌集注》，《墓誌集成》，《統計分析》，《故宫藏誌彙編》，《米婷婷 2014》】

109.康衆僧墓表

延昌卅五年（595）三月廿八日　塼質　墨書　33.2×33.2×4.5　04TYGXM6:1(04TJM6:1)　吐文

延昌卅五年乙卯

歲三月朔己未廿八

日丙戌帳下左右康

衆僧春秋卅有九

康氏之墓表

注：此墓誌出土於交河雅爾湖墓地東南部的康氏家族塋院 TYGXM6 墓中，距墓道東端 2.36 米處，南壁有一高 0.44 米、寬 0.6 米、進深 0.1 米壁龕，本墓誌字面向内，嵌在龕中。墓誌爲青灰色塼。

【《康氏家族墓 2006》，《張銘心 2007》，《李肖 2007》，《新獲文獻》，《墓誌集成》，《李筍 2013》】

110.索顯忠妻張孝英墓表

延昌卅五年（595）十一月四日　塼質　朱書　38×38×4

交河城溝南索塋　故宮

延昌卅[五]年乙卯歲十一

月朔乙卯四日丁巳鎮

西府虎牙將軍三門將

索氏妻孝英春秋八十

有一張氏夫人之墓表

注：①同墓出土延昌十三年(573)索顯忠妻曹氏墓表、延昌卌一年(601)索顯忠墓表。②三日是丁巳，四日是戊午。

【《高昌塼集》，《高昌專録》，《高昌陶集》，《侯燦1984》，《新疆墓誌》，《索引稿》，《孟憲實1994a》，《高昌文獻編年》，《磚誌集注》，《墓誌集成》，《統計分析》，《故宮藏誌彙編》，《李筍 2013》，《米婷婷 2014》】

111.户曹□□墓表

延昌卅六年(596)正月十一日　塼質　刻格朱書　40.5×40×5.7　交河城溝西　故宮

延昌卅六年丙辰歲

正月朔甲寅十一日

甲子鎮西府户曹□

□□□□□□□

□□□□□□□

□□□□□□□

【《高昌塼集》，《高昌專録》，《索引稿》，《高昌文獻編年》，《磚誌集注》，《墓誌集成》，《統計分析》，《故宮藏誌彙編》】

112.賈謙恕墓表

延昌卅六年(596)二月十六日　灰塼　朱書　36.5×36.5×4.5　75TKM79:1　新博

延昌卅六年丙辰歲

二月甲申朔十六日

己亥追贈虎牙將

軍賈謙恕之墓表

【《侯燦1984》,《墓誌錄》,《新疆墓誌》,《索引稿》,《高昌文獻編年》,《阿斯塔那出土墓誌》,《孟憲實2001》,《磚誌集注》,《孟憲實2004》204,《墓誌集成》,《統計分析》,《李筍2013》】

113.張毅墓表

延昌卅七年(597)閏六月十三日　灰塼　朱書　35×35×4.5　73TAM517:27　新考

延昌卅七年丁巳歲

閏六月丙午朔十三日

戊午□□新除郎將

轉殿中將軍又遷

諮議參軍追贈倉部

司馬張毅之墓表

注:同墓出土延昌卅一年(591)張毅妻孟氏墓表、延昌卅一年欠名隨葬衣物疏、延昌卅七年武德隨葬衣物疏。

【《侯燦1984》,《墓誌錄》,《新疆墓誌》,《出土文書壹》254,《索引稿》、《宋曉梅 1994》、《高昌文獻編年》、《張銘心 1999》、《王素 2000》、《阿斯塔那出土墓誌》、《孟憲實 2001》、《磚誌集注》、《孟憲實 2004》194、204、《墓誌集成》、《統計分析》、《李筍 2013》】

114. 曹智茂墓表

延昌卅七年(597)八月廿日　塼質　墨書　40×40×5.3　交河城溝西曹塋　故宮

　　延昌卅七年丁巳歲

　　八月朔乙巳廿日甲子

　　兵曹參軍曹智茂春

　　秋七十有九寢疾卒

　　靈柩葬

　　曹氏之墓表

注："曹氏之墓表"單起一行，雖然是最後一行，但有題額的性質。

【《高昌塼集》、《高昌專錄》、《高昌陶集》、《白須净真 1975》、《侯燦 1984》、《新疆墓誌》、《索引稿》、《高昌文獻編年》、《磚誌集注》、《孟憲實 2004》207、《墓誌集成》、《統計分析》、《故宮藏誌彙編》、《李筍 2013》】

115. 康□□墓表

延昌卅七年(597)十二月十六日　塼質　硬筆朱書　37.6×37.6×4　2004TBM234:11　吐文

　　延昌卅七年

　　丁巳歲十二月

　　十六日虎牙

將軍康□

　　□墓

注：本墓位於巴達木二號臺地康氏家族塋院北部偏東，爲第一排第四座墓葬，墓主爲一男性。墓誌出土時側立於距墓道口（北向）1.1米處西壁，字面向內，背面用土坯頂靠。

【《磚誌集注》，《巴達木墓地2006》，《新獲文獻》，《墓誌集成》，《統計分析》，《李筍2013》】

116.□伯□墓塼

　　延昌卅八年(598)二月二日　　塼質　朱書　尺寸不明
哈拉和卓　韓國國立中央博物館

　　延昌卅八年戊

　　午歲二月壬寅

　　朔二日癸卯新

　　除虎牙□□追贈

　　殿中□□□□伯□

　　之□□□

注：《西陲後錄》注，最後一行的"之"後"二三字不明"。按，"之"之後一般爲"墓表"二字或"墓表也"三字，此處暫按三字計算。

【《高昌專錄》，《西陲後錄》，《大谷》，《墓塼考釋（一）》，《侯燦1984》，《侯燦1992》，《索引稿》，《墓塼題錄》，《內藤七》，《高昌文獻編年》，《磚誌集注》，《墓誌集成》，《統計分析》】

117.張難陁妻孟氏墓表

　　延昌卅八年(598)二月十三日　　灰塼　黑地朱格朱書

35.5×35.5×4.5　73TAM197:1　新考

　　延昌卅八年戊

　　午歲二月朔壬

　　寅十三日甲寅

　　張難陁妻孟氏

　　之墓表也

注：同墓出土貞觀十六年(642)張難陁墓表。

【《墓誌錄》,《新疆墓誌》,《阿斯塔那1973》,《出土文書貳》342,《宋曉梅1994》,《高昌文獻編年》,《索引稿》,《阿斯塔那出土墓誌》,《磚誌集注》,《墓誌集成》,《統計分析》,《李筍 2013》,《米婷婷 2014》】

118.張救子墓塼

　　延昌卅八年(598)七月七日　泥質　刻字　34×26×13　72TAM153:1　新博

　　午歲七十七日張救子

注：同墓出土延昌卅六、卅七年文書。延昌卅八年爲戊午歲,王素判斷本墓塼年代爲延昌卅八年。

【《墓誌錄》586,《新疆墓誌》,《高昌文獻編年》,《阿斯塔那出土墓誌》,《磚誌集注》,《墓誌集成》,《統計分析》】

119.任□□墓表

　　延昌卅九年(599)正月廿五日　塼質　朱書　41×40×5　交河城溝西任塋　故宮

　　延昌卅九年己未

歲正月朔丁卯廿五

日庚寅□□□□

兵曹參軍□□□春

秋六十有□任□□□表

【《高昌塼集》，《高昌專錄》，《高昌陶集》，《白須淨真1975》，《侯燦1984》，《索引稿》，《高昌文獻編年》，《孟憲實2001》，《磚誌集注》，《孟憲實2004》207，《墓誌集成》，《統計分析》，《故宮藏誌彙編》】

120.麴孝嵩妻張氏墓表

延昌卌年(600)閏二月十九日　塼質墨格墨書　34×38

哈拉和卓　韓國國立中央博物館

延昌卌年庚申歲閏

三月辛酉朔十九日

己卯新除箱上將後

遷爲曲尺將後遷爲

巷中將金城麴麴孝

嵩妻張氏之墓表

注：參考延和九年(610)麴孝嵩墓表。

【《高昌專錄》，《西域文化》，《西陲後錄》，《大谷》，《墓塼考釋（一）》，《內藤七》，《考古圖譜》，《侯燦1984》，《新疆墓誌》，《侯燦1992》，《索引稿》，《孟憲實1994b》，《墓塼題錄》，《孟憲實1994a》，《高昌文獻編年》，《王素1997》，《阿斯塔那收集墓誌》，《王素2000》，《施新榮2001》，《磚誌集注》，《墓誌集成》，《統計分析》，《陈國燦2012》54，《李筍2013》，《米婷婷2014》】

121.傅子友墓表

延昌卌年(600)七月十六日　灰塼　朱竪綫朱書　28×36×3.3　66TKM306:1　吐文

延昌卌年庚申

歲七月朔戊子

定十六日癸卯

危新除虎牙將

軍娥遷明威將

軍相上將追贈

殿中將軍傅子

友之暮表

注：錄文自《墓磚拾遺》。第三行的第一字本錄作"至",《磚誌集注》釋爲"定"。銘文中的"定"和"危"均係建除法。所謂"建除",是古代術數家以天文的十二辰,分別對應人事上的建、除、滿、平、定、執、破、危、成、收、開、閉十二種情況。後因以"建除"指根據天象占測人事吉凶禍福的方法。《淮南子·天文訓》："寅爲建,卯爲除,辰爲滿,巳爲平,主生;午爲定,未爲執,主陷;申爲破,主衡;酉爲危,主杓;戌爲成,主少德;亥爲收,主大德;子爲開,主太歲;丑爲閉,主太陰。"（參考《漢語大詞典》"建除"條）

【《墓塼拾遺》,《墓誌錄》,《新疆墓誌》,《侯燦1992》,《索引稿》,《高昌文獻編年》,《阿斯塔那出土墓誌》,《孟憲實2001》,《磚誌集注》,《孟憲實2004》198、204,《張銘心2007》,《墓誌集成》,《統計分析》,《李筍2013》】

122.賈氏墓表

延昌卅一年(601)二月廿五日　灰塼　朱書　38.5×37.5×4　75TKM82:2　新考

延昌卅一年辛酉

□…己卯廿五日

□…□賈□…□

□…□

□…□

(以下字行不清)

注:原無紀月,朔日干支爲"己卯"。延昌卅一年的月份沒有"己卯"朔,或是"乙卯"月的誤記。乙卯月爲二月。

【《墓誌録》32,《索引稿》,《高昌文獻編年》,《阿斯塔那出土墓誌》,《磚誌集注》,《墓誌集成》,《統計分析》】

123.馬氏墓表

延昌卅一年(601)四月十一日　塼質　朱書　40×40×4　交河城溝西馬塋　故宫

延昌卅一年辛酉

歲四月朔甲寅

十一日甲子追

贈明威將軍春

秋六十有二馬

氏之墓表

【《高昌塼集》,《高昌專録》,《高昌陶集》,《侯燦1984》,《新疆墓誌》,《索引稿》,《高昌文獻編年》,《孟憲實2001》,《磚誌集注》,《孟憲

實2004》205,《墓誌集成》,《統計分析》,《故宮藏誌彙編》,《李筍2013》】

124.張阿質妻麴氏墓表

延昌卅一年(601)九月八日　灰塼　刻字填朱　36×36×4
72TAM199:9　新博

　　延昌卅一年辛
　　西歲九月朔辛
　　巳八日戊子新
　　除王國侍郎轉
　　遷壓中將軍敦
　　煌張阿質妻麴
　　氏之墓表也

注：①參考重光元年(620)張阿質墓表。②TAM199墓出土之延昌卅一年(601)張阿質妻麴氏墓表、重光元年(620)張阿質墓表、唐永徽三年(652)王歡悅墓表、唐永淳元年(682)氾智□墓塼、高昌延壽二年(625)王伯瑜妻唐氏墓表、貞觀廿年(646)張延衡妻麴氏墓表，均係斯坦因發掘而未帶走,後存入此墓者。

【《侯燦1984》,《王素1989》,《墓誌錄》,《新疆墓誌》,《關尾史郎1991》,《索引稿》,《宋曉梅1994》,《孟憲實1994b》,《高昌文獻編年》,《阿斯塔那1973》,《阿斯塔那出土墓誌》,《施新榮2001》,《磚誌集注》,《磚刻銘文集》,《墓誌集成》,《統計分析》,《李筍2013》,《米婷婷2014》】

125.索顯忠墓表

延昌卅一年(601)十月九日　塼質　朱書　40×40×4.3
交河城溝南索塋　故宮

延昌卅一年辛酉歲
十月朔辛亥九日
己未新除虎牙將
軍轉遷爲内將索
顯忠昊天不弔
□便殞喪春秋
七十有七索氏之墓表

注：同墓出土延昌十三年(573)索顯忠妻曹氏墓表、延昌卅五年(595)索顯忠妻張孝英墓表。

【《高昌塼集》，《高昌塼録》，《高昌陶集》，《侯燦1984》，《新疆墓誌》，《索引稿》，《高昌文獻編年》，《孟憲實2001》，《磚誌集注》，《墓誌集成》，《統計分析》，《故宮藏誌彙編》，《劉光蓉2011》，《李筍2013》】

126.鞏氏妻楊氏墓表

延和元年(602)九月八日　塼質　朱書　37.6×37.6×3
阿斯塔那　故宮

延和元年壬戌歲九
月丙子朔八日癸未新
除王國侍郎轉爲交
河户曹司馬張掖鞏
氏妻獼猴楊氏

□□之墓表焉

注：此墓表在《高昌塼集》中注明出土於交河城溝西，然而在同書的增訂本中，却注明爲出土於阿斯塔那。白須净真認爲很可能是從交河城溝西古墳群出土的。(《白須净真1979》32)

【《高昌塼集》,《高昌專録》,《墓塼考釋（一）》,《白須净真1979》,《侯燦1984》,《新疆墓誌》,《關尾史郎1991》,《索引稿》,《孟憲實1994a》,《孟憲實1994b》,《王素1989》,《高昌文獻編年》,《施新榮2001》,《磚誌集注》,《墓誌集成》,《統計分析》,《故宮藏誌彙編》,《李筍2013》,《米婷婷2014》】

127.唐元護妻令狐氏墓表

　　延和二年(603)三月廿九日　　塼質　朱書　40×40×5　交河城溝西唐塋　歷博

　　延和二年癸亥歲三

　月朔壬寅廿九日庚午

　　内將唐元護妻令狐

　　氏寢疾薨亡春秋卅

　　有五令狐氏夫人之墓表

注：①參考同墓出土義和四年(617)唐舒平墓表。②《高昌買駝、入練、遠行馬、郡上馬等人名籍》文書(《出土文書貳》)裏有"元護"之名，官號侍郎。不知是否爲唐元護？③三月朔癸卯，五月朔壬寅，"三月"爲"五月"之誤記。④"内將"亦稱"鎮西府將"、"鎮西府内將"。參考義和四年(617)唐舒平墓表、延和十年(611)唐仲謙墓表、貞觀十五年(641)任阿悦妻劉氏墓表。

【《高昌塼集》,《高昌專録》,《高昌陶集》,《白須净真1975》,《侯燦 1984》《新疆墓誌》《索引稿》《歷博法書十二》《高昌文獻編年》《張銘心 2001》《磚誌集注》《墓誌集成》《統計分析》《故宮藏誌彙編》《李筍 2013》《米婷婷 2014》】

128.趙榮宗妻馬氏墓表

延和三年(604)九月二日　塼質　朱書　40×40×3.8
交河城溝西趙塋　故宮

延和三年甲子歲

九月朔甲午二日

乙未鎮西府□□

參軍趙榮宗妻馬

氏春秋八十有□

趙氏之墓表

注：①參考同墓出土建昌元年(555)趙榮宗夫人韓氏墓表、延昌十三年(573)趙榮宗墓表。②《高昌陶集》著錄爲趙榮宗妻馬氏墓表，《高昌塼集》著錄爲趙榮宗妻趙氏墓表。墓表銘文有"趙榮宗妻□氏"，其中的"□"是否爲"馬"？如果"□"是"趙"字，那麼此趙氏似是從夫姓，而不應是同姓婚。從夫姓的墓塼在延昌四年(558)麴郁妻阿度女麴氏墓表中也有所見。但趙榮宗已於延昌十三年(573)死亡，墓表中的"趙氏"也很可能是指趙榮宗。其根據可以參考貞觀十五年(641)任阿悅妻劉氏墓表。如此，"□"之文字很可能是"馬"字。此外，《高昌陶集》是發掘報告，其記錄應是原始的，而《高昌塼集》應是後期整理。所以，《高昌陶集》的記錄應更爲可信。

【《高昌塼集》《高昌專錄》《高昌陶集》《新疆墓誌》《索引稿》《孟憲實 1994a》《高昌文獻編年》《王宗磊 1998》《王素

1999》,《磚誌集注》,《墓誌集成》,《統計分析》,《故宮藏誌彙編》,《李筍 2013》,《米婷婷 2014》】

129. 㫃顯慎墓塼

  延和三年(604)□月廿□日 灰塼 朱書 41×42.5×4 69TKM32:1 新博

  延和三年 甲子 歲□月□

  □□廿□日癸亥故 處 士

  㫃顯慎稟 性純雅體 質 □

  □□□忘□□□致□可

  □□□□□志□□私□

  □□□□□□保□□□

  □□□□□□□□□□

  □□□□聖上 褒 □□□

  □□□□金城□氏□□

注：本墓表文字殘欠，其内容中多有虛美之詞。當可歸入白須净真氏所謂的"新たな墓誌"類(參考《白須净真 1990》)。

【《墓誌録》,《白須净真 1990》,《索引稿》,《孟憲實 1994b》,《高昌文獻編年》,《阿斯塔那出土墓誌》,《磚誌集注》,《墓誌集成》,《統計分析》,《米婷婷 2014》】

130. 槀師祐墓塼

  延和三年(604)十一月十一日 灰塼 黑地朱書 37×37×4 65TAM:0099 吐文

延和三年甲子

歲十一月十一日槁

師祐身命

終　□

（以下爲泥漿字迹錄文）

延和三年甲子

歲十一月十一

日槁師祐身命

道相好去

注：①據《墓塼拾遺》，正式書寫前先用泥漿書寫出了底樣，但描寫時没有完全按照底樣，泥漿字迹仍有露出。《磚誌集注》據摹寫圖版將錄文第三、四行錄爲"師祐身命終名"。②《阿斯塔那收集墓誌》注明此墓塼爲收集品，没有明確的出土信息。

【《墓塼拾遺》，《新疆墓誌》，《索引稿》，《高昌文獻編年》，《阿斯塔那收集墓誌》，《磚誌集注》，《墓誌集成》，《統計分析》，《李筍2013》】

131.鞏孝感墓塼

延和三年（604）十二月三日　　灰塼　朱書　39×39×3　魯克沁（78SLM）　新博

故田曹司馬鞏孝感禀貲温雅

志行貞廉英風遠邁器量弘深

愛敬出自初年聰朗彰於廿歲

習詩書以潤身研禮典以崇德

可謂雍穆九族仪邦之執則者

也宜延遲笁壽考無期不憶嚴

霜下墜彤殘哲人親屬悲嗥四

鄰楚目如雲可贖人百靡怪春

秋七十七以延和三年甲子歲十二月

壬戌朔三日甲子窀穸斯墓

注：①此墓塼出土於善鄯縣魯克沁公社，其地望相當於當時的田地郡轄地。墓塼書式與其他的墓塼有別。②此塼尚未見到圖版發表，錄文無法核對。其第三行的"初"當爲"幼"字。第七行的第一字，侯燦氏釋此字爲"也"，待查證。③此墓塼初次發表於1990年，與白須淨眞發表"新たな墓誌"和「新しさ」だけを強調した墓誌"諸說的論文時間相同(《白須淨眞1990》)。此墓塼的存在對白須的以上諸說是個重大挑戰。王素也已指出這個問題。參考《史稿·交通編》第421頁注釋。

【《墓誌錄》，《索引稿》，《墓塼題錄》，《高昌文獻編年》，《史稿·交通編》，《孟憲實2001》，《施新榮2001》，《磚誌集注》，《孟憲實2004》191、207、349，《墓誌集成》，《統計分析》，《劉光蓉2011》】

132.趙宣墓表

　　延和四年(605)四月廿五日　　塼質　刻字　尺寸不明
吐魯番

　　延和四年乙

　　丑歲四月廿

　　五日趙宣

注：1946年5月，畫家韓樂然在阿斯塔那發掘古墓，據聞所得墓塼八方。後至蘭州展覽，有兩方在《民國日報》著錄，一方是此趙宣墓表，

另一方是唐貞觀二十年(646)成伯熹墓銘。錄文主要參考《磚誌集注》。

【《民國日報》1949年9月12日,《藝術考古》,《侯燦1992》,《索引稿》115號,《索引稿》,《高昌文獻編年》,《墓塼題錄》,《王素2002》,《磚誌集注》,《墓誌集成》,《統計分析》】

133.馬氏墓表

延和四年(605)閏七月□日　塼質　朱書　40×40×3.3　交河城溝西馬塋⑦　故宮

延和四年乙丑歲潤七

月朔己未□九日□□鎮

西府追贈□□□□□

□□遇□□□春秋

卅有四□□之墓表

注:出土於馬塋,墓表主當爲馬氏。

【《高昌塼集》,《高昌專錄》,《高昌陶集》,《新疆墓誌》,《索引稿》,《高昌文獻編年》,《孟憲實2001》,《磚誌集注》,《孟憲實2004》205,《墓誌集成》,《統計分析》,《故宮藏誌彙編》】

134.某氏墓表

延和六年(607)四月廿九日　灰塼　朱書　32.5×31.5×4.5　73TAM520:22　新博

延和六年丁卯歲四月己卯

朔廿九日丁未□□碑兒槀

□□……□□順

　　□□……忠□□匪

　　□□……言之咎姿

　　□□……矣溫古知新

　　□□……英儁之士涅

　　□□……遐竿終成大

　器□□□□殞逝宗親悲號

　鄉閭啼泣□□□殯葬斯墓

注：同墓出土隨葬衣物疏，時期爲"此月廿四日奄喪盛年"。

【《墓誌録》，《出土文書壹》311，《索引稿》，《高昌文獻編年》，《張銘心1999》，《阿斯塔那出土墓誌》，《磚誌集注》，《墓誌集成》，《統計分析》，《李筍2013》】

135.張武忠墓表

延和六年（607）五月廿三日　　灰塼　豎格刻字填朱　41×41×3.5　69TAM114:1　新博

　　延和六年丁卯歲五

　　月戊申朔廿三日庚

　　午辛除侍郎轉壓中

　　將軍遷洿林令轉長

　　史又遷庫部郎中洿

　　林令如故追贈寧朔

　　將軍綰曹郎中敦煌

　　張氏忠之墓表

　　注：一男四女合葬墓。同墓出土永平二年（550）張武忠（張務忠）妻

高氏墓表。(參考《吳震1981》)

【《吳震1981》,《侯燦1984》,《王素1989》,《墓誌録》,《宋曉梅1991》,《新疆墓誌》,《關尾史郎1991》,《索引稿》,《孟憲實1994b》,《高昌文獻編年》,《阿斯塔那出土墓誌》,《孟憲實2001》,《磚誌集注》,《孟憲實2004》105、192、196、203、306、《磚刻銘文集》,《墓誌集成》,《統計分析》,《李筍2013》】

136.張沂子妻高氏墓塼

延和六年(607)八月十一日　灰塼　藍地朱豎綫朱書 36×36×4　69TAM110:01　新博

　　延和六年丁卯歲八月朔
　　丁丑十一日丁亥張沂子妻
　　高氏臺柔姿性婉淑
　　操行純篤上仕舅姑有
　　敬順之名下交娣姒無妬忌之號
　　可謂賢才之女張氏之良配也宜
　　延遐笌奄然殞逝宗親悲啼鄉
　　閭酸泣春秋廿七殯葬斯墓

注:第三行的"柔"字,各家釋文有所不同,有"榮""采"。第五行最後之"號"字,爲《磚誌集注》據延和七年(608)張叔慶妻鞠太明墓表補入。

【《墓誌録》,《新疆墓誌》,《索引稿》,《宋曉梅1994》,《高昌文獻編年》,《阿斯塔那出土墓誌》,《磚誌集注》,《許全勝2007》,《肖瑜2007》,《墓誌集成》,《統計分析》,《李筍2013》,《米婷婷2014》】

137. 賈羊皮墓表

延和七年(608)二月廿一日　塼質　朱格朱書　36.6×36.6×3.3　交河城溝西　故宮

延和七年戊辰歲二

月朔甲戌廿一日甲

午鎮西府田曹主簿

賈羊皮今皇天不滑

奄便命終春秋六十

有四賈氏之墓表

【《高昌塼集》,《高昌專錄》,《侯燦1984》,《新疆墓誌》,《索引稿》,《高昌文獻編年》,《孟憲實2001》,《磚誌集注》,《孟憲實2004》207,《墓誌集成》,《統計分析》,《故宮藏誌彙編》,《李筍2013》】

138. 夏幼恕墓表

延和七年(608)三月八日　灰塼　朱書　36×28.7×4.3 L1.45　新博

延和七年戊辰歲三月朔甲辰

八日辛亥辛除明威將軍

追贈宣威將軍夏幼

恕之墓表

【《侯燦1984》,《墓誌錄》,《索引稿》,《高昌文獻編年》,《阿斯塔那收集墓誌》,《孟憲實2001》,《磚誌集注》,《墓誌集成》,《統計分析》,《李筍2013》】

139.張叔慶妻麴太明墓塼

延和七年(608)四月十三日　灰塼　藍地朱書　37×36×5　73TAM504:33(Ast.i.4)　新考

延和七年戊辰歲四月癸酉朔
十三日乙酉故張叔慶妻麴氏
女太明稟性貞潔體行純篤四
德內融怡稱外著用能絹諧九
族雍穆五親幼仕舅姑有敬順
之名長訓閨庭
無簡言之號可謂窈窕之淑女
張氏之良配者也宜延遐筭光益
大化天不滑遺奄然殞逝宗親悲
酸鄉閭啼泣春秋卅八殯葬斯墓

注:①出土張叔慶妻麴太明墓表之 TAM504 墓共出土墓表九方,除 TAM504 墓原有之延壽十二年(635)張善哲墓表和貞觀十六年(642)張善哲妻麴法臺墓表,餘七方均係斯坦因發掘時從他墓移來之物。②陳國燦注釋説此墓爲"貞觀廿年(646)張延衡夫妻及其繼母麴太明墓"(《斯坦因文書研究》)。麴太明爲張延衡之繼母的結論不知何據。然從年齡看,麴太明三十八歲死亡時,張延衡時年四十五歲,且麴太明與張延衡同墓埋葬,麴太明應是張延衡之妻而非繼母。③此墓塼無自稱,與以往之高昌墓塼有所不同,具有中原墓誌的特徵。然終麴氏高昌國未出現"墓誌"一詞,故此處不采用其他學者所用的"墓誌"之名。④《磚誌集注》徵引文獻注釋文獻出處爲《亞洲腹地》第三卷附錄Ⅰ第1032頁,不知何據。

【《文物 1975》,《墓塼考釋(一)》,《墓誌録》,《新疆墓誌》,《白須净真 1992》116,《侯燦 1992》,《索引稿》,《墓塼題錄》,《宋曉梅 1994》,《斯坦因文書研究》163—164,《高昌文獻編年》,《阿斯塔那出土墓誌》,《施新榮 2001》,《磚誌集注》,《孟憲實 2004》350,《許全勝 2007》,《墓誌集成》,《統計分析》,《李筍 2013》,《米婷婷 2014》】

140.賈阿善墓表

延和七年(608)十二月廿五日　灰塼　墨地朱書　36×36×3　75TKM81:3　新考

延和七年戊辰歲

十二月朔己亥廿五

日癸亥故帳下左

右賈阿善之墓表

【《侯燦 1984》,《墓誌錄》,《索引稿》,《高昌文獻編年》,《阿斯塔那出土墓誌》,《孟憲實 2001》,《磚誌集注》,《墓誌集成》,《統計分析》】

141.張時受墓表

延和八年(609)二月卅日　塼質　朱書　40×37.6×5　交河城溝西張塋　故宮

延和八年己巳歲二月

朔戊戌卅日丁卯新除

張時受今於此月廿三

日遇患殞喪終於位春

秋卅有八以蚋車靈柩

殯喪於墓張氏之墓表

注：新除,參考義和三年(616)趙僧胤墓表注釋。

【《高昌塼集》,《高昌專錄》,《高昌陶集》,《新疆墓誌》,《索引稿》,《高昌文獻編年》,《許全勝2007》,《磚誌集注》,《墓誌集成》,《統計分析》,《故宮藏誌彙編》,《李筍2013》】

142.趙元祐墓表

延和八年(609)四月十七日　灰塼　朱書　37×37×4　阿斯塔那(原庫號0005)　吐文

延和八年己巳歲

四月朔丁酉十

七日水丑領兵趙

元祐之墓表也

【《墓塼拾遺》,《索引稿》,《高昌文獻編年》,《阿斯塔那收集墓誌》,《孟憲實2001》,《磚誌集注》,《墓誌集成》,《統計分析》】

143.張容子墓表

延和八年(609)五月壬辰　青塼　墨地朱書　05TMM203:1　吐文

延和八年歲在己巳五

月朔丁卯日朔壬辰以

前散初爲王帳下後

□遷令內將張容子者

□敦煌人也張氏之墓

注：此墓誌出土於木納爾2號臺地的張氏家族塋院內203墓內,字面向內嵌於墓道口向北0.78米處東壁小龕內。

【《木納爾墓地2006》,《新獲文獻》,《墓誌集成》,《李筍2013》】

144.孟子墓表

延和八年(609)八月十二日　塼質　朱書　42×41.6×4.6　交河城溝西孟塋　故宮

延和八年己巳歲八月
朔乙未十二日丙午
鎮西府錄事參軍孟
子今於此月遇患殞
喪春秋七十以蚓車靈柩
殯葬於墓孟氏之墓表

注：《高昌陶集》著錄爲《孟子墓表》。

【《高昌塼集》,《高昌塼錄》,《高昌陶集》,《白須淨眞1975》,《侯燦1984》,《白須淨眞1990》64,《新疆墓誌》,《索引稿》,《高昌文獻編年》,《孟憲實2001》,《郭玉海2001》,《磚誌集注》,《孟憲實2004》207,《許全勝2007》,《墓誌集成》,《統計分析》,《故宮藏誌彙編》,《李筍2013》】

145.麴孝嵩墓表

延和九年(610)正月十一日　塼質　黑地粉書　37×36　哈拉和卓　旅順博物館

延和九年庚午歲正
月十一日新除鹿門
子弟將遷殿中中
郎將追贈壓中將
軍麴孝嵩之墓表

注：①參見延昌卌年（600）麴孝嵩妻張氏墓表。②粉書爲白粉書之意，《書道1974》著録爲"白字"。③迄今爲止吐魯番出土的九方麴姓男性墓表、墓誌中，除此一方出土於高昌城郊外，其他的八方均出土於交河溝西墓地。④清野謙次認爲麴孝嵩是當時的統治者成員，參見同氏《大谷氏及び橘氏等將来の中央亞細亞發掘のミイラに就いて》，關東廳博物館，1930年。又見《史稿·統治編》。

【《高昌專録》，《旅博圖録》，《西域文化》，《西陲後録》，《書道1974》，《大谷》，《墓塼考釋（一）》，《侯燦1984》，《新疆墓誌》，《侯燦1992》，《索引稿》，《墓塼題録》，《高昌文獻編年》，《内藤七》，《史稿·統治編》，《北京旅順倫敦藏阿斯塔那墓誌》，《孟憲實2001》，《施新榮2001》，《磚誌集注》，《孟憲實2004》205，《墓誌集成》，《統計分析》，《李筍2013》】

146.張保悦墓表

延和九年（610）十一月己未日　青塼　墨地朱書
05TMNM208:1　吐文

延和九年歲在庚午十一月

朔戊午己未日以前散

初爲北聽幹後遷王帳下

親任春秋四十咸二張

保悦之墓表

注：此墓誌出土於木納爾2號臺地的張氏家族塋院内208墓内，無具體埋納信息。

【《木納爾墓地2006》，《新獲文獻》，《墓誌集成》，《李筍2013》】

147.唐仲謙墓表

延和十年(611)五月十日　塼質　朱書　38.5×39.5×4.5　交河城溝西唐塋　故宮

延和十年辛未歲

五月朔乙酉十日甲午

鎮西府將唐仲謙遇

患殞喪春秋六十有

七以蚖車靈柩殯葬

於墓唐氏之墓表

注:"鎮西府將"亦稱"鎮西府内將""内將"。參考義和四年(617)唐舒平墓表、延和二年(603)唐元護妻令狐氏墓表、貞觀十五年(641)任阿悦妻劉氏墓表。

【《高昌塼集》,《高昌塼録》,《白須淨真1975》,《索引稿》,《高昌文獻編年》,《孟憲實2001》,《磚誌集注》,《墓誌集成》,《統計分析》】

148.張武嵩妻氾氏墓表

延和十一年(612)正月廿日　灰塼　墨格朱書　36×36×3.5　69TAM112:2　新博

延和十一年壬

申歲正月辛巳

朔廿日庚子故

交河郡司馬張

武嵩妻氾氏之

墓表也

注:①夫婦合葬墓,同墓出土重光元年(620)張武嵩墓表。②氾姓,

參見和平二年(552)氾紹和及夫人張氏墓塼注釋。

【《侯燦1984》,《墓誌錄》,《新疆墓誌》,《索引稿》,《宋曉梅1994》,《高昌文獻編年》,《阿斯塔那出土墓誌》,《速水2002》,《磚誌集注》,《墓誌集成》,《統計分析》,《李筍2013》,《米婷婷2014》】

149.張仲慶妻焦氏墓表

延和十一年(612)二月十一日　灰塼　刻豎綫刻字填朱　36×35.5×4.5　72TAM200:2　新考

延和十一年壬申歲

二月辛亥朔十一

日辛酉侍郎張

仲慶妻焦氏居

獵之墓表焉

注:同墓出土重光元年(620)張仲慶墓表。

【《侯燦1984》,《墓誌錄》,《新疆墓誌》,《關尾史郎1991》,《索引稿》,《宋曉梅1994》,《孟憲實1994a》,《高昌文獻編年》,《阿斯塔那1972—1973》,《阿斯塔那出土墓誌》,《磚誌集注》,《磚刻銘文集》,《墓誌集成》,《統計分析》,《李筍2013》,《米婷婷2014》】

150.王皮苟墓表

延和十一年(612)三月六日　塼質　朱書　41×43×4.3　交河城溝西王塋　故宮

延和十一年壬申歲三

月朔庚辰六日乙酉

鎮西府王皮苟遇患

殞喪春秋五十有□

以蚵車靈柩殯喪於

墓王氏之墓表

【《高昌塼集》,《高昌專錄》,《高昌陶集》,《白須净真1975》,《新疆墓誌》,《索引稿》,《孟憲實1994a》,《高昌文獻編年》,《磚誌集注》,《墓誌集成》,《統計分析》,《李筍2013》】

151.張鼻兒妻麴阿蕤墓表

延和十一年（612）五月四日　灰塼　朱格朱書　36×36×4　73TAM503:1　新考

延和十一年壬申

歲五月己卯朔四

日壬午侍郎張鼻

兒妻故金城麴氏

女阿蕤春秋四十

八殞葬斯墓

注：夫婦合葬墓，同墓出土重光元年（620）張鼻兒墓表。

【《吳震1981》,《侯燦1984》,《墓誌錄》,《白須净真1990》45,《關尾史郎1991》,《宋曉梅1991》,《新疆墓誌》,《索引稿》,《宋曉梅1994》,《孟憲實1994b》,《高昌文獻編年》,《阿斯塔那出土墓誌》,《施新榮2001》,《磚誌集注》,《墓誌集成》,《統計分析》,《李筍2013》,《米婷婷2014》】

152.任謙墓表

延和十一年（612）五月廿三日　塼質　刻豎格朱書

36.2×36×4.2　交河城溝西任塋　歷博

延和十一年壬申歲
五月朔己卯廿三日辛
丑鎮西府內將任謙遇患
殞喪春秋七十有三以
蚓車靈柩殯葬於
墓任氏之墓表

【《高昌塼集》,《高昌專録》,《高昌陶集》,《白須净真1975》,《侯燦1984》,《新疆墓誌》,《索引稿》,《歷博法書十二》,《高昌文獻編年》,《孟憲實2001》,《磚誌集注》,《墓誌集成》,《統計分析》,《故宮藏誌彙編》,《李筍2013》】

153.張伯廋妻王氏墓表

延和十二年(613)正月十六日　塼質　朱書　34×34×6　交河城溝西　故宮

延和十二年癸酉歲
正月朔丙子十六日辛
卯鎮西府張伯廋妻王
氏遇患殞喪春秋五十
有二以蚓車靈柩殯葬
於墓王氏夫人之墓表

【《高昌塼集》,《高昌專録》,《新疆墓誌》,《索引稿》,《孟憲實1994a》,《高昌文獻編年》,《磚誌集注》,《墓誌集成》,《統計分析》,《故宮藏誌彙編》,《李筍2013》,《米婷婷2014》】

154. 張順墓塼

延和十二年(613)四月廿七日　灰塼　朱書　34×33×4
73TAM113∶1　新考

延和十二年癸酉歲四月甲辰朔廿七
日庚午新除侍郎轉殿中將軍遷
淩江將軍故張順稟性温雅節操清
純位奉朝次匪躬存公從君東西經歷
蹈險見危授命不易其節出忠入
孝令問宣著斯乃世之英雄邦之
儁乂者也宜延遐筭助康兆庶
何圖一旦奄同霜殞聖上痛惜追贈民
部庫部祀部三曹郎中以鄣顯號合境
哀嘆四鄰楚目春秋八十一殯葬斯墓

注：①一男二女合葬墓，同墓出土延昌卅年(590)張順妻馬氏墓表、義和四年(617)張順妻鞠玉娥墓表、欠名(鞠玉娥)衣物疏一件。②從塼文看，此張順亦應是隨鞠伯雅入隋的高昌官員之一。"見危授命不易其節"當有所指，有待研究。此外，施新榮以此內容爲根據，認爲張順之死可能與"義和政變"有關(《施新榮2001》62)。但從年號及埋葬時間來看，這種可能性似乎不存在。特別是張順的死亡年齡是八十一歲，"見危授命"應不是其老年時的事情。再者，此墓誌年號爲鞠伯雅的延和，銘文中也明確寫著"聖上痛惜"，此聖上爲鞠伯雅無疑。再者，延和十二年五月四日解顯武墓誌説明，最晚到五月四日之前，義和政變還沒有發生。③此墓塼書式與諸墓塼不同，有虛美之詞，可謂異例。此前的延和三年(604)翟孝感墓塼、延和七年(608)張叔慶妻鞠太明墓塼及此後的延壽九年(632)張伯玉墓塼

等均可歸屬同種異例墓塼。

【《侯燦 1984》,《王素 1989》,《墓誌錄》44,《白須淨真 1990》45,《宋曉梅 1991》,《關尾史郎 1991》,《出土文書壹》332,《索引稿》,《宋曉梅 1994》,《孟憲實 宣紅 1995》,《高昌文獻編年》,《張銘心 1999》,《阿斯塔那出土墓誌》,《孟憲實 2001》,《施新榮 2001》,《磚誌集注》,《孟憲實 2004》114、115、195、204,《許全勝 2007》,《墓誌集成》,《統計分析》,《李筍 2013》】

155. 解顯武墓表

延和十二年(613)五月四日　灰塼　朱竪綫朱書　46×46×4　67TAM70:8　吐魯番文保所

　　延和十二年癸酉
　　歲五月甲戌朔四日
　　丁丑解顯武新除巷
　　中左右追贈虎牙
　　將軍春秋五十七
　　奄喪威年墓之
　　表也

注:此爲至今發現的"義和政變"之前的最晚的一方墓塼,可知最晚到延和十二年五月四日之前,"義和政變"還沒有發生。

【《墓塼拾遺》,《新疆墓誌》,《索引稿》,《高昌文獻編年》,《王素 1998》,《阿斯塔那出土墓誌》《王素 2000》,《孟憲實 2001》,《磚誌集注》,《孟憲實 2004》205,《墓誌集成》,《統計分析》,《王素 2010b》,《李筍 2013》】

156.張頭子妻孟氏墓表

義和元年(614)十二月十五日　灰塼　朱書　40×40×4.5
73TAM116：1　新考

義和元年甲戌歲

十二月甲子朔十五日

戊寅侍郎張頭

子妻孟氏之墓表

注：①夫婦合葬墓。同墓出土重光二年(621)張弘震墓表及張頭子衣物疏。②從其妻的墓表可知張弘震又名張頭子。

【《侯燦1984》,《墓誌錄》45,《關尾史郎1991》,《出土文書壹》370,《索引稿》,《宋曉梅1994》,《高昌文獻編年》,《張銘心1999》,《阿斯塔那1973》,《阿斯塔那出土墓誌》,《張銘心2001》,《磚誌集注》,《孟憲實2004》280,《墓誌集成》,《統計分析》,《米婷婷2014》】

157.唐幼謙妻麴氏墓表

義和二年(615)六月卅日　塼質　朱書　35×34×3.6
交河城溝西唐塋　故宮

義和二年乙亥歲

六月朔辛酉卅日

庚寅新除唐幼謙

妻麴氏身患殞喪

春秋五十有七以卽

車靈柩殯葬於墓

麴氏夫人之墓表

注：①同墓出土延壽八年(631)唐耀謙墓表。②"新除",參考義和三

年(616)趙僧胤墓表注釋。

【《高昌塼集》,《高昌專錄》,《白須净真1975》,《新疆墓誌》,《索引稿》,《高昌文獻編年》,《施新榮2001》,《磚誌集注》,《墓誌集成》,《統計分析》,《故宫藏誌彙編》,《李筍2013》,《米婷婷2014》】

158.和氏墓表

義和三年(616)五月卅日　塼質　墨地朱書　43×43 出土地不明　吐文

故妻(?)和氏者敦煌人也稟性貞
質體行尕固入仕姑妐無擇言行
出諧九族上下和穆宜延遐
笄昊天不祐春秋六十有二於
義和三年歲次丙子五月
卅日崩七孝族親泣淚祢之耳
嚮間親里莫不涕泣五月卅日
殯葬斯墓

注：此墓塼爲徵集品，初藏於私人（石岡）手中，藏品登記日期爲2008年5月30日，收藏編號爲2008TZJ002。所謂"TZJ"，當爲"吐徵集"三字的縮寫，意爲"吐魯番文物局徵集"。不知爲何此墓塼没有出現在《新獲吐魯番文獻》一書中，此處爲第一次公布的吐魯番出土文獻新資料。

159.趙僧胤墓表

義和三年(616)十二月六日　塼質　朱書　40×42.5×4
交河城溝西趙塋　故宮

　　義和三年丙子歲十二

　　月癸未朔六日戊子新

　　除趙僧胤今於此月

　　遇患殞喪春秋七十

　　有一以犱車靈柩殯

　　葬於墓趙氏之墓表

注：①"新除"含意不明，可能是說明身份并非庶人，如義和二年(615)唐幼謙妻麴氏墓表也只書新除，然十六年後的官職是較低等級的"府門散望將"，由此或可認爲新除是指有任官資格的人。②《新疆墓誌》推斷爲上元三年(676)，黃文弼氏推斷爲義和三年(616)，《高昌文獻編年》亦推斷爲義和三年。從書體看，推斷應爲高

昌國時期的墓塼。

【《高昌塼集》,《高昌專錄》,《高昌陶集》,《白須淨真 1975》,《新疆墓誌》,《索引稿》,《孟憲實 1994a》,《高昌文獻編年》,《磚誌集注》,《墓誌集成》,《統計分析》,《故宮藏誌彙編》,《李筍 2013》】

160.唐舒平墓表

義和四年(617)正月八日　塼質　墨書　36.6×36.6×4
交河城溝西唐塋　故宮

義和四年丁丑歲正月朔壬
子八日己未鎮西府□□戶
曹參軍轉遷□□□□
後更轉遷追□事□軍
唐舒平遇□□□□薨亡
春秋七十□□以蚖車靈
柩殯葬於墓唐氏□□□

注:①參考同墓出土延和二年(603)唐元護妻令狐氏墓表。②《高昌買駝、入練、遠行馬、郡上馬等人名籍》文書(《出土文書貳》)有"元護"之名,官號侍郎。不知是否爲唐舒平？據侯燦研究可知,錄事參軍與侍郎差一等級。③唐元護(舒平)延和二年(603)爲內將。應爲"追贈錄事參軍"。"贈"字未書。侯燦釋"平"爲"卒"。參考同氏《麴氏高昌國官制研究》中《唐舒墓表》(載《高昌樓蘭研究論集》)。後《磚誌集注》改爲"平"。④"鎮西府將"亦稱"鎮西府內將""內將"。參考延和二年(603)唐元護妻令狐氏墓表、貞觀十五年(641)任阿悅妻劉氏墓表、延和十年(611)唐仲謙墓表。

【《高昌塼集》,《高昌專錄》,《高昌陶集》《白須淨真 1975》,《侯燦

1984》,《新疆墓誌》,《索引稿》,《高昌文獻編年》,《張銘心 2001》,《磚誌集注》,《孟憲實 2004》281,《墓誌集成》,《統計分析》,《故宮藏誌彙編》,《李筍 2013》】

161.張順妻麴玉娥墓表

義和四年(617)正月十三日　灰塼　朱書　33×33×4.5　73TAM113:3　新考

義和四年丁丑

正月朔壬子十

三日甲子淩江

將軍張順妻麴

氏玉娥之墓表

注：一男二女合葬墓,同墓出土延昌三十年(590)張順妻馬氏墓表、延和十二年(613)張順墓表、欠名(麴玉娥)衣物疏一件。

【《侯燦 1984》,《墓誌錄》,《宋曉梅 1991》,《出土文書壹》332,《索引稿》,《高昌文獻編年》,《張銘心 1999》,《阿斯塔那出土墓誌》,《孟憲實 2001》,《施新榮 2001》,《磚誌集注》,《墓誌集成》,《統計分析》,《李筍 2013》,《米婷婷 2014》】

162.氾氏墓表

義和四年(617)十一月三日　灰塼　朱書　34.5×33.2×4　56TYM3:2　新博

義和四年丁丑歲十一月

朔戊申三日庚戌鎮西府

□除田曹參軍後遷記室

參軍更遷追贈錄事參軍

□□□□床席薨亡於位

春秋七十有四以虯車□

□□□於墓氾氏之墓 表

注：①此墓塼已破裂，現粘合修補。②《新疆文物 1989》著錄爲 TYM5 墓出土。③氾姓，參見和平二年(552)氾紹和及夫人張氏墓塼注釋。

【《侯燦 1984》，《新疆文物 1989》，《墓誌錄》，《索引稿》，《高昌文獻編年》，《孟憲實 2001》，《速水 2002》，《磚誌集注》，《孟憲實 2004》205,《墓誌集成》，《統計分析》，《李筍 2013》】

163. □□墓表

義和四年(617)　塼質　朱書　41×41×3.3　交河城溝西孟塋　故宫

義和四年丁丑歲

（以下不明）

注：本墓塼原書有"延昌"年號，後新寫義和年號。

【《高昌塼集》，《高昌專錄》，《高昌陶集》，《索引稿》，《高昌文獻編年》，《磚誌集注》，《墓誌集成》，《統計分析》】

164. 王遵妻史氏墓表

義和五年(618)五月十五日　塼質　朱書　39.3×39×5　交河城溝西　故宫

義和五年 戊 寅歲五月朔乙

巳十五日丁巳新王遵妻

史氏□□□遇患薨□春

秋□□□□□

注：十三日爲丁巳，十五日爲己未。

【《高昌塼集》，《高昌專録》，《唐墓誌》，《索引稿》，《高昌文獻編年》，《磚誌集注》，《墓誌集成》，《統計分析》，《米婷婷2014》】

165.趙善慶墓誌

義和五年（618）　塼質　表面塗黄彩　37×37×3.5　60TAM320

義和五

年在戊寅

歲六七日

趙善慶

注：同時發掘的另三座墓中也出土了墓塼，惜已遺失。

【《墓誌録》，《王素1990》，《出土文書壹》321，《侯燦1992》，《索引稿》，《墓塼題録》，《高昌文獻編年》，《阿斯塔那1959—1960》，《阿斯塔那出土墓誌》，《磚誌集注》，《墓誌集成》，《統計分析》】

166.張師兒墓表

延和十八年（619）九月八日　灰塼　白地朱竪綫墨書　35.2×35.8×4　86TAM386：1　吐文

延和十八年己卯歲九月八日新

除虎牙將軍張師兒追贈明威

將軍春秋七十有二殯葬斯廟

延壽十四年丁酉歲五月朔
　　甲申平二日乙酉定春秋
　　九十九殯葬斯廟焉
　　王氏之墓表

注：①二人同墓表，張師兒於延和十八年(619)九月八日埋葬，妻王氏於延壽十四年(637)五月二日埋葬。②錄文中的"平""定"等用語，參考《磚誌集注》。

附錄：①張師兒追贈令，參考《新出文書》錄文移錄
　　令故虎牙張師兒昔曾從駕躍
　　涉山河宜延遐算享茲顯
　　任不圖一旦奄爾潛沒
　　孤聞矜昔（惜）情用悼焉
　　故遣虎牙法悅李延仲二人等
　　追贈明威將軍魂神
　　有靈承茲榮號嗚呼
　　哀哉
　　九月八日

②張師兒隨葬衣物疏，86TAM386:19，參考《新出文書》錄文移錄
　　延和十八年己卯歲九月六日比丘義俐敬移五道
　　大神清信仕張師兒仏（佛）弟子△修十善持仏五戒
　　今於田地城內奄便（梗）命終若欲求海東頭覓
　　海西辦（壁）時人張堅固倩書李定度攀天系
　　（以下品名五行，略）

【《新疆墓誌》，《考古 1992》，《索引稿》，《墓塼題錄》，《孟憲實

1994a》,《新出文書》,《高昌文獻編年》,《張銘心 1999》,《阿斯塔那出土墓誌》,《張銘心 2001》,《孟憲實 2001》,《磚誌集注》,《孟憲實 2004》205、298,《墓誌集成》,《統計分析》,《李筍 2013》,《米婷婷 2014》】

167.氾法濟墓表

重光元年(620)二月廿二日　灰塼　朱書　37×37×5　72TAM151:1　新考

重光元年庚辰歲

二月朔甲午廿二

日乙卯新除鹿門

散望追贈虎牙將

軍氾法濟之墓表

【《侯燦 1984》,《墓誌錄》,《新疆墓誌》,《索引稿》,《出土文書貳》85,《高昌文獻編年》,《王素 1998》,《王素 1999》,《張銘心 1999》,《阿斯塔那 1972—1973》,《阿斯塔那出土墓誌》,《張銘心 2001》,《孟憲實 2001》,《速水 2002》,《磚誌集注》,《孟憲實 2004》187、205、300,《墓誌集成》,《統計分析》,《故宮藏誌彙編》,《李筍 2013》】

168.張武嵩墓表

重光元年(620)二月廿二日　灰塼　藍地朱格朱書朱緣　37.5×37.5×6　69TAM112:1　新博

重光元年庚辰

歲二月甲午朔

廿二日乙卯故

交河郡田曹司

馬敦煌張氏武

嵩之墓表

注：夫婦合葬墓，同墓出土延和十一年(612)張武嵩妻氾氏墓表。

【《侯燦1984》，《墓誌錄》，《新疆墓誌》，《宋曉梅1994》，《孟憲實1994b》，《高昌文獻編年》，《王素1999》，《阿斯塔那出土墓誌》，《張銘心2001》，《孟憲實2001》，《磚誌集注》，《孟憲實2004》191、207、301，《墓誌集成》，《統計分析》，《陳國燦2012》54，《李筍2013》】

169.張鼻兒墓表

重光元年(620)二月廿八日　灰塼　藍地刻字填朱　37×55×4　73TAM503:2　新考

重光元年庚辰

歲二月甲午朔

廿八日辛酉新

除田地郡省事

遷侍郎追贈建

義將軍都綰曹

郎中燉煌張氏

鼻兒之墓表焉

注：①夫婦合葬墓，同出延和十一年(612)張鼻兒妻麴阿蔠墓表。②張鼻兒的生年不詳。其妻麴阿蔠延昌五年(565)生，張鼻兒之子張雄延昌廿四年(584)生。

【《吳震1981》，《侯燦1984》，《王素1989》，《墓誌錄》，《新疆墓誌》，《關尾史郎1991》，《宋曉梅1991》，《索引稿》，《侯燦1993》，《宋

曉梅1994》、《孟憲實1994b》、《高昌文獻編年》、《王素1999》、《阿斯塔那出土墓誌》、《張銘心2001》、《孟憲實2001》、《磚誌集注》、《孟憲實2004》105、106、142、192、193、195、203、301、305、《磚刻銘文集》、《墓誌集成》、《統計分析》、《陳國燦2012》54、《李筍2013》】

170.張阿質墓表

重光元年（620）二月廿八日　　灰塼　藍地刻字填朱
37×55×4.5　72TAM199:8　新博

重光元年庚辰歲
二月甲午朔廿八
日辛酉新除侍郎
遷壁中將軍轉洿
林令追贈平莫將
軍倉部庫部主客
三曹郎中燉煌張
氏阿質兒之墓表

注：①參考延昌卌年（601）張阿質妻鞠氏墓表。②張阿質兒應是張阿質，又名質兒。張質兒與張鼻兒或是兄弟。③TAM199墓出土之延昌卌一年（601）張阿質妻鞠氏墓表、唐永徽三年（652）王歡悅墓表、唐永淳元年（682）氾智□墓塼、高昌延壽二年（625）王伯瑜妻唐氏墓表、貞觀廿年（646）張延衡妻鞠氏墓表，均係斯坦因發掘而未帶走，後存入此墓者。

【《侯燦1984》、《王素1989》、《墓誌錄》、《新疆墓誌》、《關尾史郎1991》、《索引稿》、《宋曉梅1994》、《孟憲實　宣紅1995》、《高昌文獻編年》、《阿斯塔那1973》、《阿斯塔那出土墓誌》、《張銘心2001》、《孟憲實 2001》,《磚誌集注》,《孟憲實 2004》115、203、301,《磚刻銘文集》,《墓誌集成》,《統計分析》,《陳國燦 2012》54,《李筍 2013》】

171.嚴道亮(嚴道高)墓記

重光元年(620)三月十日　灰塼　朱書　29.5×31×6.5　67TAM80:1　新博

　　重光元年庚辰

　　歲三月朔甲子十

　　日壬申故嚴道

　　亮之記

注:①合葬墓,出土墓塼一件。②閏朔計算有誤。三月朔甲子十日癸酉,五月朔癸亥十日壬申。

【《墓誌録》,《新疆墓誌》,《出土文書壹》392,《索引稿》,《高昌文獻編年》,《阿斯塔那出土墓誌》,《張銘心 2001》,《磚誌集注》,《墓誌集成》,《統計分析》,《李筍 2013》】

172.張仲慶墓塼

重光元年(620)三月十三日　　灰塼　朱格刻字填朱　37×57.7×4.5　72TAM200:1　新考

　　重光元年庚辰歲

　　三月甲子朔十三

　　日丙子新除侍郎

　　遷東宮諮議參軍

　　轉長史淩江將軍

　　洿林令追贈廣威

將軍縮曹郎中張

　　仲慶春秋六十三

　　殯葬斯墓也

注：同墓出土延和十一年(612)張仲慶妻焦氏墓表。

【《侯燦1984》，《墓誌錄》，《白須净真1990》45，《新疆墓誌》，《關尾史郎1991》，《索引稿》，《宋曉梅1994》，《高昌文獻編年》，《阿斯塔那1972—1973》，《阿斯塔那出土墓誌》，《張銘心2001》，《孟憲實2001》，《磚誌集注》，《孟憲實2004》203，《磚刻銘文集》，《墓誌集成》，《統計分析》，《李筍2013》】

173.劉保歡墓表

　　重光元年(620)十一月廿三日　塼質　朱書　40×40×3.3　交河城溝西劉塋　歷博

　　重光元年庚

　　辰歲十一月廿

　　三日劉保歡

　　之暮表焉

【《高昌塼集》，《高昌專錄》，《高昌陶集》，《白須净真1975》，《新疆墓誌》，《唐墓誌》，《索引稿》，《歷博法書十二》，《高昌文獻編年》，《磚誌集注》，《墓誌集成》，《統計分析》，《李筍2013》】

174.張弘震墓表

　　重光二年(621)五月四日　灰塼　藍地朱豎綫朱書　37×37×4　73TAM116:2　新考

　　重光二年辛巳歲五

月丁巳朔四日庚申

新除侍郎轉遷祀部

司馬追贈祀部長史

故張弘震春秋七十

六殯葬斯墓

注：①夫婦合葬墓。同墓出土義和元年(614)張頭子妻孟氏墓表、張頭子衣物疏一件。②妻孟氏墓表裏張弘震之名爲張頭子。

【《侯燦 1984》，《墓誌錄》，《白須净真 1990》45，《關尾史郎 1991》，《新疆墓誌》，《出土文書壹》370，《索引稿》，《宋曉梅 1994》，《高昌文獻編年》，《張銘心 1999》，《阿斯塔那 1973》，《阿斯塔那出土墓誌》，《張銘心 2001》，《孟憲實 2001》，《磚誌集注》，《孟憲實 2004》204，《墓誌集成》，《統計分析》，《李筍 2013》】

175.張保守墓表

重光二年(621)十二月十四日　塼質　朱書　33.3×33.3×3.3　交河城溝西張塋　故宮

重光二年辛巳歲十

二月甲寅朔十四日

丁卯鎮西府客曹參

軍張保守春秋五

十有五以蚏車靈柩

殯葬於暮張氏之塋表

【《高昌塼集》，《高昌塼錄》，《高昌陶集》，《侯燦 1984》，《白須净真 1990》64，《新疆墓誌》，《唐墓誌》，《張銘心 1992》，《索引稿》，《高昌文獻編年》，《孟憲實 2001》，《磚誌集注》，《孟憲實 2004》207，《墓

誌集成》,《統計分析》,《李筍 2013》】

176.范法子墓塼

重光三年(622)六月廿八日　塼質　朱書　40×40×3.5　阿斯塔那　故宮

重光三年壬午歲

六月朔辛亥廿八

日戊寅故范法

子追贈宣威將

軍春秋五十六

殯葬斯墓也

【《高昌塼集》,《高昌專錄》,《墓塼考釋(一)》,《侯燦 1984》,《白須淨真 1990》45,《唐墓誌》,《索引稿》,《高昌文獻編年》,《孟憲實 2001》,《磚誌集注》,《孟憲實 2004》205,《墓誌集成》,《統計分析》,《李筍 2013》】

177.麴慶瑜墓表

重光三年(622)□月七日　塼質　朱書　36.7×36.7×3.3　交河城溝西麴塋①　故宮

重光三年壬午歲□

月辛未朔七日丁丑

薪除鎮西府省事麴

慶瑜遷功曹吏更遷

帶閣主簿轉遷田 曹

司馬□□□□□

喪於交河□□春秋

六十有五麹氏之葬

注：重光三年無"辛未朔"，如從辛未朔計算，七日是丁丑。似非誤寫，當是書寫人之誤記。從多方墓塼看，當時的高昌人日常生活中應該使用的是數字紀日，而非干支紀日，所以每次書寫墓塼銘文，都會先確定朔日干支，然後再推算出具體日期的干支。其實這一現象在中原內地也基本如此。

【《高昌塼集》，《高昌專錄》，《高昌陶集》，《白須淨真1979》，《侯燦1984》，《唐墓誌》，《索引稿》，《高昌文獻編年》，《孟憲實2001》，《施新榮2001》，《磚誌集注》，《孟憲實2004》190、191、207，《墓誌集成》，《統計分析》，《故宮藏誌彙編》】

178.傅僧䣖墓表

重光四年(623)七月二日　灰塼　黑地朱格朱書　37.6×37×4.5　哈拉和卓(66TKM301:1)　吐文

重光四年癸未

歲七月朔乙亥

定二日丙子執

以前長下左右

今補萷上將傅

僧䣖之墓表

注：①於此墓表可知以"補"代替"追贈"的用法，使用於低級官吏（九等官吏，參考侯燦研究）的追贈時。"長下左右"即"帳下左右"。②白須淨真的實物觀察記録："黑色の地に朱書。大きさは35.5セン

千方。"此外,白須净真記録的出土番號是 TKM339。參考《白須净真 1990》。

【《侯燦 1984》,《墓塼拾遺》,《墓誌録》,《白須净真 1990》65,《新疆墓誌》,《侯燦 1992》,《索引稿》,《高昌文獻編年》,《阿斯塔那出土墓誌》,《孟憲實 2001》,《磚誌集注》,《墓誌集成》,《統計分析》,《李筠 2013》】

179.王伯瑜妻唐氏墓表

延壽二年(625)正月十二日　灰塼　朱格朱書　44.5×44.5×6　72TAM199:5　新考

延壽二年乙酉
歲正月丙申朔
十二日丁未中
郎王伯瑜妻晉
昌唐氏春秋七
十三殯葬斯墓
之墓表也

注:①斯坦因編號爲 Ast.ix.3。②各家録文不一,其中小田義久《吐魯番出土葬送儀礼関係文書の一考察》(《東洋史苑》第 30、31 合并號,1988 年,第 48 頁)和《斯坦因文書研究》録文較完整,本書主要參考此兩文。本録文的紀年"丙申朔"與其他録文不合。查王素《麴氏高昌朔閏推擬表》延壽二年正月朔爲丙申,可知此紀年不誤。因墓塼殘甚,墓塼録文無法核實,故不知其他録文紀年誤在墓塼書寫者或是《墓誌録》和《新疆墓誌》録文者。③參考延壽五年(628)王伯瑜墓表。④TAM199 墓出土之延昌卌一年(601)張阿質妻麴氏墓表、

重光元年(620)張阿質墓表、唐永徽三年(652)王歡悅墓表、唐永淳元年(682)汜智□墓塼、高昌延壽二年(625)王伯瑜妻唐氏墓表、貞觀廿年(646)張延衡妻鞠氏墓表,均係斯坦因發掘而未帶走,後存入此墓者。⑤查荒川正晴《阿斯塔那·哈拉和卓古墓群墓葬一覽表》(《新疆文物》1992年第2期),知此墓出土的是張阿質墓表及張阿質妻鞠氏墓表。王伯瑜妻唐氏墓表等是斯坦因從他墓移來。又,上引荒川正晴《一覽表》的表2著録,王伯瑜及妻唐氏墓表出土自ix.3墓。⑥《磚誌集注》徵引文獻注釋文獻出處爲《亞洲腹地》第三卷附録Ⅰ第1033頁,不知何據。

【《墓塼考釋(一)》,《白須净真1990》45,《墓誌録》,《新疆墓誌》,《侯燦1992》,《索引稿》,《墓塼題録》,《斯坦因文書研究》351,《高昌文獻編年》,《阿斯塔那1973》,《阿斯塔那出土墓誌》,《磚誌集注》,《墓誌集成》,《統計分析》,《李筍2013》,《米婷婷2014》】

180. 范宗遜墓表

延壽三年(626)八月十五日　塼質　朱書　尺寸不明
60TAM339:35　新博

延壽三年丙戌歲
八月朔丁未十五
日戊午武城領兵
將范宗遜之墓表
春秋九十八題記
以爲知

注:八月朔非丁未,當是丁巳。從丁未來計算,十五日非戊午而是辛酉。

【《侯燦1984》,《墓誌錄》,《出土文書壹》396,《索引稿》,《高昌文獻編年》,《白須淨真1997》154,《王素1999》,《阿斯塔那1960》,《阿斯塔那出土墓誌》,《朱雷2000》66,《孟憲實2001》,《磚誌集注》,《墓誌集成》,《統計分析》,《李筍2013》】

181.祁顯明墓

延壽三年(626)十二月十九日　灰塼　墨格朱書　31×32.2×4.7　L1.4.42　新博

延壽三年丙戌歲

十二月朔乙卯十

九日水酉領兵將

祁 顯 明 春秋陸拾

□追贈□部參軍

□□之墓

注：墓塼名祁顯明根據《阿斯塔那收集墓誌》,《索引稿》名爲"某人墓表"。

【《侯燦1984》,《墓誌錄》,《索引稿》,《高昌文獻編年》,《阿斯塔那收集墓誌》,《孟憲實2001》,《磚誌集注》,《孟憲實2004》204,《墓誌集成》,《統計分析》】

182.唐阿朋妻張氏墓表

延壽四年(627)五月十四日　塼質　朱書　40×40×5　交河城溝西唐塋　故宫

延壽四年丁亥歲五月

壬子朔十四日乙丑鎮

西府□□□□□□

□□□□□□□□

四□□車靈柩殯□□

□□張氏墓表

注：同墓出土延壽十一年(634)唐阿朋墓表。

【《高昌塼集》，《高昌專錄》，《高昌陶集》，《唐墓誌》，《索引稿》，《高昌文獻編年》，《磚誌集注》，《墓誌集成》，《統計分析》，《故宮藏誌彙編》】

183.唐氏墓表

延壽四年(627)十月三日　塼質　朱書　35×35.3×3.3　交河城溝西唐塋　故宮

延壽四年丁亥歲十月

庚辰朔三日壬午鎮西

府交河郡客曹主簿遷

□□春秋七十有二

□□□靈柩殯斯墓

□□□之墓表

注：出土自唐塋，且墓主人爲男性，墓表主應是姓唐。同墓埋葬有二人。

【《高昌塼集》，《高昌陶集》，《白須淨真1975》，《侯燦1984》，《彭琪1987》，《唐墓誌》，《索引稿》，《高昌文獻編年》，《王宗磊1998》，《王素1999》，《孟憲實2001》，《磚誌集注》，《孟憲實2004》207，《墓誌集成》，《統計分析》，《故宮藏誌彙編》】

184.宋仏住墓誌

延壽四年(627)十月廿九日　青塼　朱書　36.8×37.1×4.5　04TMNM103:1　吐文

延壽四年丁亥歲十
月庚辰朔廿九日戊
申故宋仏住新除北
聽散望中出作永安
兵曹參軍轉遷内行
兵曹司馬春秋有六
十六殯塟斯墓

注：此墓誌出土於木納爾1號臺地的宋氏家族塋院内103墓的墓道東壁下，出土時與延壽九年(632)宋仏住妻張氏墓表合并側立，爲夫婦合葬墓。

【《木納爾墓地2006》，《高丹丹2007》，《新獲文獻》，《墓誌集成》，《西域碑銘錄》，《李筍2013》】

185.王保謙墓表

延壽五年(628)二月十二日　灰塼　朱書　34.5×34.5×5.5　67TAM75:1　新博

延壽五年戊子
歲二月戊寅朔
十二日己巳王
保謙春秋六十有
二殯葬斯墓也

注：戊寅朔，十二日應爲癸丑。

【《墓誌録》,《索引稿》,《高昌文獻編年》,《阿斯塔那出土墓誌》,《磚誌集注》,《墓誌集成》,《統計分析》】

186. 王伯瑜墓表

延壽五年(628)九月廿日　　灰墡　　藍地朱竪綫朱書
33×33×4　　73TAM504:32　　新考

延壽五年戊子歲九
月乙巳朔廿日甲子
故太原王王伯瑜初
民部參軍轉碑堂將
遷壓中中郎將春秋
七十二殯葬斯墓

注:①參考延壽二年(625)王伯瑜妻唐氏墓表。②斯坦因發掘王伯瑜衣物疏。録文參考前揭小田義久《吐魯番出土葬送儀礼関係文書の一考察》(《東洋史苑》第30、31合并號,1988年)及陳國燦《斯坦因文書研究》。兩録文差別極大,故使用時還需再核實。③出土王伯瑜墓表(斯坦因登録號 Ast.ix.3)之 TAM504 墓共出土墓表九方,除504號原有之延壽十二年(635)張善哲墓表和貞觀十六年(642)張善哲妻鞠法臺墓塼,包括此王伯瑜墓表均係斯坦因發掘時從他墓移來之物。④《磚誌集注》徵引文獻注釋文獻出處爲《亞洲腹地》第三卷附録Ⅰ第1034頁,不知何據。

附録:延壽五年(628)佛弟子王伯瑜衣物疏　阿斯塔那　第九區三號墓マスペロM・三二三

　　品名無"故"字,三行
　　五穀具攀天糸萬々九千丈右上所條悉是平生所

用之物也大德比丘果願佛弟子王伯瑜專修十善持

佛五戒敬移五道大神今御此月廿日遇患殞喪宜

向遐齡永保難老昊天不弔奄喪盛年逕涉五道

辛勿呵留任意聽果(過)時見張堅固倩書李定度若欲求

海東若欲覓海西辟不得奄曷留停急々如律令

【《文物1975》,《墓塼考釋(一)》,《侯燦1984》,《墓誌錄》,《新疆墓誌》,《侯燦1992》,《索引稿》,《斯坦因文書研究》352,《墓塼題錄》,《孟憲實1994b》,《高昌文獻編年》,《張銘心1999》,《阿斯塔那出土墓誌》,《孟憲實2001》,《磚誌集注》,《孟憲實2004》206、349,《墓誌集成》,《統計分析》,《李筍2013》】

187.趙悅子妻馬氏墓表

延壽七年(630)七月十六日　塼質　朱書　39×39×5

交河城溝西趙塋　故宮

延壽七年庚寅歲七

月甲子朔十六日己卯

鎮西府領兵將趙悅

子妻馬春秋五十

有六以蚓車靈柩殯□□

於墓馬氏之墓表

注:同墓出土延壽九年(632)趙悅子墓表。

【《高昌塼集》,《高昌專錄》,《高昌陶集》,《侯燦1984》,《新疆墓誌》,《唐墓誌》,《索引稿》,《高昌文獻編年》,《磚誌集注》,《墓誌集成》,《統計分析》,《故宮藏誌彙編》,《李筍2013》,《米婷婷2014》】

188.張謙祐墓塼

延壽七年(630)十月十八日　塼質　朱縱格朱書　40×39×3.5　86TAM:1　吐文

延壽七年庚寅歲

十月壬辰朔十八日己酉

新除兵部主簿轉兵

部參軍遷中兵主簿

追贈殿中中郎將張

謙祐春秋六十有九

殯葬斯墓也

注:①參考貞觀十六年(642)四月六日張謙祐妻嚴氏墓表。②"中兵主簿"官職未見相關研究。

【《考古1992》,《高昌文獻編年》,《磚誌集注》,《墓誌集成》,《統計分析》,《西域碑銘錄》】

189.康浮昌墓表

延壽七年(630)十二月廿四日　青塼　墨書　32.8×32.8×4.6　04TBM212:1　吐文

十二月胖壬萠

廿四日乙卯除

延壽七年庚寅歲十二月

廿四日左親侍左右康浮昌

之輔墓

注:①此墓誌出土於巴達木2號臺地的康氏家族墓地212墓,側立於距道口向北1.5米處。墓誌面有殘留黃粉,應是書寫前打的底

色。第一、二行文字當是書寫墓誌者爲了計算干支所書,第三行起爲墓誌本文。②如本書重光三年(622)麴慶瑜墓表注釋所言,當時的吐魯番人日常生活中使用的應該是數字紀日,而非干支紀日,所以每次書寫墓塼銘文,都會先查朔日,然後再推算出具體日期的干支。吐魯番出土墓表、墓誌中多有干支紀日計算錯誤的例子也能説明這一問題。

【《巴達木墓地2006》,《新獲文獻》,《墓誌集成》,《李筍2013》】

190. 曹武宣妻蘇氏墓表

延壽八年(631)正月十三日　塼質　朱書　36.6×36×4.3
交河城溝西曹塋　故宫

延壽八年辛卯歲

正月辛酉朔十三日水

酉鎮西府麴尺將

曹妻春秋六十有

四以虯車靈柩殯葬

於墓蘇氏之墓表

注:同墓出土延壽九年(632)曹武宣墓誌。

【《高昌塼集》,《高昌專録》,《高昌陶集》,《白須净真1975》,《侯燦1984》,《新疆墓誌》,《唐墓誌》,《索引稿》,《高昌文獻編年》,《磚誌集注》,《墓誌集成》,《統計分析》,《故宫藏誌彙編》,《李筍2013》,《米婷婷2014》】

191.唐耀謙墓表

延壽八年(631)十月廿一日　塼質　朱格朱書　35×35×4　交河城溝西唐塋　歷博

延壽八年辛卯歲

十月丁亥朔廿一

丙午鎮西府府門

散望將唐耀謙春

秋七十有七以蚪

車靈柩殯斯於墓

唐氏之墓表

注:①同墓出土義和二年(615)唐幼謙妻麴氏墓表。②十月丙戌朔，廿一日應爲丙午。

【《高昌塼集》,《高昌專錄》,《高昌陶集》,《白須淨真1975》,《侯燦1984》,《白須淨真1990》64,《新疆墓誌》,《張銘心1992》,《唐墓誌》,《索引稿》,《歷博法書十二》,《高昌文獻編年》,《孟憲實2001》,《磚誌集注》,《墓誌集成》,《統計分析》,《李筍2013》】

192.史伯悦墓表

延壽八年(631)十二月廿七日　塼質　朱書　40.3×40.3×4.3　交河城溝西史塋　故宮

延壽八年辛卯歲十二

月朔乙巳廿七日辛亥

鎮西府新除省事□帶

閣主簿史伯悦春秋六十

有八以蚪車靈柩

　　　　□□暮史氏之墓表

注：①同墓出土唐永徽五年(654)史伯悅妻麴氏墓表。②帶閣主簿之官名參考史伯悅妻墓表。十二月應爲朔乙酉廿七日辛亥。

【《高昌塼集》，《高昌專錄》，《高昌陶集》，《侯燦1984》，《唐墓誌》，《索引稿》，《高昌文獻編年》，《王宗磊1998》，《孟憲實2001》，《磚誌集注》，《孟憲實2004》207，《墓誌集成》，《統計分析》】

193.麴延紹墓表

　　延壽九年(632)三月卅日　　塼質　朱書　35.6×35.6×4 交河城溝西麴塋①　故宮

　　延壽九年壬辰歲三

　　月朔甲寅卅日水亥

　　鎮西府府門散 望將

　　麴延紹春秋五十 有

　　六以蚵車靈柩殯斯於

　　墓麴氏之墓表

注：《高昌陶集》錄爲麴延昭墓表，誤。

【《高昌塼集》，《高昌專錄》，《高昌陶集》，《侯燦1984》，《新疆墓誌》，《唐墓誌》，《索引稿》，《高昌文獻編年》，《孟憲實2001》，《施新榮2001》，《磚誌集注》，《墓誌集成》，《統計分析》，《李筍2013》】

194.趙悅子墓表

　　延壽九年(632)四月廿七日　　塼質　朱書　36.5×36.5×5 交河城溝西趙塋　故宮

延壽九年壬辰歲

四月甲辰朔廿七日

庚戌鎮西府領兵

將趙悅子春秋六十

有六以蚓車靈柩殯

斯於墓趙氏之墓表

注:①同墓出土延壽七年(630)趙悅子妻馬氏墓表。②四月甲申朔。甲辰誤。

【《高昌塼集》,《高昌專錄》,《高昌陶集》,《白須淨真1975》,《侯燦1984》,《新疆墓誌》,《唐墓誌》,《索引稿》,《高昌文獻編年》,《孟憲實2001》,《磚誌集注》,《墓誌集成》,《統計分析》,《故宮藏誌彙編》,《李筍2013》】

195.張伯玉墓塼

延壽九年(632)五月二日　塼質　朱書　38×38　Ast.i.6:08　大英博物館

故敦煌張侍郎□□新除

侍郎追贈諮議參軍志仁

宗義性篤溫慕夙夜存公

不失忠貞之節竭誠□未

廢嚴恪之心宜延遐笇裨

讚贊國務如何不淑奄錘此

禍春秋七十有三於延壽

九年五月甲寅朔二日乙卯

到使六親哀戚九族悲酸

嗚呼哀哉殯葬斯墓

注：①録文參考《白須淨眞1992》和《白須淨眞1997》的録文并有改動，如第三行的"溫慕"改爲"溫恭"，末行的"殯於斯墓"改爲"殯葬斯墓"等。②本墓塼尺寸參考白須淨眞上文。③白須淨眞認爲，"おそらくこの誌文は、高昌王が彼を諮議參軍に追贈した際の告身の一部を寫し取ったものである"。（《白須淨眞1992》、《白須淨眞1990》）④《磚誌集注》徵引文獻注釋文獻出處爲《亞洲腹地》第四卷和第三卷，實則只見第三卷中。

附録：高昌追贈宋懷兒虎牙將軍令（66TAM50），録文參考《出土文書叁》和《白須淨眞1990》

　　令夫襃賢賞善前聖洪願録功酬勳
　　後政修尚故宋懷兒稟質純直至
　　行忠方率己奏上之懃自少而彌
　　益先公後私迄老而不怠宜延遐
　　笲神讚國務天下有善奄居下世
　　孤聞矜惜情懷悼動焉故遣明威
　　將軍王具伯成薩布等追贈虎牙將軍
　　魂而有靈承茲榮號嗚呼哀哉
　　十二月廿四日

【《亞洲腹地》3/75，《白須淨眞1975》35，《墓塼考釋（一）》，《白須淨眞1979》36，《侯燦1984》，《白須淨眞1990》42、48，《關尾史郎1991》，《侯燦1992》，《白須淨眞1992》116，《索引稿》，《墓塼題録》，《孟憲實1994b》，《斯坦因文書研究》178，《白須淨眞1997》，《磚誌集注》，《墓誌集成》，《統計分析》，《許全勝2007》，《李筍2013》】

196.宋仏住妻張氏題記

　　延壽九年(632)五月七日　青塼　朱書　43.5×42.3×4.5　04TMM103∶2　吐文

　　兵曹司馬宋仏住妻

　　張氏春秋七十四殞

　　堃斯墓

　　延壽九年壬辰歲

　　五月甲寅朔七日己

　　未題記

注：此墓誌出土於木納爾1號臺地的宋氏家族塋院内103墓的墓道東壁下，出土時與延壽四年(627)宋仏住墓誌合并側立，爲夫婦合葬墓。有黑色墨框和極輕的白色豎界欄。

【《木納爾墓地2006》，《高丹丹2007》，《新獲文獻》，《墓誌集成》，《西域碑銘錄》，《李筍2013》，《米婷婷2014》】

197.趙充賢墓表

　　延壽九年(632)七月十一日　塼質　墨書　35.3×35.3×4.7　交河城溝西趙塋　故宫

　　延壽九年壬辰歲

　　七月朔水丑十一日癸

　　亥鎮西府田曹參

　　軍趙充賢春秋七十

　　有五以蚓車靈柩殯

　　葬於墓趙氏之墓表

【《高昌塼集》，《高昌塼錄》，《高昌陶集》，《白須净真1975》，《侯燦 1984》,《唐墓誌》,《索引稿》,《高昌文獻編年》,《孟憲實 2001》,《磚誌集注》,《孟憲實 2004》207,《墓誌集成》,《統計分析》,《故宮藏誌彙編》】

198.麴悦子墓表

延壽九年(632)十月十九日　塼質　朱書　36×36.7×4.3　交河城溝西　故宮

延壽九年壬辰歲十

月辛酉朔十九日水

卯鎮西府府門散望

將麴悦子□□□□

十有五□□□□□

殯葬□□□□□

注：十月朔不是辛酉,應爲辛亥朔。從十九日水卯推算,朔日應爲甲申朔。

【《高昌塼集》,《高昌專錄》,《侯燦 1984》,《唐墓誌》,《索引稿》,《高昌文獻編年》,《孟憲實 2001》,《施新榮 2001》,《磚誌集注》,《墓誌集成》,《統計分析》,《故宮藏誌彙編》】

199.曹武宣墓表

延壽九年(632)十一月五日　塼質　朱書　39.7×39.7×4.3　交河城溝西曹塋　故宮

延壽九年壬辰歲

十一月庚辰朔五日

甲申鎮西府曲尺將
曹武宣春秋六十有
八以蚓車靈柩殯斯
於墓曹氏之墓表

注：①同墓出土延壽八年(631)曹武宣妻蘇氏墓表。②塼文紀年不明，黃文弼推斷爲延壽九年。"殯斯於墓"之詞始用於此時期，黃文弼的判斷當不誤。

【《高昌塼集》，《高昌陶集》，《侯燦 1984》，《唐墓誌》，《索引稿》，《高昌文獻編年》，《孟憲實 2001》，《磚誌集注》，《墓誌集成》，《統計分析》，《故宮藏誌彙編》】

200. 殘墓表

延壽九年（632）　塼質　朱書　38×37.5×4.5　72TAM204:1　新博

延壽九年歲次□辰

（下缺）

注：墓表極殘，略辨七字。

【《墓誌錄》，《索引稿》，《出土文書貳》152，《高昌文獻編年》，《阿斯塔那 1972—1973》，《阿斯塔那出土墓誌》，《磚誌集注》，《墓誌集成》，《統計分析》，《李方 2010》64】

201. 任阿慶墓表

延壽十年（633）二月十九日　塼質　墨地朱書　35×36×4　交河城溝西任塋　故宮

延壽十年癸巳

歲二月己酉朔十

　　九日丁卯鎮西府官

　　左右有親侍任阿慶

　　春秋六有九以虯車靈

　　柩殯斯於墓

注："六有九"當爲"六十有九"。

　【《高昌塼集》,《高昌專錄》,《高昌陶集》,《白須淨真1975》,《侯燦1984》,《唐墓誌》,《索引稿》,《高昌文獻編年》,《孟憲實2001》,《磚誌集注》,《墓誌集成》,《統計分析》,《故宮藏誌彙編》,《李筠2013》】

202.賈容兒墓表

　　延壽十年(633)六月二日　　灰塼　　朱書　　36×36×3　75TKM82:1　新考

　　延壽十年癸巳歲

　　六月朔丁未二日

　　戊申新除領兵將

　　轉遷祀部參軍

　　賈容兒之墓表

　【《侯燦1984》,《墓誌錄》,《白須淨真1990》66,《新疆墓誌》,《索引稿》,《高昌文獻編年》,《阿斯塔那出土墓誌》,《孟憲實2001》,《磚誌集注》,《孟憲實2004》197、206,《墓誌集成》,《統計分析》】

203.任法悅墓表

　　延壽十一年(634)正月廿四日　　塼質　　朱書　　35.6×

35.6×3.6　交河城溝西　故宮

　　延壽十一年歲次甲午
　　正月朔甲戌下旬四日
　　西府交河郡民任法
　　悦新除虎牙將軍追
　　贈明威將軍春秋五
　　十咸三卒於辰時以
　　虯車靈柩殯葬斯
　　墓任氏之墓表也

注：①下旬四日即廿四日，《新疆墓誌》記爲正月四日，誤。②各文獻未記載墓塼質地，據筆者對所見實物的記憶應爲塼質。

　　《高昌塼集》、《高昌專錄》、《侯燦1984》、《彭琪1987》、《新疆墓誌》、《唐墓誌》、《索引稿》、《高昌文獻編年》、《王素1999》、《孟憲實2001》、《郭玉海2001》、《磚誌集注》、《孟憲實2004》198、205、《許全勝2007》、《墓誌集成》、《統計分析》、《墓表八種》、《故宮藏誌彙編》、《李筍2013》。

204.氾延壽(氾延熹)墓表

延壽十一年(634)二月一日　灰塼　朱書　33×32.5×4
56TYM4:2　　新博

　　延壽十一年歲次甲午
　　二月朔癸卯上旬一日
　　交河郡民公聽上敢望
　　氾延壽春秋 冊六 週

患殞喪辛於辰時以

　　蚎輴靈柩殯葬斯

　　墓氾氏之墓表也

注：①參考延壽十五年(638)氾延海妻張歡臺墓表。②各家錄文皆有不同，現以《墓誌錄》爲準，并參考《新疆文物1989》。③《墓誌錄》將第四行最後一字錄爲"過"，此字當爲"遇"字，"遇患殞喪"爲高昌墓塼中的慣用語。④氾姓，參見和平二年(552)氾紹和及夫人張氏墓塼注釋2。

【《新疆文物1989》，《墓誌錄》，《新疆墓誌》，《索引稿》，《高昌文獻編年》，《王素1999》，《孟憲實2001》，《速水2002》，《磚誌集注》，《墓誌集成》，《統計分析》，《許全勝2007》，《李筍2013》】

205. 侯慶伯墓塼

　　延壽十一年(634)五月廿九日　　塼質　　朱書　　31×35　哈拉和卓　　旅順博物館

　　延壽十一年歲次

　　甲午五月壬申朔

　　廿九日庚子新除

　　領兵將遷兵部參

　　軍侯慶伯春秋五

　　十有八殯葬斯墓

注：《新疆墓誌》誤記爲五月九日。

【《高昌專錄》，《旅博圖錄》，《西域文化》，《西陲後錄》，《墓塼考釋(一)》，《大谷》，《侯燦1984》，《新疆墓誌》，《唐墓誌》，《高昌文獻編年》，《内藤七》，《考古圖譜》，《白須淨真1990》45，《侯燦1992》，《索引稿》,《墓塼題録》,《北京旅順倫敦藏阿斯塔那墓誌》,《孟憲實2001》,《磚誌集注》,《孟憲實2004》197、206,《墓誌集成》,《統計分析》,《李筍2013》】

206.唐阿朋墓表

　　延壽十一年(634)九月廿六日　塼質　朱格朱書　35.6×35×3.6　交河城溝西唐塋　故宫

　　延壽十一年甲午歲

　　九月朔庚午廿六日

　　乙未鎮西府交河郡

　　□爲交河埠上博士

　　田曹參軍唐阿朋春

　　秋六十有六以蚖車

　　靈柩殯斯於墓

注:同墓出土延壽四年(627)唐阿朋妻張氏墓表。

　【《高昌塼集》,《高昌專録》,《白須净真1975》,《侯燦1984》,《彭琪1987》,《新疆墓誌》,《唐墓誌》,《索引稿》,《高昌文獻編年》,《王素1999》,《孟憲實2001》,《磚誌集注》,《孟憲實2004》207,《墓誌集成》,《統計分析》,《故宫藏誌彙編》,《李筍2013》】

207.張善哲墓表

　　延壽十二年(635)閏五月十二日　灰塼　藍地朱格朱書　34×34×4　73TAM504:29　新考

　　延壽十二年歲

次乙未閏月乙

未朔十二日丙

午新除侍郎追

贈諫議郎春秋

七十四張善哲

之墓表

注：TAM504墓共出土墓表九方，除504號原有之延壽十二年（635）張善哲墓表和貞觀十六年（642）張善哲妻麴法臺墓表，餘七方均係斯坦因發掘時從他墓移來之物。

【《文物1975》，《侯燦1984》，《墓誌錄》，《新疆墓誌》，《關尾史郎1991》，《索引稿》，《出土文書貳》344，《高昌文獻編年》，《阿斯塔那出土墓誌》，《孟憲實2001》，《磚誌集注》，《孟憲實2004》194、204，《墓誌集成》，《統計分析》，《李筍2013》】

208.王闍桂墓表

延壽十三年（636）二月四日　塼質　朱書　35.2×36×3.6　交河城溝西王塋　故宮

延壽十三年丙申歲二月

朔辛酉四日薪除甲子

交河郡民鎮西府兵將

王闍桂遇患殞喪春秋

七十有二以蚓車靈殯

葬於墓王氏之墓表

注："鎮西府兵將"官號未見相關研究。

【《高昌塼集》，《高昌專錄》，《高昌陶集》，《白須淨真1975》，《侯燦1984》、《彭琪1987》、《新疆墓誌》、《唐墓誌》、《索引稿》、《高昌文獻編年》、《王素1999》、《孟憲實2001》、《磚誌集注》、《墓誌集成》、《統計分析》、《墓表八種》、《故宮藏誌彙編》、《李筍2013》》

209.張顯祐妻廟表

延壽十三年(636)三月廿三日　灰塼　黑地朱書　34.5×34.5×4.5　86TAM387:1　吐文

延壽十三年

丙申歲三月朔辛

卯定廿三日水丑危

春秋七十一殯葬

廟領兵將張顯祐

妻之廟表

注：《墓塼題錄》作張顯佑，誤。

【《新疆墓誌》、《考古1992》、《索引稿》、《墓塼題錄》、《孟憲實1994a》、《高昌文獻編年》、《阿斯塔那出土墓誌》、《磚誌集注》、《墓誌集成》、《統計分析》、《李筍2013》、《米婷婷2014》】

210.□□羅妻太景墓表

延壽十三年(636)十二月十日　塼質　朱書　35.3×35.3×3　交河城溝西羅塋　故宮

延壽十三年丙申歲十二

月十□□西府交河郡民

參軍□□羅妻太景

春秋五十有二遇患□

喪车於辰時以虮 車

靈柩殯葬於墓

【《高昌塼集》,《高昌專録》,《高昌陶集》,《唐墓誌》,《索引稿》,《高昌文獻編年》,《王素1999》,《磚誌集注》,《墓誌集成》,《統計分析》,《故宫藏誌彙編》,《米婷婷2014》】

211.張師兒王氏墓表

延壽十四年(637)五月二日　灰塼　白地朱竪綫墨書 35×36×4　86TAM386:2　吐文

延和十八年己卯歲九月八日新

除虎牙將軍張師兒追贈明威

將軍春秋七十有二殯葬斯廟

延壽十四年丁酉歲五月朔

甲申平二日乙酉刃春秋

九十九殯葬斯廟焉

王氏之墓表

注:①參考延和十八年(619)張師兒墓表。②第五行的"平"或釋爲"卒"。

【《新疆墓誌》,《考古1992》,《索引稿》,《高昌文獻編年》,《磚誌集注》,《墓誌集成》,《統計分析》】

212.白圾奴墓表

延壽十四年(637)八月廿一日　青塼　朱書　36×36.8×

3.8　04TBM114:1　吐文

　　延壽十四年丁
　　酉歲八月玥癸
　　丑廿一日癸酉
　　右親侍左右白
　　圾奴之墓表焉

注:此墓誌出土於巴達木1號臺地的白氏家族塋院内114墓的墓道内,側立於墓道口向西1.8米墓道南壁處,字面向内。

【《巴達木墓地2006》,《新獲文獻》,《墓誌集成》,《王素2010b》,《李筍2013》】

213.夏相兒墓表

　　延壽十五年(638)十月十六日　灰塼　朱書　35.4×34.8×4　L1.4.43　新博

　　延壽十五年戊戌歲十
　　月朔乙巳定十六日庚申
　　危新除虎牙將軍領府
　　門子第夏相兒等追
　　贈殿中中郎將春秋
　　七十有八殯葬斯墓

注:①十月丙子朔。十一月朔爲乙巳。但從乙巳推算,十六日爲庚申。②《淮南子·天文訓》建除法:巳爲平,午爲定,申爲破,酉爲危。此墓誌書巳爲定,申爲危,均後推一日。

【《侯燦1984》,《墓誌録》,《白須净真1990》45,《索引稿》,《高昌文獻編年》,《阿斯塔那收集墓誌》,《孟憲實2001》,《磚誌集注》,《孟

憲實 2004》205,《墓誌集成》,《統計分析》】

214.氾延海妻張歡臺墓表

　　延壽十五年(638)十月廿七日　灰墣　朱書　33.1×32.5×3.3　56TYM4:1　新博

　　　　延壽十五年歲次戊
　　　　戌十月朔廿七日
　　　　惟故氾延海妻張
　　　　氏夫人歡臺春秋
　　　　年卅七有餘以車
　　　　蚓靈□殯葬斯墓

注:①參考延壽十一年(634)氾延壽(氾延熹)墓表。②氾姓,參見和平二年(552)氾紹和及夫人張氏墓塼注釋。

【《新疆文物1989》,《墓誌錄》,《新疆墓誌》,《索引稿》,《高昌文獻編年》,《速水2002》,《王素1999》,《磚誌集注》,《墓誌集成》,《統計分析》,《李筍2013》,《米婷婷2014》】

215.張銀子妻高臺暈墓表

　　延壽十五年(638)十一月十三日　灰墣　朱書　34×34×3.5　69TAM10:2　新博

　　　　延壽十五年戊戌
　　　　歲十一月朔丙午
　　　　十三日戊午田地
　　　　郡戶曹司馬張銀
　　　　子妻高氏女臺暈

春秋五十殯葬斯墓

注:合葬墓。

【《侯燦1984》,《墓誌錄》,《白須淨真1990》45,《索引稿》,《宋曉梅1994》,《高昌文獻編年》,《阿斯塔那出土墓誌》,《磚誌集注》,《墓誌集成》,《統計分析》,《李筍2013》,《米婷婷2014》】

216.蘇□相墓表

延壽十五年(638)十一月十六日　塼質　朱書　36.7×36×4.3　交河城溝西蘇塋　故宮

延壽十五年戊戌歲十

一月朔丙午十六日辛酉新

田曹主簿轉遷兵將更

遷雜曹參軍蘇□相

遇患殞喪春秋六十

有一以蚵車靈殯

葬斯墓蘇

氏之墓表

【《高昌塼集》,《高昌專錄》,《高昌陶集》,《侯燦1984》,《唐墓誌》,《索引稿》,《高昌文獻編年》,《磚誌集注》,《墓誌集成》,《統計分析》,《故宮藏誌彙編》,《李筍2013》】

217.陽保救妻張臺墓表

延壽十六年(639)二月十三日　灰塼　朱書　35.6×27×4　67TAM92:33　新博

延壽十六年歲

次己亥二月甲

戌朔十三日丙

戌陽保救妻春

秋四十有五張

氏女臺墓表

注：①同墓出土總章元年(668)楊保救(陽保救)墓誌。②最後一行"女臺"後，《磚誌集注》和《墓誌集成》録文中多一"女"字，由於墓塼照片無法辨識，不知此"女"字是否衍字。③張氏年齡小於其夫二十一歲。楊保救爲明威將軍，但張氏墓表中没有記入楊保救的官號。

【《墓誌録》，《索引稿》，《出土文書貳》255，《高昌文獻編年》，《阿斯塔那出土墓誌》，《磚誌集注》，《侯燦2005》，《墓誌集成》，《統計分析》，《米婷婷2014》】

218.趙皐墓塼

延壽十七年(640)前　土質　刻字　尺寸不明
60TAM319　新博

録文不明。

【《墓誌録》，《出土文書壹》465，《侯燦1992》，《索引稿》，《墓塼題録》，《高昌文獻編年》，《阿斯塔那出土墓誌》，《墓誌集成》】

219.趙顯曹墓塼

延壽十七年(640)前　土質　刻字　尺寸不明
60TAM310　新博

録文不明。

注：在TAM308墓中出土延昌廿八年(588)四月廿九日趙顯曹夏田

券及延昌廿八年趙歸妻墓塼。

【《墓誌録》,《出土文書壹》460,《侯燦 1992》,《索引稿》,《墓塼題録》,《高昌文獻編年》,《張銘心 1999》,《阿斯塔那出土墓誌》,《墓誌集成》】

220.醫人墓塼

延壽十七年(640)三月五日　塼質　朱書　吐魯番　藏所不明

　　□□□□□□□人也建莫
　　蓋於上世表□質於今辰歷
　　代名醫流芳三世精窮藥性
　　□□岐伯之風諷侯廢方善
　　□和編之術宜延遐壽救濟
　　□苦天不憖遺以延壽十七
　　年庚子歲三月五日奄然殞
　　命□使君上痛惜朝野嗟傷
　　□親悲□城市寶撲春秋五
　　十有七嗚呼哀哉

注：①《高昌文獻編年》名爲醫者墓誌。②此墓塼記載於王樹枏《新疆訪古録》中。當時與本墓塼同時出土的還有一方墓塼,惜其子携兩墓塼歸京時,途中損毁,不見録文。

【《新疆訪古録》,《墓塼考釋(一)》,《侯燦 1992》,《索引稿》,《墓塼題録》,《高昌文獻編年》,《内藤七》,《磚誌集注》,《墓誌集成》,《統計分析》】

221. 跋兒墓塼(殘)

延壽十七年(640)八月前　土質　刻字　60TAM311　新博

錄文不明。

注：無紀年，土質墓塼多爲高昌國物，故定爲高昌國時期。

【《墓誌錄》，《侯燦1992》，《索引稿》，《出土文書貳》343，《墓塼題錄》，《高昌文獻編年》，《阿斯塔那出土墓誌》】

222. 張曙子墓表

延壽十七年(640)八月前　　紅塼　朱書　38×38×4　73TAM115:35　新考

□□□□九年□□歲□
□□□廿七日□□□□
□□張曙子□□□□雅
志操剛毅□□□□□兄
令授命□□□□□□□
虞斯乃世之英雄邦之後
廋者哉何圖一旦椽木摧
□合境哀嘆四鄰楚目春
秋六十七殯葬之墓表也

注："後廋"，《磚誌集注》認爲是"俊艾"之誤，此詞亦作"俊乂"，指才德出衆的人。延和十二年(613)張順墓表中寫作"儁艾"。

【《墓誌錄》，《索引稿》，《高昌文獻編年》，《阿斯塔那出土墓誌》，《磚誌集注》，《墓誌集成》，《統計分析》】

223.令狐法奴妻趙氏墓塼

延壽十七年(640)八月前　土質　刻字　37×37×15
73TAM525:19　新考

諧議參

軍令狐法

奴妻趙氏

注：諧議參軍爲麴氏高昌所設官職，墓形式屬麴氏高昌國時期。另參見關尾史郎《令狐氏一族の墓誌について》(《吐魯番出土文物研究會會報》第88號，1993年5月1日)

【《墓誌錄》，《索引稿》，《高昌文獻編年》，《阿斯塔那出土墓誌》，《磚誌集注》，《墓誌集成》，《統計分析》，《米婷婷2014》】

224.令狐氏墓塼

延壽十七年(640)八月前　灰塼　朱書　36×36×4
73TAM526:1　新考

□□之墓表七月朔

□己未十六日令狐

□…………□

五十五

□…………□

□…………□

注：此墓表疊書兩次，字迹不清。第一次係細筆書寫，自右向左縱書，第二次係粗筆書寫，縱書，自左向右。第二次書寫略辨"五十五"三字。墓葬形式屬麴氏高昌國時期。另參見關尾史郎《令狐氏一族の墓誌について》(《吐魯番出土文物研究會會報》第88號，1993年5

月1日)

【《墓誌錄》,《索引稿》,《高昌文獻編年》,《阿斯塔那出土墓誌》,《磚誌集注》,《墓誌集成》,《統計分析》】

225.張賢壽墓塼

延壽十七年(640)八月前　土質　刻字　尺寸不明　69TKM30:1　新考

張賢壽

【《文物1972》,《墓誌錄》,《索引稿》,《高昌文獻編年》,《阿斯塔那出土墓誌》,《磚誌集注》,《墓誌集成》,《統計分析》】

226.趙陝妻墓塼

高昌年間(531—640)八月前　土坯　刻字　30×31×4　59TAM306　新博(?)

趙陝妻

注:《阿斯塔那出土墓誌》記録銘文爲"刻字一行",但内容未見記録,應該就是"趙陝妻"三字。另參見延昌廿《趙陝妻墓塼》。

【《文物1960》,《侯燦1992》,《索引稿》,《阿斯塔那出土墓誌》】

227.元貝墓塼

麴氏高昌年間(531—640)　土質　刻字　60TAM328:040　新博(?)

元貝

【《阿斯塔那出土墓誌》第17號】

228. 殘墓塼

麴氏高昌年間(531—640)　土質　刻字　60TAM329：38　新博(？)

録文殘,不識。

【《阿斯塔那出土墓誌》第18號】

二

唐西州時期墓塼

―――

1.賈永究墓表

貞觀十四年（640） 三月十日 灰塼 朱書 35.5×35.5×4 75TKM74:1 新博

延壽十六年己亥

歲三月十日□□

貞觀 閏十月九

□□臣賈永究

年柒拾柒茂

注：①銘文第二行最後二字，侯燦錄爲"左觀"，然所附圖版不清，其中"左"字侯燦注明作"𠂇"，或爲"死"字。②"閏十月"前原字寫作"庬䚄"，侯燦錄爲"貞觀"二字。閏十月在延壽十六年（639）前後出現時間分別爲唐武德四年（621）、貞觀十四年（640）、唐永泰元年（765），延壽十六年和貞觀十四年最近，故錄爲"貞觀"二字當不誤。③第四行頭兩字按文意或爲"日葬"。④"茂"原字寫作"茂"，"柒拾柒茂"，

當爲"柒拾柒歲"。⑤本書墓磚資料排序按埋葬紀年,此墓磚開頭紀年雖爲高昌年號,但埋葬時間當在唐占領高昌以後,因此將此磚置於唐西州時期。

【《侯燦 1984》,《墓誌録》,《索引稿》,《高昌文獻編年》,《阿斯塔那出土墓誌》,《磚誌集注》,《墓誌集成》,《許全勝 2007》,《統計分析》】

2.康業相墓表

貞觀十四年(640)十一月十六日　堉質　朱書　32.3×32.9×4.6　05TYGXM11:1(2005TJM)　吐文

貞觀十四年歲次

在庚子十一月朔

甲子十六日已卯

交河縣民商將康

業相春秋八十有

二以蚑蟜靈殞殯

葬斯 墓 康氏之墓表

注:①此墓表出土於交河雅爾湖墓地東南部的康氏家族塋院 TYGXM11 斜坡墓的墓道内,距墓道東端 0.92 米處,側立於北壁。②唐滅高昌後,實行州縣制,此墓表中已經出現了交河縣的内容。交河縣是唐西州轄縣。"交河縣民"的籍貫名開始出現。③"商將"應該是職官名,從康業相的埋葬時間看,此"商將"應該屬麴氏高昌時期。康業相作爲粟特人後裔,其所有的"商將"的官職,與粟特語"薩寶"一詞當有關聯。

【《康氏家族墓 2006》,《張銘心 2007》,《李肖 2007》,《新獲

文獻》】

3.張子慶墓表

　　貞觀十四年(640)十一月廿八日　灰塼　朱格墨地朱書 38.5×38.5×6　69TAM111:1　新博

　　貞觀十四年歲

　　次庚子廿八日辛

　　卯將張子慶春

　　秋柒拾有伍於

　　貞觀十四年殞

　　葬斯墓表也

注:①參考貞觀廿二年(648)張子慶妻墓表。②此墓塼不知爲什麽沒有紀月。貞觀十四年十一月廿八日是辛卯。貞觀十四年八月癸巳(二十八日),交河道行軍大總管侯君集平高昌,以其地置西州。(《舊唐書·太宗紀》)

【《墓誌錄》,《索引稿》,《阿斯塔那出土墓誌》,《磚誌集注》,《統計分析》,《劉光蓉2011》,《米婷婷2014》】

4.任阿悦妻劉氏墓表

　　貞觀十五年(641)二月廿三日　朱書　40×41×4.3　交河城溝西任塋　故宮

　　貞觀十五年二月朔

　　壬辰廿三日甲寅交

　　河縣民鎮西府内將

　　任阿悦妻劉春秋六

十有三以虬輴靈殯

　　葬斯暮任氏之墓表

注：①不知妻劉氏的墓表爲何最後書寫"任氏之墓表"而不是"劉氏之墓表"。②"鎮西府内將"亦稱"鎮西府將""内將"。參考義和四年（617）唐舒平墓表、延和二年（603）唐元護妻令狐氏墓表、延和十年（611）唐仲謙墓表。③録文第五行第五字《高昌塼集》據墓表録作"蛛"，同行第六字《高昌塼集》録作"幬"，此二字高昌墓塼中亦作"虬輴"。

【《高昌塼集》，《高昌陶集》，《侯燦 1984》，《新疆墓誌》，《唐墓誌》，《索引稿》，《唐代文獻編年》，《白須净真 1975》，《王素 1999》，《郭玉海 2001》，《許全勝 2007》，《磚誌集注》，《統計分析》，《故宮藏誌彙編》，《陳國燦 2012》232，《米婷婷 2014》】

5.夏白兒墓塼

　　貞觀十六年（642）正月十六日　　灰塼　朱書　37×37×4
L1.4.37　新博

　　惟貞觀十六年

　　歲次壬寅正月朔

　　丁未十六日辛酉

　　故夏白兒春秋七

　　十有八殯葬斯墓

注：本墓表右側有朱書"丁未"二字，應該是銘文書寫者爲計算干支日所書寫的朔日。然依長曆貞觀十六年正月朔爲丁巳。墓表所書干支紀日如依丁未朔計算，十六日當不是辛酉，而是辛酉後一日的壬戌。

【《墓誌錄》,《索引稿》,《阿斯塔那收集墓誌》,《磚誌集注》,《統計分析》】

6.麴氏墓表

貞觀十六年(642)二月廿五日　灰塼　墨地朱書　33×33×5　72TAM171:1　新考

　　貞觀十六年
　　二月廿五日
　　□□□妻麴
　　□□□表也

注：Ⅱ式墓塼在麴氏高昌國末期已較少使用。參考《張銘心1999》。

【《墓誌錄》,《索引稿》,《出土文書貳》73,《阿斯塔那1972—1973》,《阿斯塔那出土墓誌》,《施新榮2001》,《磚誌集注》,《統計分析》,《米婷婷2014》】

7.張難陁墓表

貞觀十六年(642)三月廿九日　灰塼　藍地朱書　39.5×39.5×4　TAM197:2　新考

　　貞觀十六年歲
　　次壬寅三月丙
　　辰朔十九日甲
　　戌春秋七十有
　　五張難陁之墓
　　表

注：①同墓出土延昌卅八年(598)張難陁妻孟氏墓表。②唐占領高

昌初期的墓塼銘文中,均不見書寫官號,這應是新王朝統治之下不宜書寫舊王朝官號之故。但此墓表主人張難陁之妻孟氏死於598年(時張難陁三十二歲),其墓表中亦無其夫的官號。或許張難陁就是一位處士。

【《墓誌錄》,《新疆墓誌》,《索引稿》,《阿斯塔那1973》,《阿斯塔那出土墓誌》,《磚誌集注》,《統計分析》】

8.嚴懷保妻左氏墓塼

貞觀十六年(642)四月六日　灰塼　朱書　38×41×3.6　67TAM78:1　新博

惟貞觀十六

年歲次壬寅

四月乙酉朔六

日庚寅故嚴懷保

妻左氏春秋卅有

五殯葬斯墓

注:①合葬墓,出土墓塼一方。②貞觀十六年四月朔日爲丙戌,而非其前一日乙酉。從丙戌朔推算,六日爲辛卯,非前一日的庚寅。

【《墓誌錄》,《索引稿》,《出土文書貳》71,《阿斯塔那出土墓誌》,《磚誌集注》,《統計分析》,《李方2010》223、295、365、366,《李方2013b》232,《米婷婷2014》】

9.張隆悦妻麴文姿墓塼

貞觀十六年(642)四月廿三日　灰塼　藍地朱書　前六字刻字填朱　36×36×4.5　73TAM519:35　新考

貞觀十六年歲次壬

寅四月乙酉朔張

隆悅妻麴氏文

姿春秋廿有七即

以其月廿三日

殯葬斯墓

注：唐占高昌後，強制虜走高昌豪族，故此階段西州境內應無較高地位的高昌人。墓塼中無官號是否與此有關？此外，麴文姿是否與麴文泰有親族關係？

【《墓誌錄》，《新疆墓誌》，《索引稿》，《出土文書貳》71，《宋曉梅1994》，《阿斯塔那出土墓誌》，《施新榮2001》，《磚誌集注》，《磚刻銘文集》，《統計分析》，《米婷婷2014》】

10.曹氏墓表

貞觀十六年（642）六月六日　灰塼　白地朱書　36×38.5×4.5　56TYM104　新博

貞觀十六年歲次

□丑寅六月朔□

□六日庚寅交河

縣□□□□□

殯□□□柩靈除

殯葬斯墓曹氏之

墓表

注：①此墓表圖版無法識別，此前諸家錄文中，"歲次"後均留有一空

格,難於理解,因爲"歲次"之後出現的應該是干支,而諸家錄文中於空格後又錄有"丑寅"二字。貞觀十六年爲歲次壬寅(六月朔乙酉),"丑寅"誤,且"丑寅"非干支紀年。《磚誌集注》直接錄爲"壬寅",但無法解釋"壬寅"前一空格。②交河縣後字殘,不知爲官號或籍貫,爲籍貫的可能性較大。

【《新疆文物1989》,《墓誌錄》,《索引稿》,《磚誌集注》,《統計分析》】

11. 張善哲妻麴法臺墓塼

貞觀十六年(642)十二月十三日　灰塼　藍地朱格朱書　33×33×3.5　73TAM504:28　新考

貞觀十六年歲

次壬寅侍郎張

善哲妻麴氏名

法臺春秋有六

十六十二月十

日三殯葬斯墓

注:①同墓出土延壽十二年(635)張善哲墓表。②最後兩行的"十日三"應是"十三日"的誤寫。③張善哲於延壽十二年(635)故去,侍郎官號追贈諫議郎。可知夫人麴氏墓表中的官職爲麴氏高昌國的官職。④TAM504墓共出土墓表九方,除504號原有之延壽十二年(635)張善哲墓表和貞觀十六年(642)張善哲妻麴法臺墓表,餘七方均係斯坦因發掘時從他墓移來之物。

【《文物1975》,《墓誌錄》,《新疆墓誌》,《關尾史郎1991》,《索引稿》,《出土文書貳》344,《宋曉梅1994》,《阿斯塔那出土墓誌》,《施新

榮 2001》,《磚誌集注》,《統計分析》,《米婷婷 2014》】

12.張謙祐妻嚴氏墓表

　　貞觀十六年(642)四月六日　　灰墡　朱絲方格朱書 34×34×4　86TAM:2　吐文

　　　唐貞觀十六年歲

　　　次壬寅四月景戌

　　　朔六日辛卯張謙祐

　　　妻嚴氏春秋□

　　　十有五□□二日

　　　□□□□墓□

注：①以上錄文主要據發掘報告錄成。《新疆墓誌》的錄文較《考古 1992》殘欠甚多。但第五行的最後一字"日"爲《新疆墓誌》釋出。②同墓出土延壽七年(630)張謙祐墓表。張謙祐的官號是"新除兵部主簿轉兵部參軍遷中兵主簿追贈殿中中郎將"。其妻墓表中無官號，應是改朝換代之故。但以上數方墓表中也有記入麴氏高昌國時期官號的現象。③張謙祐之外，尚見延壽十三年(636)有張顯祐妻廟表，張謙祐與張顯祐或是同族兄弟。

【《新疆墓誌》,《考古 1992》,《索引稿》,《墓墡題錄》,《磚誌集注》,《統計分析》,《西域碑銘錄》,《米婷婷 2014》】

13.唐神護墓表

　　貞觀十八年(644)十月十五日　　朱書　35.2×35.2×4.3 交河城溝西唐塋　故官

　　　貞觀十八年歲次

甲辰十月朔辛丑

十五日乙卯西州

交河縣民岸頭府

旅帥唐神護春秋

卅有七以虯車靈

柩殯葬於墓唐

氏之墓表

注：①同墓出土唐神護墓塼。②第五行第一字當釋爲"旅"。"西州交河縣民岸頭府旅帥"爲所見高昌墓塼中最早出現的唐代職官號。"旅帥"爲折衝府官，從八品上。然據武德、乾封令、諸府旅帥、正七品下。此旅帥唐神護當爲正七品下。參見《舊唐書·職官志》"從第八品上階"條。

【《高昌塼集》，《白須净真1975》40 注 63,《新疆墓誌》,《唐墓誌》，《索引稿》，《唐代文獻編年》，《磚誌集注》，《李方2005》，《統計分析》，《故宫藏誌彙編》，《李方2010》388,《李方2013a》60】

14.唐神護墓塼

貞觀十八年(644)　塼質　右側刻字填朱　36×35×3.7

交河城溝西唐塋　　故宫

帥唐神護

注：①此墓塼與唐神護墓表同出唐塋15號墓。黄文弼判斷應爲同一墓主的墓誌。②塼文刻於塼側。③此前多録爲"師唐神護"，《磚誌集注》録文爲"帥唐神護"，并認爲"帥"指的是"旅帥"。④《磚刻銘文集》編號1102將其年代歸爲高昌國時期。

【《高昌塼集》，《高昌陶集》，《磚誌集注》，《磚刻銘文集》，《統計

分析》,《故宮藏誌彙編》】

15.張海佰墓塼

　　貞觀十九年(645)十一月七日　灰塼　墨地朱書　36×36×4　L1.4.35　新博

　　貞觀十九年十一

　　月朔乙丑滿七日辛未

　　□高昌縣武城鄉六樂

　　里張海佰者高昌人也

　　春秋六十有七殯

　　葬斯墓也

注:①亦有錄作"張海伯"者。②雖然延壽年間的墓塼中也出現有"交河郡民"和"西府交河郡民"等籍貫的記錄,但此墓塼銘文中的籍貫內容很是不同。有一種感情色彩很強的強調感。說明了什麼問題?與唐強制虜走高昌豪族有關否?③《張廣達1988》引注本墓塼出處為《墓誌錄》,但張文最初發表於1988年,而《墓誌錄》發表於1990年。

【《張廣達1988》,《墓誌錄》,《索引稿》,《孟憲實1994b》,《阿斯塔那收集墓誌》,《磚誌集注》,《統計分析》】

16.張元隆墓銘

　　貞觀廿年(646)二月十三日　青塼　朱書　35×35×4.4　05TMM209:1　吐文

　　　　□…□廿年二月十三日張元隆墓客

　　　　□…□之禮(禎?)泰非(妃?)計空春秋

□……□年始三十爲劉武王碑

　　堂□□□尋後傳託(僞?)爲劉武

　　□……□軍民□化也

　　□……□青俳侗□道既

　　□……□年少故作丹客焉

　　□……□審識公銘十三日主

　　□……□貞觀廿年二月十三

　（後缺）

注：①此墓誌出土於木納爾2號臺地的張氏家族塋院内209墓道口西側。②關於高昌墓塼朱書、墨書的書寫形式，至今無從解釋。裴成國對此墓塼銘文中"……年少，故作丹客焉"的解釋是"因爲張元隆英年早逝，所以塼誌用朱書"(《裴成國2012》)。此解說不妥，"丹銘"的意思不能簡單地解釋爲朱書，而是"墓誌銘"之意。③銘文中的"客"即"銘"，"剾"即"剛"。

【《木納爾墓地2006》，《新獲文獻》，《裴成國2012》】

17. 成伯熹墓銘

　　貞觀廿年(646)五月　　數據不明

　　維貞觀廿年歲次

　　景午五月朔壬辰

　　廿九日庚申武騎

　　尉成伯熹春秋五

　　十九墓銘

注：1946年5月，畫家韓樂然在阿斯塔那發掘古墓，據聞所得墓塼八方。後至蘭州展覽，有兩方在《民國日報》著錄，一方是延和四年

(605)四月廿五日趙宣墓表,另一方是此成伯熹墓銘。録文根據《磚誌集注》。銘文中"墓銘"的使用值得關注,高昌墓塼的自稱自此墓塼開始出現變化。

【《民國日報》1949年9月12日,《藝術考古》,《侯燦1992》,《索引稿》,《墓塼題録》,《唐代文獻編年》,《王素2002》,《磚誌集注》,《張銘心2007》,《李方2008》,《統計分析》,《李方2013a》229】

18.張延衡妻麴氏墓塼

貞觀廿年(646)六月廿八日　　灰塼　朱書　36×36×4.5
72TAM199:3(Ast.i.4)　　新考

惟貞觀廿年歲次丙午

六月辛酉朔廿一日

騎都尉張延衡妻

麴氏春秋五十有

二即以其年六月

廿八日殯葬斯墓

注:①參考貞觀廿年(646)張延衡墓表。②麴氏高昌國時期墓塼的紀年均是埋葬紀年,而此墓塼由於文末書有埋葬日期(六月廿八日),故開頭的六月廿一日當是死亡日期。此爲高昌墓塼紀年中的異例。③妻的墓塼中一般只書寫其夫最後的任職官號,此爲一例。④《墓誌録》録文爲"六月辛酉朔廿一日",《斯坦因文書研究》及《磚誌集注》録文爲"六月辛酉朔廿七日"。⑤TAM199墓出土之延昌卌一年(601)張阿質妻麴氏墓表、重光元年(620)張阿質墓表、唐永徽三年(652)王歡悅墓表、唐永淳元年(682)氾智□墓塼、高昌延壽二年(625)王伯瑜妻唐氏墓表、貞觀廿年(646)張延衡妻麴氏墓表,均

係斯坦因發掘而未帶走,後存入此墓者。⑥《磚誌集注》徵引文獻注釋文獻出處爲《亞洲腹地》第三卷附錄Ⅰ第1034頁,不知何據。

【《墓塼考釋(一)》、《墓誌錄》、《新疆墓誌》、《侯燦1992》、《索引稿》、《宋曉梅1994》、《斯坦因文書研究》165、《墓塼題錄》、《阿斯塔那出土墓誌》、《施新榮2001》、《磚誌集注》、《統計分析》、《李方2013a》223、《米婷婷2014》】

19.張延衡墓表

貞觀廿年(646)十月廿一日　灰塼　黑地朱書　35×35.5×3.5　73TAM504:34(Ast.i.4)　新考

惟貞觀廿年歲次丙午十
月己未朔廿一日己卯新
除侍郎轉門下校郎遷洿
林令遷淩江將軍洿林令
如故更遷淩江將軍祀部
長史後遷倉部郎中洿林
令如故大唐統禦澤被故
老蒙授騎都尉春秋八十
有二張延衡之墓表

注:①參考貞觀廿年(646)張延衡妻麴氏墓表。②TAM504墓共出土墓表九方,除504號原有之延壽十二年(635)張善哲墓表和貞觀十六年(642)張善哲妻麴法臺墓表,餘七方均係斯坦因發掘時從他墓移來之物。③唐太宗滅高昌,遷徙高昌國王室麴氏和一些大家族如張氏到長安和洛陽。從張延衡的官歷看,其官職不可謂不高。但他未被帶到中原,且被封爲唐朝官員。騎都尉,勳官,從五品上。

640年時張延衡七十六歲，或許是年齡關係未去中原。(李方先生贊同這一觀點，參見《李方2008》，裴成國後來的研究中也持完全相同的觀點，參見《裴成國2012》)④《貞觀年中巡撫高昌詔》[池田温推定爲貞觀十六年(642)，參考同氏書評《西域文化研究》第二《敦煌吐魯番社會經濟資料》(上)，《史學雜誌》第69卷第8號，1960年，第85—86頁注記6]："高昌舊官人并首望等，有景行淳直及爲鄉閭所服者，使人宜共守。安西都護喬師望，量擬騎都尉以下官，奏聞。"(《文館詞林》卷六六四)。相關內容參考《白須净真1975》。⑤《磚誌集注》徵引文獻注釋文獻出處爲《亞洲腹地》第三卷附錄Ⅰ第1035頁，不知何據。

【《文物1975》，《白須净真1975》32、34，《墓塼考釋(一)》，《白須净真1979》36，《侯燦1984》，《王素1989》，《墓誌錄》，《新疆墓誌》，《索引稿》，《宋曉梅1994》，《唐代文獻編年》，《侯燦1992》，《斯坦因文書研究》166，《關尾史郎1991》，《墓塼題錄》，《王素1999》，《阿斯塔那出土墓誌》，《磚誌集注》，《李方2008》，《統計分析》，《裴成國2012》，《李方2013a》223】

20.唐妻辛英疆墓表

貞觀廿一年(647)正月廿五日　塼質　朱書　34.7×36.3×4.3　交河城溝西唐塋　故宮

貞觀廿一年歲次丁

未正月戊子朔廿五

日壬子交河縣神山

鄉民唐妻辛忽遭

時患以今月十九日身

便□亡春秋一十有七宜向

□露殯葬於墓氏唐之

墓表

唐妻辛英疆之墓表

注：末行刻字於墓塼側面。

【《高昌塼集》，《高昌陶集》，《白須净真1975》，《唐墓誌》，《索引稿》，《磚誌集注》，《統計分析》，《故宮藏誌彙編》，《米婷婷2014》】

21.唐武悦墓表

貞觀廿一年(647)九月七日　灰塼　黑地刻竪格朱書 34×34×5.5　64TAM16:18　新博

維貞觀廿一年歲次

丁未九月甲申朔七

日庚寅新除兵部

參軍屬大唐統

馭澤及西州蒙授

雲騎尉春秋六十

八唐武悦之墓

表

注：①兵部參軍，鞠氏高昌國六等官，參考侯燦《侯燦1984》。雲騎尉，唐勛官，正七品上。西州時期，唐中央政府授與高昌舊豪族的官號有騎都尉、飛騎尉、雲騎尉、武騎尉等，均是勛官。參考《舊唐書·職官志》。又參考《文館詞林》卷六六四《貞觀年中巡撫高昌詔》。②唐武悦卒年六十八，上推貞觀十四年，唐武悦時年六十一，或許唐政府徙高昌大族至中原的最高年齡在六十歲。

【《侯燦1984》,《墓誌錄》,《新疆墓誌》,《索引稿》,《朱雷1993》,《出土文書叄》34,《阿斯塔那出土墓誌》,《朱雷2000》95,《唐代文獻編年》,《磚誌集注》,《李方2008》,《統計分析》,《裴成國2012》,《李方2013a》223、224】

22.王歡岳墓塼

貞觀廿二年(648)五月廿日　灰塼　黑地朱書　38×38×3.5　73TAM504:35　Ast.ix.4（1/8）　新考

維貞觀廿二年歲
次戊申五月辛巳
朔廿日庚子新除
雲騎尉王歡岳春
秋六十有七即以
其月廿日奄喪老
年殯葬斯墓

注：①斯坦因編號爲Ast.ix.4。墓內無紙文書,亦無他物。出土王歡岳墓表之墓與王歡悅墓并排,應是同一家族。②斯坦因發掘墓塼多未帶走,後從TAM504墓再出土。③雲騎尉,唐勳官,正七品上。王歡岳墓表中未見麴氏高昌國的職官名,入唐後"新除"正七品勳官。前揭貞觀廿一年的唐武悅墓表,唐武悅是因有兵部參軍的官職而被授與相應的雲騎尉,那麼王歡岳的雲騎尉的授與則是另有他因。白須氏認爲這與王氏的名望家族有關。④《磚誌集注》徵引文獻注釋文獻出處爲《亞洲腹地》第三卷附錄Ⅰ第1035頁和第四卷圖版,實則只見於第三卷中。

【《亞洲腹地》3/127,《墓塼考釋（一）》,《侯燦1984》,《墓誌錄》,

《新疆墓誌》,《侯燦 1992》,《索引稿》,《斯坦因文書研究》362,《墓塼題録》,《白須净真 1975》32—36,《阿斯塔那出土墓誌》,《朱雷 2000》95,《唐代文獻編年》,《磚誌集注》,《統計分析》,《裴成國 2012》】

23.張子慶妻墓塼

貞觀廿二年(648)七月八日　灰塼　灰地朱格朱書　35×35×4.5　69TAM111:2　新博

惟貞觀廿二年七月
庚辰朔八日丁亥夫
人四德内明榮順尅
著幼事舅姑有敬順
之名雍穆五親有休
譽之稱宜延遐壽蔭
蓋家門何圖一旦奄
然殞逝遂使四鄰酸
楚宗親悲號春秋七
十有九殯葬斯墓

注:①夫婦合葬墓。同出貞觀十四年(640)張子慶墓表。②此墓表無墓主人的名諱。因同墓出土張子慶墓表,故知爲張子慶妻墓表。

【《墓誌録》,《索引稿》,《阿斯塔那出土墓誌》,《磚誌集注》,《統計分析》】

24.王朋顯墓表

貞觀廿二年(648)十一月十五日　塼質　朱書　35×35.6　交河城溝西王塋　故宫

維大唐貞觀廿二年歲次戊申
　　　十一月戊寅朔五日壬午西州交
　　　河縣神山鄉人王朋顯殯葬
　　　於墓封姓蔥易執棗
　　　貞純春陸秋拾壹十
　　　一月五日殯葬於墓
　　　是王之墓表

注：①"春陸秋拾壹"爲"春秋陸拾壹"的誤書，銘文中有倒書符號。②《張廣達1988》引注本墓塼出處爲《墓誌錄》，但張文最初發表於1988年，而《墓誌錄》發表於1990年，不知何故。

【《高昌塼集》，《高昌陶集》，《張廣達1988》，《新疆墓誌》，《唐墓誌》，《索引稿》，《孟憲實1994b》，《白須净真1975》，《許全勝2007》，《磚誌集注》，《統計分析》，《故宮藏誌彙編》】

25.孟隆武墓塼

　　　貞觀廿四年(650)二月二日　朱直格朱書　35.3×35.3×5
交河城溝西孟塋　故宮
　　　貞觀廿四年二月朔
　　　二日交河縣白丁孟
　　　隆武申時亡春秋叁
　　　拾有三封性蔥穎執
　　　早貞脣有雜諸財無
　　　有比嫡宜向衡靈殯
　　　葬斯暮有一比丘引
　　　道直行

注：①墓主爲"白丁"。②此墓表開始出現佛教相關詞彙。

【《高昌塼集》,《高昌陶集》,《白須净真1975》,《新疆墓誌》,《唐墓誌》,《索引稿》,《許全勝2007》,《磚誌集注》,《統計分析》,《故宫藏誌彙編》】

26.氾朋祐墓表

　　永徽元年(650)五月廿八日　　塼質　　朱書　　36.6×36.6×5　交河城溝西氾塋　　故宫

　　永徽元年歲次庚

　　戌五月朔己亥西州

　　交河縣人氾朋祐

　　春秋六十六暇寤

　　於先西城殞靈葬此

　　□廿八日氾氏之墓表

注：氾朋祐墓表與和平二年(552)氾紹和墓塼同墓塋出土。

【《高昌塼集》,《高昌陶集》,《新疆墓誌》,《孟憲實1994b》,《白須净真1975》,《索引稿》,《速水2002》,《磚誌集注》,《統計分析》,《故宫藏誌彙編》】

27.杜相墓表

　　永徽二年(651)二月廿日　　塼質　　墨地朱格朱書　　37.5×37.5×4　　65TAM42:47　　新考

　　維永徽二年歲

　　次辛亥二月朔

　　乙丑廿日甲申

武牙將軍杜相

　　轉頭武騎尉春

　　秋七十有一□

　　葬斯墓之表也

注：①夫婦合葬墓。同墓出土杜相衣物疏一件。②武牙將軍，麴氏高昌國官號，第八等級。武騎尉，唐勳官，從七品上。③《文館詞林》卷六六四《貞觀年中巡撫高昌詔》。④《冊府元龜》卷九九一："永徽二年(651)十一月丁丑，以高昌故地置西都護府，以尚舍奉御天山縣公麴智湛爲左驍衛大將軍兼安西都護、府(西)州刺史，往鎮撫焉。"

【《墓誌錄》，《索引稿》，《出土文書叁》110，《阿斯塔那出土墓誌》，《唐代文獻編年》，《磚誌集注》，《裴成國 2007》，《李方 2008》，《統計分析》，《李方 2010》179，《劉安志 2011》38，《李方 2013a》224】

28.王歡悅墓表

　　永徽三年(652)九月十六日　　灰博　　朱書　　33.5×33.5×4
TAM199:1　Ast.ix.1.(1/8)　新考

　　維永徽三年歲次壬

　　子九月乙卯朔十六

　　日庚午新除侍郎轉

　　殿中將軍屬大唐啓

　　運澤被西州授驍騎尉春

　　秋七十四王歡悅之墓表

注：①斯坦因發掘品，後被存放在 TAM199 墓中，斯坦因編號爲 Ast.ix.4。TAM199 墓出土之延昌卌一年(601)張阿質妻麴氏墓表、重光元年(620)張阿質墓表、唐永徽三年(652)王歡悅墓表、唐永淳

元年(682)氾智□墓塼、高昌延壽二年(625)王伯瑜妻唐氏墓表、貞觀廿年(646)張延衡妻麴氏墓表，均係斯坦因發掘而未帶走，後存入此墓者。②參考乾封二年(667)王歡悦夫人麴氏墓銘。③殿中將軍，麴氏高昌國官號，屬第五等級。驍騎尉，唐勛官，正六品上。④出土貞觀廿二年(648)王歡岳墓表之墓與王歡悦墓并排在同一石欄綫内，應是同一家族。王歡岳葬於貞觀廿二年(648)，時年六十七歲，王歡悦葬年永徽三年(652)，時年七十四，王歡悦比王歡岳年長三歲。⑤《磚誌集注》徵引文獻注釋文獻出處爲《亞洲腹地》第三卷附録Ⅰ第1036頁和第四卷圖版，實則只見於第三卷中。

【《亞洲腹地》3/127，《白須净真1975》32、35，《墓塼考釋（一）》，《墓誌録》，《新疆墓誌》，《關尾史郎1991》，《侯燦1992》，《索引稿》，《朱雷1993》，《墓塼題録》，《斯坦因文書研究》338，《阿斯塔那出土墓誌》，《唐代文獻編年》，《磚誌集注》，《統計分析》，《李方2010》205，《劉安志2011》33，《李方2013a》224，《李方2013b》220、223】

29.趙松柏墓塼

永徽四年(653)十一月十三日　灰塼　黑地朱書　36×35×3.5　59TAM302:1　新博

維永徽四年歲次癸丑十一月己
西朔十三日辛酉新除都
官主簿趙松柏行都官參
軍事屬大唐啓運澤被西
州蒙授武騎尉方將竭誠奉國蔭
敝家門何圖一旦奄然殞逝遂使
親族悲號鄉閭數泣春秋五十九

□□……………□嗚呼哀哉

注：①《白須淨眞1975》著録爲"趙松伯"。②都官主簿與都官參軍均爲麴氏高昌國官號，分別是第七等和第六等。武騎尉，唐勳官，從七品上。又參考《文館詞林》卷六六四《貞觀年中巡撫高昌詔》。

【《文物1960》，《白須淨眞1975》37，《侯燦1984》，《墓誌録》，《索引稿》，《出土文書貳》179，《阿斯塔那出土墓誌》，《唐代文獻編年》，《磚誌集注》，《李方2008》，《統計分析》，《劉安志2011》48、49，《裴成國2012》，《李方2013a》224】

30.張團兒銘

永徽四年（653）十二月六日　灰塼　藍地刻格朱書　36×50×4.5　73TAM221：1　新考

　　維永徽四年十二月六日葬
　　交河縣尉張團兒銘
　　君姓張字團兒高昌人也啓
　　洪源於上古挺玉質於今辰
　　嘉胤荴蔬流芳萬代君以星
　　辰下降更粟精靈山岳上昇
　　便成秀氣前授東宮府門子弟
　　將屬大唐□□抽擢良能
　　授洛州懷音府隊正役征遼
　　□□驍騎尉天降慈恩放還
　　鄉□仍授徵事郎西州交河
　　縣尉方將竭誠□節上報國
　　恩天不愁遺淹然殞逝遂使

上下嘆惜同位嗟傷春秋五
十□□殯葬斯墓嗚呼哀哉

注：①第一行書寫於側面。②此墓磚寫法與前面所列墓表比較，有些不同：開始出現追述墓主人祖宗、表述墓主人不切實際的諛詞，故定名爲"墓誌"。墓誌出現後，墓表逐漸減少，甚至被其代替。此墓誌自稱"銘"。但從以後出現的墓誌銘來看，銘是指銘詞，是一種文詞對偶的具有概括性的詩文。（以上《磚誌集注》原注）③按墓塼的名稱，此處以墓塼自名爲準。④東宮府門子弟將，麴氏高昌國官號，第八等級。懷音府隊正……從以上內容看，張團兒應是唐從高昌強制虜走的高昌豪族。在中原被任命爲懷音府隊正。後因征遼東有功，授驍騎尉，放還歸鄉。在高昌爲徵事郎。這是所見的第一例記載高昌人在高昌爲職事官吏的墓塼。⑤墓文先寫交河縣尉張團兒，後又寫高昌人。按西州時期墓塼的書寫習慣，"高昌人"與"高昌縣人"混用，"交河人"與"交河縣人"混用。故此張團兒應是高昌縣人但曾經在交河縣任官。

【《侯燦1984》，《墓誌錄》，《新疆墓誌》，《白須淨真1992》119，《朱雷1993》，《索引稿》，《孟憲實1994b》，《出土文書叁》303，《阿斯塔那1973》，《阿斯塔那出土墓誌》，《唐代文獻編年》，《磚誌集注》，《孟憲實2004》339，《張銘心2007》，《李方2008》，《統計分析》，《李方2010》174，《劉安志2011》36，《陳國燦2012》145、146、195、233，《裴成國2012》，《李方2013a》212】

31.張元峻墓塼

永徽四年(653)二月七日　灰塼　黑地刻格朱書　33.5×33.5×4　73TAM208:1　新考

維大唐永徽四年歲次癸丑十

二月七日諱張元峻性張氏

高昌人公啓洪原於上古權

妙質於今辰嘉胤扶梳流名

振於萬代但以舊邦受職任

僞教郎將軍蒙運載入聖朝

復蒙 雍 州白石府校尉□即

弘之白職勿爾翔生以春秋

四十四葬於□首親羅悲裂

子息號泣閭里酸吟嗚呼哀

哉殯葬故造斯墓

注：侯燦修正第七行的"西州"應爲"雍州"。白石府的相關研究，請參考《侯燦2005》。倒數第三行原錄爲"親罪"，《葉貴良2003》認爲是"親羅"，此詞又見於乾封二年(667)范永隆夫人貫阿女墓誌。

【《墓誌錄》，《新疆墓誌》，《索引稿》，《孟憲實1994a》，《出土文書叄》95，《阿斯塔那出土墓誌》，《唐代文獻編年》，《磚誌集注》，《葉貴良2003》，《侯燦2005》，《統計分析》，《陳國燦2012》145、233，《裴成國2012》】

32.史伯悅妻麴氏墓表

永徽五年(654)四月十九日　博質　墨地朱書　36.3×35×4　交河城溝西史塋　故宮

永徽五年歲次丁丑

四月朔丙子十九日

癸巳交河縣故帶閣

主簿史伯悦妻麴氏

春秋六十有四殯葬

斯墓嗚呼哀哉嗚

呼哀哉史氏之墓表

注：①同墓出土延壽八年（631）史伯悦墓表。②《磚誌集注》原注：永徽五年歲次甲寅而非丁丑；依四月朔丙子推算，十八日爲癸巳，十九日當爲甲午。

【《高昌塼集》，《高昌陶集》，《侯燦1984》，《索引稿》，《王宗磊1998》，《施新榮2001》，《郭玉海2001》，《磚誌集注》，《統計分析》，《墓表八種》，《故宮藏誌彙編》，《米婷婷2014》】

33.董□隆母令狐氏墓塼

永徽五年（654）十月廿九日　灰塼　朱格朱書　32.5×31×4　1979年吐魯番五星公社　吐文

大唐永徽伍年十月廿九日董□

隆母令狐年八十有餘

安西都護府天山縣南平鄉

右授魏州頓丘縣達安鄉君

牒奉　詔版授官如右

右牒　貞觀廿三年九月

七日典王仵牒朝散郎行

戶曹參軍判使事姬孝敏

敕使使持節西伊庭三州諸軍事

兼安都護西州刺史上柱國譙國公柴哲威

注：①此墓塼無自稱。侯燦氏定名爲《董□隆母令狐氏詔版》。②最後一行第二字後當缺一"西"字。③柴哲威在貞觀廿三年至永徽二年（649—651）爲西州（交河郡）刺史。參見郁賢皓《唐刺史考全編》卷四五《隴右道·西州（交河郡）》"柴哲威"條。

【《文物1984》，《張廣達1988》，《墓磚拾遺》，《墓誌錄》，《柳洪亮1984》，《侯燦1992》，《墓塼題錄》，《孟憲實1993》，《磚誌集注》，《孟憲實2004》374、375，《統計分析》，《李方2008》，《李方2010》4、127，《劉安志2011》13，《李方2013a》126、127、128、215、216、246，《西域碑銘錄》，《米婷婷2014》】

34.宋懷熹墓誌

永徽六年（655）二月十五日　塼質　白綫格灰地朱書　55×42×6　66TAM44:1　新博

宋□墓誌

君姓宋諱懷熹西州高昌縣人也君稟氣松蘭韜奇至
石忠信之節遐邇咸周仁義之方供纖盡備隨光武
王爰命行人使君爲左右於是長劍不脱祀承階宇積
有年紀功業可嘉乃授君武牙將軍以彰報德於時馭
馳效野邊塞塵清即遷東宮廳上子弟舊職如故英才
勁勇武藝應時又轉爲廳上幹將於是聲超華夏譽振
關西我大唐文武不遺更量授飛騎尉以酬庸效然
而生存歸往人理同之粵以永徽六年歲次乙卯二月
辛丑朔十五日乙卯春秋七十有八坔於私弟嗚呼□
□超忽桂□□消哲人斯逝式此銘謡乃爲詞曰猗歟
□人□志立節博達前賢才過往哲其一蘭堂永謝荒隧

□依悲哉松檀棲鳥忘歸其二隴上雲□山□□□□
□□遊瀍魂是托(託)

注:①亦有錄作"宋懷惪"者。②本墓誌前有題名,中有序,後有銘(詞)。這種文體已經與中原墓誌没有差別。③文中的光武王即鞠文泰。武牙將軍即虎牙將軍,爲避唐諱而改,屬鞠氏高昌國將軍戎號第八等級。④在66TAM50墓出土有《高昌追贈宋懷兒虎牙將軍令》。66TAM50墓與本墓及TAM48墓在同一墓域,王素認爲,宋懷熹與宋懷兒是同宗兄弟關係。另外王素還認爲,TKM12墓出土的龍朔四年(664)宋懷仁墓誌中的宋懷仁也是宋懷熹的同宗兄弟。(參考《王素1993》)

【《侯燦1984》,《墓誌錄》100,《王素1993》,《索引稿》,《孟憲實1994b》,《出土文書叁》66,《阿斯塔那出土墓誌》,《唐代文獻編年》,《磚誌集注》,《張銘心2007》,《李方2008》,《統計分析》,《李方2010》406,《裴成國2012》,《李方2013a》224】

35.陽士通墓塼

永徽六年(655)十二月十三日　灰塼　白地朱書　36×27×3.5　TAM504:36　新博

惟永徽六年歲

次癸卯十二月

丙申朔十三日戊

申故安西鄉里正

陽士通春秋廿四殯葬

斯墓

注:①末行的"斯墓"二字書於塼側。②此墓塼可能是斯坦因的收集

品，没有斯坦因的發掘編號。斯坦因發掘墓塼多未帶走。此墓塼後從TAM504墓再出土。③唐代"里正"實態，參考李方《唐西州九姓胡人生活狀況一瞥——以史玄政爲中心》[載《敦煌吐魯番研究》（第四卷）]，又孔祥星《唐代里正——吐魯番、敦煌出土文書研究》（《中國國家博物館館刊》1979年第1期）。

【《文物1975》，《墓誌録》，《新疆墓誌》，《侯燦1992》，《索引稿》，《斯坦因文書研究》380，《墓塼題録》，《阿斯塔那出土墓誌》，《磚誌集注》，《統計分析》，《李方2010》319】

36.張龍相墓塼

永徽六年（655）　土塼　刻字　左起橫書　33×25×7
69TAM140:28　録檔

張龍相墓

永徽六年

□戌七日

注："戌"，《磚誌集注》録爲"戍"字。

【《墓誌録》102，《索引稿》，《出土文書貳》194，《白須淨真1997》，《阿斯塔那出土墓誌》，《磚誌集注》，《統計分析》】

37.趙羊德墓塼

永徽六年（655）　TAM327

趙羊德

注：本墓出土唐永徽六年（655）趙羊德隨葬衣物疏一件。故定本墓塼時代爲永徽六年。

【《出土文書叁》65，《阿斯塔那出土墓誌》，《磚誌集注》，《統計

38.宋武歡墓誌

顯慶元年(656)二月十六日　青塼　墨地朱書　35×34.5×4.2　04TMM102:12　吐文

君諱武歡字□西州永安人也君兵
曹參軍之嫡孫司馬之貴子生
□□下有反哺之心長堪強仕
□盡節之志不驕不貴出自衽
生行恭行敬稟其天性我君光
武王尚其高行拜從行參軍
事計當與金石同固保守長
年掩然遷化春秋六十一顯慶元年
二月十六日葬於永安城北嗚呼哉哀

注：此墓誌出土於木納爾1號臺地的宋氏家族塋院內102墓，04TMM102:12，出土時側立於距墓道口1.2米處的墓道西壁，字面向內，字迹漫漶。墓誌銘文不見墓誌主姓氏，但該墓誌出土於宋氏家族塋院，故定此墓誌爲宋武歡墓誌。銘文最後兩字爲"哀哉"，邊有顛倒符號，錄文據此訂正。同墓(04TMM102:4、04TMM102:6)出土顯慶元年宋武歡移文一件。

【《木納爾墓地2006》，《高丹丹2007》，《新獲文獻》，《徐暢2008》，《裴成國2012》】

39.任相住墓誌銘

顯慶元年(656)四月八日　塼質　墨書　38.6×39×3.6 交河城溝西任塋　故宮

維大唐顯慶元年歲次庚辰四月乙亥朔八日甲寅交河
縣人任相住也春秋七十有五卒惟翁少稟生
知早標令聞儀形外朗若璧日之照重□心
鏡內融類冰臺之函積雪泊乎捧雉詞驚□
□之文靈臺與秋月齊明神鑒共清風竟
遠既而魂馳西景魄騖東流名與風騰隟駒
難駐永共所天相離□棄生平耳聞者喪
其心目睹者摧其骨嗚呼哀哉乃爲銘曰
墜靈泉壤埋德芳巖茂木摧折哲士斯掩永
遊罕徹還日未占灰形散滅膠柒難粘嗚呼哀哉
□□後代

注：參考唐顯慶元年(656)四月十六日任相住墓表。第四行"詞驚"，侯璨釋文爲"詞警"。

【《高昌塼集》，《白須淨真1975》，《新疆墓誌》，《索引稿》，《孟憲實1994a》，《孟憲實1994b》，《許全勝2007》，《磚誌集注》，《統計分析》，《故宮藏誌彙編》】

40.任相住墓表

顯慶元年(656)四月十六日　墨書　38.6×39×3.6　交河城溝西任塋　故宮

顯慶元年
四月朔乙未平歲次

丙辰十六日庚
戌執廿日甲寅
收任相住□□
尉春秋六十有
一之墓表

注：①黃文弼記錄此墓表與任相住墓誌銘同墓出土，墓誌銘和墓表係"兩墁同誌一人，死葬之年月亦同，惟一作四月十六日，一作四月八日，相差僅八天，而其卒之年歲一作七十有五，一作六十有一，則相差至14年之多……後檢四月八日之墓誌，其任相住三字書寫特劣，與全文筆迹不類，且其干支亦與長曆不合。因此余疑係取他人墓表塗書任相住三字，以歌頌死者之功德也"（參考《高昌塼集》）。②墓誌和墓表內容相差比較大，墓誌的紀年尤其混亂。墓誌和墓表中的紀日共有三個，一個是四月"八日"（墓誌），一個是四月"十六日"（墓表），另一個是四月"廿日"（墓表）。死亡日和葬日之外，第三個紀日不知何解。③第二行的"平"和第五行的"收"字爲建除紀年，參考《磚誌集注》。

【《高昌塼集》，《高昌陶集》，《索引稿》，《磚誌集注》，《統計分析》，《故宮藏誌彙編》】

41. □隆惡墓塼

顯慶二年（657）正月　塼質　朱書　35.3×35.3×4　交河城溝西　故宮

維大唐顯慶二年歲次庚午正月丁酉□□□□□鎮西府
□□□次年中父任岸頭府旅帥□□見至上柱國有
□□隆惡春秋六十有九嗚呼哀哉少秉志節懂

　　　　□□阿外取贊於忠□內□□於厚養鄉城領袖
　　　　□□□□□慕其能長幼□其德既而魂馳
　　　　□□□□□流名與風騰刑隨煙滅□與所天□□
　　　　□耳聞者□其心目睹者□□□□□□
　　　　□□□□人非金石禍故無常□茲亡父□□
　　　　□□□□□□□□□□□□□量□
　　　　□□□□□□□□□□□泉呼之
　　　　□□□□□□□□□□□昔與人處今與
　　　　□□□□□□□□□□□□□甘從□滅
　　　　□□□□□□□□□□不依□
　　　　□□□□□□□□□□□嗚呼哀哉

注：顯慶二年歲次丁巳，本墓誌寫作庚午。正月朔爲庚申，本墓誌寫作丁酉。吐魯番出土墓表、墓誌紀年多有錯誤，特別是干支紀日的錯誤尤多，然干支紀年之誤罕見。對此干支紀年紀日現象作一分析研究，對我們認識高昌漢人生活實態或有幫助。

【《高昌塼集》，《白須净真 1975》，《索引稿》，《磚誌集注》，《葉貴良 2003》，《李方 2008》，《統計分析》，《故宮藏誌彙編》，《徐暢 2008》，《李方 2013a》219】

42.范阿伯墓表

　　　　顯慶二年(657)五月一日　　塼質　　60TAM337:19　　錄档有照

　　　　顯慶二年水巳歲四
　　　　月朔戊午五月一日
　　　　戊子西州縣武城鄉

人范阿伯之墓表今
出身事光武先王作
長下左右春秋七十
三□命在水巳哀
□□在戊子

注：①顯慶二年丁巳歲，水（癸）巳誤。而四月朔戊午五月一日戊子的紀年爲何意不明。可能是書寫時誤記四月，計算日期時才知巳是五月一日。另外，五月一日的干支也是五月的朔日。②唐西州未見有"西州縣"。武城鄉屬高昌縣，此"西州縣"當是"西州高昌縣"之簡稱。③"光武先王"之"光"字，初看似"先"字，然細較有所不同，當爲"光"字，"光武先王"即麴文泰。④第六行的"長下"即"帳下"。

【《墓誌錄》103，《索引稿》，《出土文書貳》221，《孟憲實1994b》，《白須净真1997》，《阿斯塔那1960》，《阿斯塔那出土墓誌》，《唐代文獻編年》，《磚誌集注》，《統計分析》，《裴成國2012》】

43.張善和墓塼

顯慶三年（658）十二月十二日　　灰塼　墨地朱書　38×38×4.5　　72TAM209:1　新考

君諱□□字善和張氏分源白水□□諸邦撰日
瞻星保居高昌也洿林令折仁之孫虎賁將軍太隆之
子稟性慈人挺生武略未冠之歲從父歸朝遊歷二
京嘉聲早著幸蒙　恩詔衣錦故閭釋褐從官
補任安西都護府參軍事乘傳赴任旦夕恪勤未經
夕年轉遷士曹參軍孜孜守職六局嘆其用心肅肅一
司上下讚其能任許人以諸由也比之還漸篤敬言忠

可□書之紳帶時遭膏肓之疾遇和緩而弗療又
染重腿之痾見扁鵲而益困以顯慶三年十二月六日
奄然正寢春秋廿有七其月十二日葬於斯
墓

注：①文中"二京"指長安和洛陽。《白須净真1992》釋文"遊歷二京"爲"遊二京"。白須净真同文釋文的第八行"弗療"前衍"物"字。②《墓誌録》中的第七、八行無换行符號，换行處不明。此處據《磚誌集注》。另外《白須净真1992》换行在"言""忠"之間。③"釋褐"，意爲脱去平民衣服，喻始任官職。"夕年"一詞未見使用。但"夕"有一年的末季（九月至十二月）之意，故此處或可釋爲一年未滿。"重腿之痾"意爲腳腫之病。④出現家系之内容。祖，張折仁（洿林令）；父，張太隆（虎賁將軍）。"虎"字未避唐諱。⑤未冠之歲從父歸朝歷二京之記載，當指唐占領高昌後虜高昌國人還京師之事。640年時張善和九歲，由此可知，唐所虜走的高昌國人是以家族爲單位的，但也有因年齡過高而留下來的案例［參見貞觀廿年（646）十月廿一日張延衡墓表］。往高昌寫家書的趙義深或許就是這樣的家族分離問題的表現。（《朱雷1993》，《孟憲實1994b》）⑥《册府元龜》卷九九一：顯慶三年，"又移安西都護府於龜茲國，舊安西復爲西州都督府，左驍衛大將軍兼安西都護天山縣公麴智湛爲西州都督，以統高昌之故地"。

【《侯燦1984》，《墓誌録》104，《宋曉梅1991》，《出土文書叁》317，《白須净真1992》119，《朱雷1993》，《索引稿》，《宋曉梅1994》，《孟憲實1994b》，《王素1999》，《阿斯塔那1972—1973》，《阿斯塔那出土墓誌》，《唐代文獻編年》，《孟憲實2004》339、343，《劉安志2011》28、36，《陳國燦2012》144、196，《裴成國2012》】

44.殘墓誌

唐顯慶三年(658)　67TAM74

【《出土文書叄》79,《阿斯塔那出土墓誌》】

45.劉住隆妻王延臺之墓

顯慶五年(660)五月廿日　朱書　37.6×37.2×4.7　交河城溝西劉塋　故宮

維大唐顯慶五年歲次景申五月辛

丑朔廿日庚申岸頭府校尉劉住隆

妻王氏之墓

惟夫人諱延臺志性忠貞慈深

素質家風遠振五德備躬不期積

無驗乃忽染患醫藥方療其疾不

瘳遂於其年五月十七日亡背何期

一旦忽棄芳蘭親族爲之悲號鄉

閭爲之歎惜嗚呼哀哉

【《高昌塼集》,《高昌陶集》,《白須净真1975》,《新疆墓誌》,《索引稿》,《郭玉海2001》,《磚誌集注》,《葉貴良2003》,《李方2005》,《統計分析》,《故宮藏誌彙編》,《李方2010》391,《米婷婷2014》】

46.田慶延墓塼

顯慶□年(656—661)二月十五日　塼質　朱書　40×40×5　交河城溝西　故宮

維大唐顯慶□年二月

十五日歲次□□□騎都

尉田慶延今月□□□春秋

七十有六□□□□□□

閭驚諤絶□□□□□

非莫知何計□□□□

呼應□□□墓也

【《高昌塼集》,《白須浄真1975》,《新疆墓誌》,《索引稿》,《磚誌集注》,《李方2008》,《統計分析》,《故宮藏誌彙編》,《李方2013a》229】

47.康延願銘

龍朔二年(662)正月十六日　塼質　朱書　32.4×32.8×4.5　05TYGXM20:15(2005TJM)　吐文

諱□字延願交河群内將之子其先出

自中華遷播届於交河之郡也君以立

性高潔稟氣忠誠泛愛深慈謙讓爲質

鄉邦推之領袖鄰田謝以嘉仁識幹清

强釋褐而授交河郡右領軍岸頭府隊

正正八品屬大唐啓運乘以舊資告身

有二一雲騎二武騎尉忽以不袁遇患

纏躬醫方藥石將療不絶轉以弥留困

篤今以龍朔二年正月十六日薨於私

第也春秋七十有六即以其年其月十

六日葬於城西暮也河期積善無徵變

隨物化親族爲之悲瘱鄉間聞之歎傷
豈以川水難停斯人逝往故立銘記於
□宮之左使千秋不朽
正月十六日書

注：①此墓誌無墓誌主姓氏，但墓誌出土於康氏家族墓地中，據此可以推定墓誌主姓康，故可定名爲"康延願銘記"。關於本墓誌的定名尚存爭議，參見楊發鵬、李緯靜《交河溝西唐氏塋院20號墓主人爲康姓粟特人辨析》，《敦煌學輯刊》2014年第3期。②此墓誌出土於交河雅爾湖墓地東南部的康氏家族塋院TYGXM20斜坡墓道内，側立於距墓道東端0.88米處。墓誌表面有横竪朱綫界欄，部分字迹漫漶。③第一行"交河群"即"交河郡"；第十三行第一字"豈"，吐博摹本爲"可"字。

【《康氏家族墓2006》，《張銘心2007》，《李肖2007》，《孟憲實2007》，《新獲文獻》，《李方2008》，《氣賀澤2009》，《裴成國2012》，《李方2013a》219】

48.趙善德妻墓塼

龍朔二年（662）正月廿六日　　灰塼　　黑地朱書　　36×36×3.8　　69TAM134:10　　新博

龍朔二年正月

廿六日命墓春

秋年七十趙善德

爲妻

注：①合葬墓。②墓塼文到"爲妻"止，似未完，然據照片無法判斷。而且正月廿六日是辰日，按十二支禁忌，此日禁動土，從墓塼寫真看

不出廿的具體筆畫,墓塼紀年是否"廿六日"存疑。相關辰日禁忌的研究,參見《張銘心 1999》。

【《墓誌錄》,《新疆墓誌》,《索引稿》,《出土文書貳》215,《阿斯塔那出土墓誌》,《磚誌集注》,《統計分析》,《米婷婷 2014》】

49.趙緒豐墓表

龍朔二年(662)七月四日　塼質　朱書　表面塗黑彩 23×22.5×3.5　60TAM317:42　新博

龍朔二年閏七月

四日趙緒豐春

秋伍拾貳忽然

命終身死

墓表

注:《阿斯塔那出土墓誌》記錄尺寸爲 32.8×32.5,但從《磚誌集注》所載圖片看,爲長方形,似有誤。

【《墓誌錄》,《索引稿》,《出土文書叁》90,《阿斯塔那 1959—1960》,《阿斯塔那出土墓誌》,《磚誌集注》,《統計分析》】

50.張君夫人毛姿臺墓塼

龍朔二年(662)十月廿六日　塼質　墨地白粉書　35×34×4.5　高昌故城北郊　旅順博物館

夫人毛氏諱姿臺高昌人也夫人秀質挺生

共恒娥而等艷華容内發與洛浦而伴顏鄉閈

嘆其和柔鄰里仰其貞順祖儁參軍孝悌爲心

依仁作志父儁領兵將武若弁莊文同累席夫人

笄年出嫁適張氏爲妻四德不日而成六禮淡時而
備勤勞家事難易共爲承接舅姑寒暑弗謝
宿載君子唯諾是從撫育兒羅均平爲務何期
積善無徵禍傷其福隨命不遇遭罹橫逢龍
朔二年十月廿六日玉樹摧柯奄於正寢春
秋六十有五子孫蹸踴哀滿長途親屬咸悲稱喪慈
母即以其年十一月六日葬於高昌縣北原禮也嗚呼
哀哉殯之斯墓

注：①記述家系、卒年、葬年、埋葬地點等已是中原墓誌銘之格式。②《唐墓誌》倒數第三行"稱"字未識，倒數第五行"禍"作"遇"；倒數第六行"爲務"作"是務"。以上各文字觀《新疆墓誌》照片可識。此外，白須净真釋第五行第一字"笄"爲"竿（算）"。參考《白須净真1992》，《白須净真1997》。③《白須净真1997》著録尺寸爲42.3×43.5。④據白須净真上文的研究，"墓誌に墳墓の位置をわざわざ明示するようになったは、例示資料から西州時代になってからのことと推察される。それは明らかに唐墓誌の影響であろうが、それだけではない。この古墳群から出土した西州時代の墓誌八九例を年代を追って配列すると、例示した龍朔二年（662）張君夫人毛氏墓誌で一線を畫すかのように、以後のほとんどすべての墓誌に墳墓位置が記されていることに気付くからである"。同文中，白須净真氏還對墓誌中出現埋葬場所的問題進行了解説。

【《旅博圖録》，《西陸後録》，《大谷》，《墓塼考釋（一）》，《侯燦1984》，《新疆墓誌》，《唐墓誌》367，《索引稿》，《孟憲實1994a》，《孟憲實1994b》，《侯燦1992》，《白須净真1992》119，《墓塼題録》，《宋曉梅1994》，《白須净真1997》，《北京旅順倫敦藏阿斯塔那墓誌》，《磚誌集注》，《肖瑜2007》，《統計分析》，《米婷婷2014》】

51.氾武歡墓塼

龍朔二年(662)十二月廿九日　灰陶　黑地朱竪格朱書　34.5×33.5×3.5　阿斯塔那　吐文

維龍朔二年歲次壬戌十二月
景戌朔廿九日甲寅右戎衛岸
頭府隊副氾武歡秉性忠和體
乍純厚春秋卌有四何期鮮花翠
落蕙葉先萎若似寒蓋掩然
泉壤非仙賢之可濟豈扁鵲之能
療滅似殘燈早逢霜而凋落平生
之志愛義存親德惠逝長遺金
莫視鄉間聞之痛惜親戚悲哀
嗚呼哀哉即以其日葬於斯
墓也

注：①第一行"歲次壬戌"，《新疆墓誌》作"壬戌"。②圖版不清晰，部分錄文據《碑誌集注》錄文修改。③氾姓，參見和平二年(552)氾紹和及夫人張氏墓塼注釋。

【《新疆墓誌》，《考古 1992》，《索引稿》，《墓塼題錄》，《孟憲實 1994a》，《新出文書》，《速水 2002》，《碑誌集注》，《李方 2005》，《李方 2008》，《統計分析》，《李方 2010》391，《李方 2013a》221，《西域碑銘錄》】

52.范隆仁墓塼

龍朔三年(663)二月六日　灰塼　墨地朱豎格朱書
33.3×33.9×3.5　L1.4.38　新博

君諱隆仁高昌人也僞主簿范歡伯之長子
僞中郎□之嫡孫父乃文資等於奪廪
武藝類於弁莊祖則望重南金才超東
箭君乃齠齓之歲識性鑒通鳩車之年
仁慈早著城賓之優官府稱譽一縣銓
擢任爲百家之長鄉閭嘆其平恕鄰里讚
其無私馳役數年選任高昌縣佐使在曹
蕭蕭錄司無謷滯之聲公務勃勃比曹推其無
怠嘉聲遐邇美譽皆聞萠拔強能補於新
興副城主在城檢校百姓歌謠積善無徵遭遇膏
肓之疾醫療不損轉劇日臻龍朔三年正月廿六日亡於私第其
年二月六日殯於高昌縣北原禮也嗚呼哀哉葬於斯墓

注：①"齠齓"，垂髫換齒之時，指童年。②第九行的"扶"即"拔"之俗字。③新興副城主，爲墓誌中不多見的有關城主的資料，特別是新興城的副城主埋葬在高昌縣北原(阿斯塔那)，與顯慶元年(656)宋武歡墓誌中記錄的永安城主葬在永安附近墓地的情況不同。

【《墓誌錄》107，《索引稿》，《孟憲實 1994b》，《阿斯塔那收集墓誌》，《唐代文獻編年》，《磚誌集注》，《葉貴良 2003》，《統計分析》，《李方 2010》270、302、321、322，《劉安志 2011》28，《張雨 2007》，《徐暢 2008》，《劉安志 2011》46，《裴成國 2012》，《李方 2013a》45、46】

53.趙海玫墓誌

龍朔三年(663)四月十一日　灰塼　朱書　表面塗一層細黃泥　35×34.7×4　60TAM322:32

維大唐龍朔三年歲次
癸亥四月甲申朔廿五日戊
申趙海玫墓誌

惟趙郎稟性純善忠孝篤
誠鄉閭歎其慈仁宗族
稱其孝悌從今月十一日忽
染汎疾醫藥無潦春秋五十有
九謹於龍朔三年葬於斯墓嗚呼哀哉

注:《墓誌錄》錄文,與《阿斯塔那1959—1960》錄文稍有不同。《阿斯塔那1959—1960》注釋爲朱書,另外也有記錄爲墨書的。

【《墓誌錄》,《新疆墓誌》,《索引稿》,《出土文書叁》107,《葉貴良2003》,《阿斯塔那1959—1960》,《阿斯塔那出土墓誌》,《磚誌集注》,《統計分析》】

54.趙裒墓塼

龍朔三年(663)　TAM325:026

趙裒

【《墓塼題錄》,《出土文書叁》100,《阿斯塔那出土墓誌》】

55.宋懷仁墓誌

龍朔四年(664)正月十三　灰塼　黑地朱書　37×37×5

偽户部参軍宋懷仁墓誌
　　君諱懷仁姓宋氏高昌人也稟性聰
　　敏立志忠誠敦友季□孝於父母秉
　　冰玉而爲性慎在四知持水鏡而爲
　　心謹於三式閑於教訓重禮敦詩文
　　武兼知志存禮讓勤勞公事仁智□
　　彰以爵酬勞遂偽受户部参軍之□
　　耳順之後染悟内經從心之前規□
　　無越天竿已盡奄及悲泉龍朔三年
　　十二月廿四日卒於私弟春秋七十
　　有一至龍朔四年正月十二日葬□
　　高昌縣北陵禮也生死異路去往永
　　殊嗚呼哀哉嗚呼哀哉葬於斯墓
　　龍朔四年正月一十二日辰時葬矣

注：①在高昌墓塼中，"辰時葬"的記録共出現了五次，是否以辰時葬爲吉利？待查。②王素認爲，宋懷仁是宋懷熹的同宗兄弟。參考《王素1993》。

【《侯燦1984》、《墓誌録》、《新疆墓誌》、《侯燦1992》、《索引稿》、《孟憲實1994a》、《孟憲實1994b》、《磚誌集注》、《統計分析》、《裴成國2012》】

56.唐曇海墓塼

　　龍朔四年(664)二月十日　塼質　朱書　36.3×37.3×4.3
交河城溝西唐塋　故宮

唐曇海高昌人也本故棄□□□□□
　　後遷移生居此土君乃稟□□□□□□事
　　上竭誠接下思敬清空内發仁□□彰志等松□
　　心同山岳可謂溫而不潰磨而不済者也年自弱
　　冠釋褐而任鎮西府交河公府上右親侍北□聲
　　以龍朔三年十二月超梓汎府焉困彌甚名
　　醫石藥加□□此疾乃不療至四年二月十
　　日掩從公□□□十有七年□川水不仃人
　　隨物化□□□馬鄉□□□焉以其月十九
　　日葬於城西之扣也故□□□□置於宮玄之左
　　使千秋不滅□□

注：①各家錄文多有差異，如《磚誌集注》中，第四行的第七字"溫"錄作"涅"，同第四行第十字的"潰"錄作"纊"，第六行倒數第五字的"焉"錄作"蔦"等。②第四行"済"爲"溝"的異體字。③墓塼文中所記錄的籍貫爲高昌人，但後有"本故□□棄……後遷移"的內容，記述的應是本籍。

【《高昌塼集》，《高昌陶集》，《侯燦 1984》，《彭琪 1987》，《索引稿》，《孟憲實 1994b》，《白須净真 1975》，《磚誌集注》，《統計分析》，《故宮藏誌彙編》，《裴成國 2012》】

57.□追（眠良）墓塼

　　麟德元年(664)三月廿二日　　灰塼　白地朱書　33×33×3.5　67TAM99:1　吐文
　　□…………□追墓誌
　　□…………□字高昌都□人也

□…文質斌斌禮儀兼備仕…□

□…退無差昆季是諧孝恭膝下事於□

□……幾無虧局抗溫床康和壽者無災

□□起奄影難留沉疾又加醫療不□

春秋卌有七以麟德元年三月十五日□於□

第即以其月廿二日葬於北原禮也

眠良之墓□自街□□

哀哉葬

注：①倒數第二行的錄文，《墓誌錄》與《磚誌集注》不同，此處參考《磚誌集注》。

【《墓磚拾遺》，《墓誌錄》，《侯燦1992》，《索引稿》，《葉貴良2003》，《孟憲實1994b》，《阿斯塔那出土墓誌》，《磚誌集注》，《統計分析》】

58.翟郍寧昏母康波蜜提墓誌

麟德元年(664)四月卅日　塼質　墨書　36.6×36×6

阿斯塔那　歷博

維麟德元年

四月卅日翟郍

寧昏母康波

蜜提壙至既

注：①此墓塼書式屬Ⅱ式。Ⅱ式墓塼進入西州時期已極為少見［貞觀十六年(642)鞠氏墓表為一例，參考《張銘心1999》］，此墓塼主非漢人而應是粟特人(參考榮新江《中古中國與外來文明》)。故與同時代的墓塼相較書式之簡單亦可理解。②此墓塼書式與其他高昌

墓塼不同,是由左至右縱書。"壝至既"當爲"墓誌記"的別字。另外,"誌"作"至"者,尚見於武周神功二年(698)范羌墓誌。

【《高昌塼集》,《墓塼考釋(一)》,《新疆墓誌》,《索引稿》,《歷博法書十二》,《北京旅順倫敦藏阿斯塔那墓誌》,《唐代文獻編年》,《磚誌集注》,《張銘心 2007》,《統計分析》,《故宮藏誌彙編》,《李筍 2013》,《米婷婷 2014》】

59.梁延懷墓誌

麟德元年(664)十月廿三日　灰塼　黑地墨書　34×34×4　72TAM183:1　新考

故庫部主簿入唐武騎尉梁公墓誌
公諱延懷字憨道西州高昌人惟公負薪之歲文
質斌斌捧雉之年忠誠在志遂受左親侍敦仁厚
德承事恪懃奉上盡心遷爲庫部主簿後屬大唐
轉受武騎尉蒙歸受官又任西州麴都督左右東西
展効功爵尅彰大祖子僞武牙將軍生逢寧泰長
值欽明仁智遠彰嘉謀自著父祐僞主客參軍忠
誠竭立丹志挺生重禮敦詩閑於教訓公鄉間稱
爲教首宗族號曰慈仁昆季是諧孝恭膝下
子受過庭之訓光顯尊親孝養無虧報恩未
極灾風混起良木斯摧醫藥無療淹悲泉壤
子孫崩烈巷路停歌悲慘結於四隣哀慟摧
於鄉里以麟德元年十月五日卒於私第春秋
六十有□即以其年其月廿三日葬於高昌
縣北原礼也嗚呼哀哉葬於斯墓

注：①西州時期的墓塼在記載高昌國時期的官名時，一般其前書寫"僞"字，但不寫的也不乏見。此爲一例。又武騎尉，參考《文館詞林》卷六六四《貞觀年中巡撫高昌詔》。②麴都督指麴智湛，永徽二年至麟德元年（651—664）任西州都督。參見郁賢皓《唐刺史考全編》卷四五《隴右道·西州（交河郡）》"麴智湛"條。

【《侯燦 1984》，《墓誌録》，《新疆墓誌》，《索引稿》，《孟憲實 1994b》，《阿斯塔那 1972—1973》，《阿斯塔那出土墓誌》，《唐代文獻編年》，《磚誌集注》，《李方 2008》，《統計分析》，《劉安志 2011》36，《李方 2013a》225，《李方 2013b》223—224】

60.氾相達墓誌

麟德元年（664）十一月十七日　　灰塼　朱豎格朱書　35.8×35.6×4　吐魯番　L1.4.47　新博

維大唐西州高昌縣人氾相達墓誌

君姓氾名相達高昌縣人也

君乃景行精潔立姓忠貞

孝順高明才通永代遂蒙

西討遇逖寇擲斯乃逆載

前峰損於胸首以春秋卅有□

葬於私第以其麟德元年

十一月十七日没於野西□

殯斯墓哀々哉々千齡無□

注：①文中"野西"旁有一"レ"記號，以示二字顛倒。②"西野"與"北原"均爲葬地。此塼文中"没於西野"意即"葬於西野"。③"西討"，《資治通鑑》卷二〇一《唐紀十七》"龍朔三年十二月"條："壬寅，以安

西都護高賢爲行軍總管,將兵擊弓月以救于闐。"氾相達葬於私第,說明不是死於戰場,而從"蒙西討遇,逐寇擲,斯乃逆載前峰,損於胸首"的内容看,氾相達是在西討時受傷。其埋葬日期是麟德元年(664)十一月,與龍朔三年十二月的"救于闐"相隔一年,塼文中的"西討"或許與此事件有關。④氾姓,參見和平二年(552)氾紹和及夫人張氏墓塼注釋。

【《墓誌録》,《新疆墓誌》,《索引稿》,《孟憲實 1994a》,《孟憲實 1994b》,《阿斯塔那收集墓誌》,《唐代文獻編年》,《速水 2002》,《磚誌集注》,《統計分析》,《劉安志 2011》40、76,《裴成國 2012》】

61.張君妻麴姜墓表

麟德元年(664)十二月十一日　灰塼　黑地白粉格朱書　36×36.5×4　72TAM202:2　新考

夫人諱姜威遠將軍中兵校郎麴氏之女□□
妻也□夫□皎潔等彼珠蓬節義貞鹿□□□
竹故得三儀外振六行之美方興四德内容白
□風斯詠又以楊臺之上若起行雲煙閣□□
□雪寔非天姿睿浪以標淑女蹤神氣爽然
□列賢姬之跡宜延遐箕訓□後生昊天不吊
奄然彫喪時年卌有二於麟德元年歲次甲子
十二月甲戌朔十一日甲申葬於州城西北陵
禮也□輀車動轍速轉泉門靈轝□□魂
歸地下嗚呼忽見濡飛落桂露重摧椒□結松
煙墳垂柏霧嗚呼哀哉作斯墓表
麟德元年十二月□

注：①録文參考《墓誌録》和《新疆墓誌》。②同墓出土儀鳳二年(677)張君墓誌。③此墓塼雖自稱墓表，但已不是高昌國時期的墓表書式。

《侯燦 1984》,《墓誌録》,《新疆墓誌》,《索引稿》,《孟憲實 1994a》,《出土文書叁》263,《阿斯塔那出土墓誌》,《施新榮 2001》,《磚誌集注》,《葉貴良 2003》,《統計分析》,《劉光蓉 2011》,《裴成國 2012》,《米婷婷 2014》】

62.張君妻麴勝墓誌

麟德二年(665)九月　灰塼　畫格朱書　37×37×3.5
72TAM214　新考

  大唐西州岸頭府果毅息張君妻麴氏墓誌
  夫人諱勝西州高昌人也即蘭州廣武府
  折衝麴仲第二□三行夙著四德早聞志
  列秋霜性逾冰玉及歸□氏虔奉舅姑言
  成箴誠動合規矩慈□□歿幾將滅性寑
  □毀湟洫血傷心鄉□□□□行人聞
  而涙落方當保茲貞□□遐年何期以
  此紅顏奄□□□□□實膺慈親之
  心不幸早立更傷君子之□大唐麟德二
  年歲次乙丑九□□□遇疾卒於私第
  春秋雖十有八粵以其□十□□□葬於
  城北西□上嗚呼哀哉葬□□斯墓

注：第一行之"息"，當爲子息。

【《墓誌録》,《索引稿》,《孟憲實 1994b》,《出土文書叁》160,《阿斯塔那出土墓誌》《施新榮2001》《磚誌集注》《李方2005》《統計分析》《李方2010》391、419,《陳國燦2012》234、311、462,《米婷婷2014》】

63.劉士恭墓塼

乾封元年(666)四月十六日　朱格朱書　塼質　39×39.6×4.7　交河城溝西劉塋　故宫

維大唐乾封元年歲次景寅四月十六日劉士恭
士恭者劉氏之息也忽已今月之間淹
形逝往染患不蕳因喪其軀□醫
扶救不存苗而不秀者也又復師門學
道德業盡通才藝俱兼忠貞尅慎有
可春秋一十有七埣於赤山南原禮也東則
洋々之水南及香々邈岸西有赫々諸
□北帝巖々之嶺但願亡者駕駒僕使
□淹魂歸冢下移眠冥々幽側長居泉
下永扇清風寂々孤墳終魂往託嗚
呼哀哉葬於斯墓

注:①《新疆墓誌》著録爲"劉恭"墓表。②"赤山"當是今之火焰山。然火焰山位於吐魯番盆地東部,"赤山南原",似指高昌城郊之墓地。而此墓塼出土於吐魯番西部的交河城溝西,且銘文中所謂的"東則洋々之水,南及香々邈岸",應該是對交河溝西環境的描寫。

【《高昌塼集》《高昌陶集》《白須净真1975》《新疆墓誌》《索引稿》《孟憲實1994a》《磚誌集注》《統計分析》《故宫藏誌彙編》】

64.□海悅墓塼

乾封二年(667)正月五日　塼質　粉格朱書　38×36.7×4
阿斯塔那　故宮

乾封二年歲次丁卯正

月壬戌朔五日景寅□

□海悅者西州高昌縣

人也斯乃□性淳□景

行修潔宜近遐壽中維

□章春秋卅有二掩然

殞逝即以其日殯葬斯

□宗族號咷鄉閭痛惜

□□哀哉頌之云爾

注:《高昌塼集》的錄文中第三行和第四行未標改行符號。此處根據《故宮藏誌彙編》改行。

【《高昌塼集》,《墓塼考釋(一)》,《索引稿》,《孟憲實1994b》,《磚誌集注》,《葉貴良2003》,《統計分析》,《故宮藏誌彙編》】

65.范鄉願墓誌

乾封二年(667)三月十八日　60TAM338　新博

維乾封二年歲

次丁卯三月

乙卯朔十八日范

鄉願墓誌

注:①三人合葬墓,被嚴重盜擾。②此墓塼雖自稱墓誌,但其書式與

高昌國時期的墓表同。③乾封二年三月朔是辛酉。④《白須净真1997》録作"范卿願"。

【《出土文書貳》239,《白須净真1997》154,《阿斯塔那1960》,《阿斯塔那出土墓誌》,《磚誌集注》,《統計分析》】

66.范永隆夫人賈阿女墓誌

乾封二年(667)十二月四日　　黑地刻竪綫朱書　　51×58　阿斯塔那　　大英博物館

偽武牙將軍范永隆故夫人賈氏墓誌
夫人無諱字阿女西州高昌人偽中郎賈師苟之女
也幼敦女教巧麗無窮名譽外彰言歸范氏
婦功四德一行不虧長好□言虔恭内正志諧琴
瑟千載堯期天夫非齡降年弗永遂使荆山碎璧
合浦□珠□□□□歸厚夜寮妻稚子即日
孀居三從之□□□□一之名絕矣攜持保抱
育養成於教誨□□□不異過庭之訓閨門侍省
孝行内□□□□□光顯先□不郇寒暑來
往四□□□□□乾封二年十月六日遇斯時
疾奇方□驗妙藥無療至十二日丑晨卆於私
第春秋七十有五即以其月廿八日同葬於
城西北原礼也少闞供侍智逐年生事親
之志方興慈母之顔已滅號天扣地無益於
魂靈追遠慎終實資於孝道親羅内烈
僕從摧胸巷路悲酸衢間抱泣絶音社止
想停歌嗚呼哀哉葬於斯墓

隙光非固電影難遮竿窮命盡轉益

時痾寶根彫朽玉樹摧柯長辭白日永

翳塵羅宗親喪志路泣停歌哀子僻踴痛當奈何

注：①錄文參考墓塼實物照片及陳國燦《斯坦因文書研究》錄文錄寫。陳氏錄文有遺字，如第十二行倒數第三"同"字陳錄文未錄。末行"泣"陳錄爲"注"。②斯坦因發掘墓塼多未帶走，後從 TAM504 墓再出土。此范永隆夫人賈氏墓表（斯坦因編號爲 Ast.v.1）爲斯坦因帶走墓塼之一。現爲英國倫敦大英博物館藏品。③《磚誌集注》徵引文獻注釋文獻出處爲《亞洲腹地》第三卷附錄 A 第 984 頁和第四卷圖版，實則只見於第三卷中。

【《亞洲腹地》3/74，《墓塼考釋（一）》，《侯燦 1984》，《新疆墓誌》，《侯燦 1992》，《白須淨真 1992》120，《索引稿》，《斯坦因文書研究》290，《孟憲實 1994b》，《墓塼題錄》，《北京旅順倫敦藏阿斯塔那墓誌》，《唐代文獻編年》，《磚誌集注》，《葉貴良 2003》，《統計分析》，《劉光蓉 2011》，《米婷婷 2014》】

67.氾延仕妻董真英墓誌

乾封二年（667）十二月四日　黑地刻竪綫朱書　灰塼
34×34×4.5　73TAM504:31　新考

故唐西州高昌縣前官氾延仕妻董氏墓誌

夫人無諱字真英西州高昌縣人也幼敦女藝

行不虧言軌外彰言歸氾族貞明爲志恭慎在懷

庶藝無乖姬董養志以乾封二年九月上旬□□□□

良醫無驗妙藥無瘳以十一月十八日壬辰卒於私室春秋

五十有一遂使宗親喪志路泣停歌以十二月四日葬於城

西北原之禮也養係禮教無越母儀可純嘉猷□□□銘曰

螢非晝照燭苣辰燃竿爾命盡氣疾來□

□祥接受奄影生天宗親□志路泣稱□

□□□□親淚如泉

注：①錄文錄自《新疆墓誌》《斯坦因文書研究》。後根據《磚誌集注》及永昌元年(689)氾延仕墓塼照片有所補充。功德疏第五行之"伏"字，《斯坦因文書研究》作"狀"。②斯坦因編號爲 Ast.ix.2。斯坦因發掘墓塼多未帶走，後從 TAM504 墓再出土。此爲其中之一。③此墓誌雖出土於 TAM504 墓，但屬斯坦因發掘後移動所致。本墓表據記載原與氾延仕墓表同墓出土(參考《斯坦因文書研究》)。④從墓表和功德疏錄文可了解一些西州信仰佛教的高昌人的喪葬儀式情況。⑤此功德疏紀年是死亡時間，隨葬衣物疏的紀年與墓表同，一般皆是埋葬時間，功德疏是否有了變化？⑥氾姓，參見和平二年(552)氾紹和及夫人張氏墓磚注釋。

附錄：董真英隨葬功德疏錄文，參考《斯坦因文書研究》及王素《吐魯番出土〈功德疏〉所見西州庶民的净土信仰》(《唐研究》第一卷，1995年)

維大唐乾封二年歲次丁卯十一月

丁丑朔十八日甲戌西州高昌縣人前

官太吏氾延仕妻董氏真英持佛

五戒不違五行(?)□□□□

計與生死之道不同伏□□□□

各本歸屬但爲□□□□

朱書爲證明

爲正信佛弟子清信女真英痾疾□□□□

心講法華經一部寫法華一部灌頂經一部

金剛般若廣略兩卷消伏觀音各一卷及誦灌

頂經百〇五遍法華一百廿五遍智度論一遍金剛

般若波羅蜜經四遍涅般經一遍

七度總布施三伯餘僧誦觀音經□□□□□

經一千遍至十一月十八日未時卒□□□□

所作福業具注如前

【《文物1975》,《墓塼考釋(一)》,《墓誌錄》,《新疆墓誌》,《侯燦1992》,《白須净真1992》136注13,《索引稿》,《墓塼題錄》,《斯坦因文書研究》343,《孟憲實1994b》,《唐代文獻編年》,《阿斯塔那出土墓誌》,《速水2002》,《磚誌集注》,《統計分析》,《李方2013b》223,《米婷婷2014》】

68.王歡悅夫人麴氏墓銘

乾封二年(667)十二月九日　書式不明　36×35.5　Ast. ix.1　大英博物館

偽殿中將軍皇朝驍尉騎王歡悅夫人麴□

墓銘　　君諱歡悅字姓王高昌都下也人惟

君志敦孝悌奉國忠誠代襲相丞拜授

殿中之職位屬大唐啓運澤被西州首

望鄉官　　詔賜驍騎之尉至都督歸國

知堪部分強幹灼然遣攝天山縣丞經餘一載春

秋七十有四即以斯晨殯葬於城西北原禮也其夫人

麴氏天夫早逝即日嬪居訓女教男並已成立

忽以乾封二年十二月九日卒於私第春

秋七十即以其年其月十一日葬
於斯墓

注：①參考永徽三年(652)王歡悅墓表。②録文據《亞洲腹地》第三卷圖版LXXV録成。第一行"驍尉騎"即"驍騎尉"之誤書。銘文第二行的"也人"，《磚誌集注》録爲"之人"，但細查墓塼照片，更似"也人"，實乃"人也"之倒書；第六行的"知堪"當即史籍記載的麴智湛。唐高宗永徽二年(651)因西域西突厥叛亂，遣麴文泰次子麴智湛返回高昌任西州都督府都督事。王歡悅在麴智湛回高昌一年後(652)死亡。③七十三歲任官天山縣丞。《唐會要》卷六七："舊制年七十以上應致仕，若齒力未衰，亦聽釐務。"④夫先死，夫死亡當日的早晨葬於墓，可知高昌人在老年即開始修墓。夫人是卒後兩天埋葬。可作一葬俗研究，研究死葬時間差、修墓年齡等内容。⑤《磚誌集注》徵引文獻注釋文獻出處爲《亞洲腹地》第三卷第1038頁和第四卷圖版LXXV，不知何據。

【《亞洲腹地》3/75，《白須浄真1975》36，《白須浄真1977》55，《墓塼考釋（一）》，《侯燦1984》，《侯燦1992》，《索引稿》，《朱雷1993》，《墓塼題録》，《孟憲實1994a》，《斯坦因文書研究》339，《北京旅順倫敦藏阿斯塔那墓誌》，《朱雷2000》95、96，《施新榮2001》，《磚誌集注》，《李方2008》，《統計分析》，《李方2010》205、206，《李方2013a》124，《李方2013b》219，《米婷婷2014》】

69.劉不六墓誌

乾封二年(667)

注：本墓誌僅在《阿斯塔那收集墓誌》中記録有唐垂拱二年(667)劉不六墓誌和"墨書十行"等簡單内容外，不見其他出版文獻著録。王

素於2001年11月在東洋文庫發表的《〈吐魯番出土文書〉早期整理工作述評——以〈出土文書〉整理組現存檔案爲中心》一文中,介紹了此墓誌。據王素講,在現存《出土文書》整理組檔案中,有《吐魯番出土墓誌目錄》一册,分阿斯塔那、哈拉和卓地區、雅爾湖西區、其他四個部分,共收墓誌一百五十五方,少數有釋文,多數注明收藏單位。其中,有的墓誌至今未發表。如唐乾封二年(667)劉不六墓誌。并注釋曰,按劉不六其人,《出土文書》凡三見,一見《高昌武城堷(增?)作額名籍》[60TAM339:50/1—3,載《出土文書叁》,《出土文書壹》(圖錄本)];一見《唐張慶守等領粟帳》[59TAM302:30/4—4(a),載《出土文書貳五》,《出土文書貳》(圖錄本)];一見《唐永徽五年(654)西州高昌縣武城鄉范阿伯等納蒭薪抄》[66TAM338:32/5,載《出土文書五》,《出土文書貳》(圖錄本)],時代可與墓誌年代銜接,二者當爲一人。

70. 王雅墓塼

總章元年(668)九月十八日　灰塼　黑地白粉格朱書
36×36×4　72TAM199:2　新考

　　總章元年歲次戊辰九月壬午朔
　　□□日己亥除薩綱王雅者西州
　　□□□□也斯乃稟性淳和景行
　　□□□□俱備百行無虧爲鄉里
　　□□□作室之梁棟何期逝川靡
　　□□□難留致使冬柏摧柯春蓀
　　□□一朝物化掩逐風光鄰里悲

□□路摧泣仰思嘉德尚想餘風

　　雲淚垂珠更添斑竹春秋一百有

　　三□然殞逝即以其日殯葬斯陵

　　□□悲號鄉閭痛惜嗚呼哀哉其

　　□□□□□□宗族號咷鄰里痛

　　□□□□□□哀哉□之云爾

注：①録文參照《新疆墓誌》，後參考《磚誌集注》《斯坦因文書研究》補録部分文字。②斯坦因遺留發掘品，無斯坦因編號。陳國燦將其歸爲"散出墓葬文書"類（《斯坦因文書研究》，第378頁）。後從TAM199出土。TAM199墓出土之延昌卌一年(601)張阿質妻麴氏墓表、重光元年(620)張阿質墓表、唐永徽三年(652)王歡悦墓表、唐永淳元年(682)汜智□墓塼、高昌延壽二年(625)王伯瑜妻唐氏墓表、貞觀廿年(646)張延衡妻麴氏墓表，均係斯坦因發掘而未帶走，後存入此墓者。③元年干支爲戊辰九月壬午朔者唯總章元年。亦有録文作"九月壬子"，誤。九月己亥日是十八日。④享年一〇三歲，可謂高昌墓塼所記死亡年齡中的最高記録。⑤《磚誌集注》徵引文獻注釋文獻出處爲《亞洲腹地》第三卷附録Ⅰ第1040頁，不知何據。⑥"薩綱"，侯燦認爲是火祆教的僧官。見《磚誌集注》。

【《墓塼考釋（一）》、《墓誌録》、《新疆墓誌》、《侯燦1992》、《索引稿》、《孟憲實1993》、《墓塼題録》、《斯坦因文書研究》381、《阿斯塔那出土墓誌》、《唐代文獻編年》、《磚誌集注》、《孟憲實2004》376、《統計分析》】

71. 楊保救墓銕

　　　　　總章元年(668)十二月十日　　黑地刻豎綫朱書　　38.5×

39×4.5　67TAM92:34　新博

　　偽明威將軍楊公墓誌
　　君姓楊字保救渤海梨陽人也避難河右違踰
　　玉關卜宅瞻星保居高昌也禀性敦素結行清貞
　　忠告誠言爲人厚質偽王在日任明威將軍事
　　孜孜理務起平恕之心冀冀存公振恭懃之響□
　　賓唐國觸事庶譏訓子弟以義方恪劬勞於家
　　事男成女立内外無虧鄉黨稱仁宗族稱孝知
　　命之歲深悟内經耳順之年規矩無越積善
　　無應老疾彌加上藥窮方名醫絶驗忽以總
　　章元年十一月廿日卆於私第春秋九十有
　　五即以十二月十日葬於城西北原禮也子
　　孫擗踊哀切四鄰親戚號啼悲慟城
　　國嗚呼哀哉葬於斯墓

注:①夫婦合葬墓,同墓出土延壽十六年(639)陽保救妻張臺墓表。②楊保救年長其妻二十一歲。③高昌國時期楊保救任明威將軍(第七等,參見《侯燦1984》)。貞觀十四年(640)楊氏六十七歲。西州時期沒有任官。此外,楊氏沒有被唐虜去中原,可能是年齡偏大,或可理解爲地位低下的明威將軍等級的官僚不屬於被虜對象。

【《侯燦1984》,《墓誌錄》,《新疆墓誌》,《索引稿》,《出土文書貳》255,《孟憲實1994b》,《阿斯塔那出土墓誌》,《磚誌集注》,《葉貴良2003》,《孟憲實2004》16、84、343,《統計分析》,《裴成國2012》】

72.張安吉墓誌

　　總章二年(669)十一月七日　灰塼　白粉地墨書　37×

37×4　TAM203　新考

□州學生張安吉墓誌並序
君姓張字安吉西州高昌人也祖宗秀烈家緒修
長避難開西保居高昌者也君乃幼挺神童早超令
譽背碑未謝落紙憖焉何期蘭蕙逢霜芝梅被刈嘉
苗絕於秋實翠葉殞於春枝逝水東而莫旋落日西
而不返忽以總章二年十月廿一日卒於私第春秋廿有一即以
其年十一月七日葬於西北原禮也爾乃飛旐戒路歸玉質於窮
泉蒿里啓途引嘶驂於永夜等顔生之早逝同鯉也而幼
終儕流痛悼脫驂同門悲傷掛劍騰英名於死後播美
譽於生前恐碧海而作桑田勒斯文而銘曰

注：①有序無銘，觀墓誌照片，知其已無銘的書寫餘地。②張安吉的身份爲"州學生"。雖然寫明是西州高昌人，但其祖先是"避難關西保居高昌"的。③亦有定名爲"張安告"者。

【《墓誌錄》，《新疆墓誌》，《索引稿》，《孟憲實1994b》，《阿斯塔那1972—1973》，《阿斯塔那出土墓誌》，《磚誌集注》，《肖瑜2007》，《統計分析》】

73.嚴海隆墓誌

咸亨二年(671)二月五日　灰塼　白地朱書　36×35×4
67TAM94:15　新博

西州高昌縣僞前主簿嚴海隆墓誌
君諱海隆高昌縣人也志性敦和文識廣備
智周行滿訓則流傳體比春松存懷運茂遇
遭時疾類秋葉難留妙藥奇方徒施無驗鄉憖闕袖

闾里停歌哀動連雲悲聲嘆息春秋柒拾有

壹忽以咸亨二年歲次辛未正月廿日卆於私弟以二月

五日葬於城北原礼也遷神動柩靈轉浮衢泣

摧傷言將隨命忖巷唱道汙涉用流名表城川

咸云的識人師永絕教首常悠積德莫徵它知

啓發古今任職挾衷嚴延雖不望迴風光體雪

忠心竭盡未期奄滅生死道殊長辭永別嗚呼

哀哉葬於斯墓

咸亨二年二月五日驍騎尉墓誌

注：①錄文據《墓誌錄》。②此墓誌開頭部分有"西州高昌縣偽前主簿嚴海隆墓誌"，結尾部分又有"咸亨二年二月五日驍騎尉墓誌"，在格式上比較特殊。③嚴海隆在高昌國時期是主簿，死亡時是唐官吏中的驍騎尉。

【《墓誌錄》，《新疆墓誌》，《索引稿》，《孟憲實1994b》，《阿斯塔那出土墓誌》，《磚誌集注》，《李方2008》，《統計分析》，《裴成國2012》，《李方2013a》229】

74.趙氏木表（Wooden stick）

注：斯坦因在雅圖庫（Yutogh,ユトーグ）古墓群發掘有墓誌一方，紀年爲公元671年，原文無漢字記錄，白須净真釋爲趙（Chao Chin-hsiang）氏木表。參考白須净真《高昌墓塼考釈（一）》及2000年7月15日在箱根的唐代史研究會暑期研討會發表的《トゥルファン出土墓表・墓誌の研究とその課題》，另參考A.Stein,"The Ancient Cemeteries of Astana", in *Innermost Asia*, Vol.Ⅱ, p.610。

75.趙惡仁墓誌

咸亨三年(672)十二月十四日　塼質　塗黑彩　朱豎格朱書　35.5×35×4　60TAM330　新博

雲騎尉趙惡仁墓誌
君諱字惡仁西州武城也志性敦善景行
温和恭順在懷鄉閭慕義於家唯
孝於國忠誠立効建名驍雄勁
節功勞顯著蒙授雲騎之官積
善無徵摧梁奄及春秋五十於咸亨
三年十二月四日卒於私第即以其年其
月十四日葬於東原礼也嗚呼哀哉
葬於斯墓

注：①錄文錄自《墓誌錄》，第二行的"武城"後少一"人"字。《阿斯塔那1959—1960》的錄文與此有別，如第二行最後一字"唯"被錄作"難"，第三行第八字"建"被錄作"遠"等。②雲騎尉的授與，參考《文館詞林》卷六六四《貞觀年中巡撫高昌詔》。

【《墓誌錄》120，《索引稿》，《出土文書叁》230，《阿斯塔那1959—1960》，《阿斯塔那出土墓誌》，《唐代文獻編年》，《磚誌集注》，《李方2008》，《統計分析》，《裴成國2012》，《李方2013a》230】

76.史柱墓塼

咸亨四年(673)二月十六日　灰塼　朱緣朱豎綫朱書　36.5×36.5×3.5　TAM63：1　新博

維咸亨四年太歲癸酉二月丁巳朔

十六日任申執西州高昌縣人前僞
任主簿史柱者斯乃稟性純和景行
脩潔三才俱備六藝無虧爲衢里之楷
模作室家之領袖何其逝川靡息隙影
難留致使冬柏摧柯春蓧殞質一朝物
化掩遂風光鄰伍悲傷行路啼泣仰思嘉
德尚想餘風雲淚垂珠更添斑竹春秋七十
有七掩然殞逝即以其日殯葬斯墓宗
秩悲號鄉閭痛惜嗚呼哀哉乃爲頌曰
形神安在瞻眺傷懷哭望幾筵悲戀軒蓋
諸子酸結宗族攀號鄰里痛深鄉閭哽咽
哀々哉々頌之云爾

注：①第二行之"任申"即"壬申"。②墓誌銘一般由"誌"和"銘"組成。本墓塼"銘"的部分書爲"頌"。

【《墓誌錄》，《新疆墓誌》，《索引稿》，《孟憲實1994b》，《阿斯塔那出土墓誌》，《唐代文獻編年》，《磚誌集注》，《統計分析》】

77. □海生墓塼

咸亨四年(673)三月廿三日　灰塼　朱書　34.5×34.5×3.5　66TAM61　新博

君無諱字海生高昌人也內懷忠孝喻及鄉小外
布淳和名流郡邑崇仁崇義素自天生敦
猛敦雄其來自久加欲脩身顯節用表雄
驍託質三軍擬除尠暴遂使凌雲之翅未扇
霜降秋癸拔海之志未申摧木之悲斯乃以咸

亨四年三月十六日纏遇時痾求以殊方之藥

訪以迴駕之醫致使無驗無方薨爾淹從

遷化春秋卅有二即以其月廿三日葬於高

昌縣之北原禮斯人之歎滿自街衢不實之悲

盈於巷路嗚呼哀哉葬於斯墓

咸亨四年三月廿三日記

注：①墓誌書於埋葬當日。又，海生的死亡年齡是三十二歲，其生前應不會準備墳墓。從其死亡日到埋葬日推算，墓的掘挖時間大概要六至七天。②"痾"爲疾病之意，"時痾"或指流行病或瘟疫。③肖瑜指出，第二行第二字之"渟"字應是"淳"字。參考肖瑜《〈吐魯番出土磚誌集注〉札記一則》(《古漢語研究》2007年第1期)專題研究。

【《墓誌錄》，《新疆墓誌》，《索引稿》，《孟憲實1994b》，《出土文書叁》236，《阿斯塔那出土墓誌》，《磚誌集注》，《統計分析》，《李方2010》30】

78.左憧憙(左憧熹)墓誌

咸亨四年(673)五月廿二日　　灰塼　　黑地刻格朱書 35×35×5　　64TAM4　　新博

維大唐咸亨四年歲次甲乙

五月丁未朔廿二日西州高

昌縣人左公謹誌並序

君諱憧憙鴻源發於戎衛令

譽顯於魯朝德行清高爲人

析表財豐齊景無以驕奢意

氣陵雲聲傳異域屈身卑己

立行脩名純忠敦孝禮數越

　　常以咸亨四年五月廿二日卒

　　於私第春秋五十有七葬於

　　城西原礼嗚呼哀哉啓斯墓殯

注：①録文據《白須净真1997》。②第一行的甲乙紀年應是癸酉，丁未紀月應是丙戌。

附録：左憧憙生前功德及隨身錢物疏

　　憧憙身在之日告佛

　　憧憙身在之日十年已前造壹佛貳陪

　　薩至叁年説汙蘭貪（貧）經左郎身自□

　　晚伍伯僧表銀錢用左郎隨身去日將

　　白銀錢三斧白練壹万段清科□麥粟慵

　　等伍万石婢阿迦婢□香婢多不屎婢解奴巳

　　德婢尾香咸亨四年四月廿九日付曹主左□

　　校收取錢財及練伍穀麥粟等斧背收

　　領取用鎧拽有於人不得拽取付主左

　　憧憙收領

注：①附録録文出自《出土文書叁》。②原注：汙蘭貪松，"貪"是"貧"之誤，"松"是"經"的同音假借。《汙蘭貧經》通常譯作《盂蘭盆經》。盂蘭盆是梵文 ullambana 的音譯。"婢解"的"解"下疑"脱"一字。

【《墓誌録》，《新疆墓誌》，《白須净真1992》136注15，《索引稿》，《孟憲實1994b》，《出土文書叁》208，《白須净真1997》，《阿斯塔那出土墓誌》，《唐代文獻編年》，《磚誌集注》，《孟憲實2004》253，《裴成國2007》，《統計分析》，《李方2010》346、347，《西域碑銘録》】

79.曹懷明妻索氏墓銘

咸亨五年(674)二月□六日　朱書　38.3×37.6×4　交河城溝西曹塋　　故宫

維大唐咸亨<u>五年</u>歲次<u>壬</u>午二月□□□□
六日戊寅前□□曹懷明妻索氏諱□□<u>春</u>
秋七十有二卒少稟生知早懷令聞爲人□
志憧卓無同親<u>族</u>之楷模鄉<u>閭</u>之軌則磨而不
罄湼<u>而不</u>□松柏不比其貞冰玉無方其潔既而
魂馳西景<u>魄</u>驚東流名與風騰隙駒難住
致使絶人倫之軌<u>則朝野</u>之失楷模貴聞者哭於
宫高睹者悲於<u>室</u>嗚呼哀哉乃爲銘曰
<u>人非金石</u>禍故無常嗟茲亡婦秋葉彫霜身隨
<u>煙滅名與風翔</u>同生隔死天命難<u>量</u>昔與人處今與
<u>鬼居生</u>死既異<u>□□□□</u>不見<u>白日</u>空臥丘垠甘從灰
<u>滅</u>□□□如殯埋時訖廻駕言飯何愁不生何患不□
□□□□□□□□□□□□□□□□□

注：此塼字迹模糊，不盡可辨。但初出土時較現在可識者爲多。今本初出土時記録校正。旁加圓點(本文中爲下綫)爲記。"咸亨五年歲次甲戌(戍)"，與此不合。按此行字迹本模糊，此處疑作"咸亨三年，歲次壬申，二月朔癸亥，十六日戊寅"乃與《長曆》合。(黄文弼原注)

【《高昌塼集》，《高昌陶集》，《白須净真1975》，《索引稿》，《磚誌集注》，《葉貴良2003》，《統計分析》，《故宫藏誌彙編》，《米婷婷2014》】

80.張君行母墓塼

咸亨五年(674)三月廿二日　灰塼　黑地白粉書　37×37×4.5　TAM201　新考

竊以生死二儀今古通説衆生亡没
略世恒然亡者稔當九十有餘今年
三月十二日乃奄生存之日育養有方
隕殂已來子孫荼毒即欲停屍在
室恐異於凡人今若埋在墓田不忍
離別兩儀憒問取殯爲宜若不述
其姓名恐後無知皂白略顯微位疑
後知真智任舊日中兵男即當塗
校尉門傳張室邑號南平咸亨
五年三月廿二日張君行之母葬於
高昌城西北五里斯墓

注:①第二行"稔當"二字或爲張君行母之名。②高昌人的高齡者多有當日葬者。若統計墓塼中有死亡年齡、死亡紀年、埋葬紀年的墓塼,當可得知高昌人一般在多大年齡開始造墓。此張君行之母卒後十日埋葬,雖是一例外,但應非墓葬未成,而是墓塼文中所言但"不忍離別"之故。③從功德疏可知,自死亡後即請僧誦經,且"至今經聲不絕"。埋葬儀式中也有僧人參加。此中内容是研究有關高昌漢人的喪葬儀式的重要資料。"至今經聲不絕"的"今"是指功德疏書寫時。隨葬衣物疏的書寫時間是在死亡後葬送儀式前,但其紀年一般書寫埋葬日。此功德疏的紀年與墓誌對照可知是埋葬紀年。但其書寫時間與隨葬衣物疏的書寫時間是否一樣,有待考證。

附錄:咸亨五年陣(兒)爲阿婆錄在生及亡没所修功德牒

右阿婆生存及亡没所修功德件錄條

目如左

文軌法師邊講法華一部敬道禪師邊受戒

寫涅槃經一部隨願往生經一卷

觀世音經一卷

延僧設供誦大波若一十遍

自省已來口誦餘經未曾懈廢

延法師曇真往南平講金光明經一遍

法華兩遍金光波若一遍

在生好喜布施乍計不周

右告阿婆從亡已後延僧誦隨願往生

至今經聲不絕并誦大波若一遍

葬日布施眾僧銀錢叁佰文

牒件錄在生及亡没所修功德條目如

前謹牒

咸亨五年三月廿二日陣　　牒

【《墓誌錄》,《新疆墓誌》,《索引稿》,《出土文書叁》258,《阿斯塔那1972—1973》,《阿斯塔那出土墓誌》,《磚誌集注》,《孟憲實2004》365,《統計分析》,《李方2010》397、398,《李方2013a》218,《李方2013b》266,《米婷婷2014》】

81. 張歡□妻唐氏墓塼

咸亨五年（674）五月四日　　墨書　　35.5×35×4.1　95TYGXM2:1　　新考

維大唐咸亨五年歲次甲

戌朔五月庚戌四日癸丑

西州交河縣人前錄事張歡

□妻唐氏早稟生知託於人

世爲四蛇莽逐二鼠相摧一旦

無常生於淨國何其竹柏

與蒲柳而先彫嗚呼哀哉

伏惟尚饗

　　咸亨五年五月四日記

注：①錄文參考新疆文物考古研究所錄文，其中第五行第十字誤錄爲"推"，邱陵訂正爲"摧"。參見邱陵《交河新出土唐張歡□妻唐氏墓表釋讀訂正》(《西域研究》1998年第1期)。②邱陵前文中著錄出土地點爲95TYGM2，墓塼厚度爲4.5厘米，塼質爲青灰陶，現藏新考，《新出表·誌》編號B-Ⅲ-c-10，黃文弼著錄爲溝西區張塋。③同墓埋葬有兩具屍體。④《西域碑銘錄》目錄列此墓誌，但其內容是永淳二年(683)張歡夫人麴連墓誌銘。

【《交河新出墓誌》，《新出表·誌》，《王素1989》，《王宗磊1998》，《荒川正晴2000》，《碑誌集注》，《統計分析》，《李方2010》293，《西域碑銘錄》，《米婷婷2014》】

82.賈□行祖母翟氏墓塼

上元二年(675)十一月九日　　灰塼　朱地墨書　36×36×4　75TKM76:1　新考

維上元二年十月廿七日

賈□行祖母翟年八

十九卒於私宅即於

其年十一月九日葬於

北山道俗同赴殯斂

法已也

注：①本墓塼的紀年爲死亡紀年,後書埋葬紀年。死亡紀年的書寫形式與高昌國時期墓塼的埋葬紀年的書寫形式同。②通過銘文中"道俗同赴殯斂法已也"的用詞,可窺見當時送葬的場面。

【《墓誌録》,《新疆墓誌》,《索引稿》,《阿斯塔那出土墓誌》,《磚誌集注》,《統計分析》,《米婷婷2014》】

83.唐䔩誌銘

上元二年(675)十二月十日　朱書　37×35.5×4.3　交河城溝西唐塋　歷博

唐故西州交河縣唐君誌銘

君諱䔩字護平陽人也古五帝唐堯之體胤也志

表溫寬性存貞簡履恭順而匪倦踐忠讓以無隳黨

遂可稱里㠯嘉譽君幼彰遊藝長顯景昌之功

情慕夷齊不羨角哀之仕行藏之志可略言也祖諱

謙任僞學博士三冬之暖久著僞初五柳之才標於茲

代父諱明任僞學博士並門襲英風代傳文石積

善之慶其在茲乎君谷性自娛年餘七紀不期

遘疾餌藥無瘳忽爾彌加俄焉斯逝致使秦

和妙術寂寞無徵醫緩神功便成虛説粵以上元

二年十二月五日寢疾卒於私第春秋八十有四即

以其年其月十日葬於交河縣城西原禮也嗚

呼哀哉穸於茲墓

上元二年歲次乙亥十二月庚午朔十日題

注：①"民"缺一筆，爲避唐太宗名諱。銘文中出現祖諱。②墓塼書於埋葬日之例。③出現"博士"文字的高昌墓塼共有三方，其中延壽十一年(634)唐阿朋墓表與此唐護墓誌同出一個墓地，應是同族。銘文中還出現了"門襲英風"，說明博士家學，代代相傳。

【《高昌陶集》，《白須净真1975》，《侯燦1984》，《新疆墓誌》，《索引稿》，《孟憲實1993》，《歷博法書十二》，《孟憲實1994b》，《磚誌集注》，《葉貴良2003》，《孟憲實2004》14、368，《統計分析》，《故宫藏誌彙編》】

84.張君墓誌

儀鳳二年(677)五月十二日　　白粉地墨格墨書　　37×37×3　72TAM202:1　新考

□□□□□□出□南陽白水往因避於□

□□□□□□遂□西州高昌縣人也曾

□□□□授田地司馬□□□□祖某僞授資□
　　　　　　　　　　□□挺□

□□父某僞□□□□毅英□君禀質敦恭性兼
　　　　　　　　　　□□謠□

□勇□誠□著官□校尉之榮砬礪身名功

□□□□□灾□竪秦緩之術無施療□

□□□□□方□枚忽以今月十一日奄於

□□□□八十有七何異依巖曉月光彩□

爾□□□芳玉露珠彩須臾易落以儀鳳二

年歲□丁丑五月壬戌朔十二日癸酉葬於
城西舊兆禮也爾日青鳥來卜白鵠翔空行
□見而傷嗟士女睹而垂涕嗚呼哀哉孤子
順感攀號叩地五内崩摧昊天之報莫追憐
□之聲俄息玄壤既開白楸斯定嗚呼哀哉
□爲銘曰　南陽氏族西宕莽□播遷此土
雌黄□酋　朝露殞零風燭俄□玄□永□
□□□□　儀鳳
二年五月十二日

注：①《墓誌録》等著録爲《□氏墓表》，《新疆墓誌》著録爲《張君墓誌》。②同墓出土麟德元年(664)張君妻鞠姜墓表。

【《墓誌録》，《新疆墓誌》，《索引稿》，《孟憲實1994b》，《出土文書叁》263，《王素1999》，《阿斯塔那出土墓誌》，《磚誌集注》，《葉貴良2003》，《孟憲實2004》14、343，《統計分析》《劉安志2011》29】

85.王康師墓銘

儀鳳三年(678)正月二日　塼質　朱書　39×39×4.3
交河城溝西王塋　故宮

維大唐儀鳳三年歲次戊寅正月乙未二日
庚申交河城人王康師春秋六十有六卒嗚呼
哀哉少稟志節懂卓無阿外取讚於忠憝□
名於養鄉城領袖宗族軌模老弱慕其能
長幼遵其德既而魂馳西景魄驚東流名
與風騰形隨煙滅靈臺迥朗神鑒清高

耳聞者喪其心目睹者摧其骨嗚呼

哀哉乃爲銘曰

人非金石禍故無常嗟茲亡父秋葉

彫霜身隨煙滅名與風翔既生有□□

命難量龍輴遵路素蓋廠□□□

地户踐生靈泉呼之不應□□□

於□視棺□撫心自□□□

注：①按劉義叟《長曆》唐儀鳳三年正月朔作戊午，此作乙未，乙疑爲"巳"字之誤。誤差一日。朔日爲己未，則二日爲庚申。故庚上當爲"二日"二字。②本墓誌有誌有銘，然而誌文的實質內容只有紀年和享年。這實際上與高昌國時期的墓表內容無區別，而與中原墓誌銘的書寫內容仍然不同。說明唐西州時期的高昌墓塼不是直接接受了中原的墓誌銘的格式，而是在高昌墓塼原有的基礎上模仿中原墓誌銘，由此形成了此墓塼的獨特的格式。

【《高昌塼集》，《高昌陶集》，《索引稿》，《孟憲實1994b》，《磚誌集注》，《葉貴良2003》，《統計分析》，《故宮藏誌彙編》】

86.趙貞仁墓塼

儀鳳三年(678)五月廿七日　塼質　墨書　37×37×4.7

交河城溝西趙塋　故宮

惟大唐儀鳳三年歲次茂

寅交河城人趙貞仁春秋

年可廿有九其年五月

景辰朔廿七日酒時身亡

注：①同墓出土墓表一方，殘欠不能讀。②第一行的"茂"爲"戊"；第

三行的第三字《高昌塼集》作"廿",《磚誌集注》作"卅";第四行的第七字形似"酒",當爲"酉"字。③從墓塼的内容看,其紀年應是死亡紀年。但高昌墓塼書寫於埋葬時,按習慣也是書寫埋葬日期,且高昌墓塼中常有將埋葬寫作"卒於墓"的[參考本書高昌國時期的延昌元年(561)劉□□墓表及延昌十三年(573)王擧奴墓表],所以此紀年雖然有身亡的用詞,似仍然可以考慮其爲埋葬紀年。

【《高昌塼集》,《高昌陶集》,《白須淨真1975》,《索引稿》,《孟憲實1994b》,《磚誌集注》,《統計分析》,《故宫藏誌彙編》】

87.侯府君夫人張氏墓銘

儀鳳年間(676—678)十二月廿七日　塼質　朱書　57×56　韓國國立中央博物館

□唐侯□觀府君夫人張氏墓

夫人西州高昌人雲麾將軍之孫

殿中將軍之女降年不永以儀鳳

□年十二月甲辰朔十七日乙□□□□

□……春秋五十有三粵以

其月廿七日定□□東平原禮

□□嗚呼哀哉

迺爲銘曰

□我夫人姿容夭秀婦德允

備母儀□就忽落星花俄空

□□□□芳館風□□□

注:①查儀鳳年間的十二月無甲辰朔。故此墓塼具體年代不明。②塼文述夫人張氏的家系,最後的銘中有"□我夫人……"等用詞,似

是其夫的用詞。"府君"一詞在漢魏後是對男性的尊稱,而唐以後則是子孫對先世敬稱,如清黃宗羲《金石要例・稱呼例》:"名位著者稱公,名位雖著同輩以下稱君,耆舊則稱府君。"此墓誌題爲"府君夫人",或説明"府君"在唐西州還使用於生人。③此墓銘圖版參見閔丙勳《國立中央博物館藏투르판出土墓塼管窺》(《美術資料》第57號),轉引自《磚誌集注》。

【《西陲後録》,《大谷》,《墓塼考釋(一)》,《侯燦1984》,《侯燦1992》,《索引稿》,《墓塼題録》,《孟憲實1994b》,《磚誌集注》,《統計分析》,《米婷婷2014》】

88.張相歡墓銘

　　永隆二年(681)正月廿一日　　塼質　　白地朱書　　39×39　Ast.010　　大英博物館

古旅帥張上柱國

君諱字相歡西州高昌縣人也曾祖俱僞明威將

軍今亡者權任僞王帳右城賓之際投化歸朝

爲上赤誠蒙補懷音隊正旋歸本邑舊位轉復

重飛撲大力於鄉邦嘉聲四方遠震誰謂松竹與

蒲柳而先彫子路賢人同鬼神而爲侶妻昆季等追

諸耆域並萃救療未遇西山之童俄悲逝川之

水遂使諸親躃踊行路咸以餞之既而泣動寒

泉啼傷龍樹春秋六十有二其年正月廿一日

措於西原一從詡此下方黷乾他方上界嗚呼

哀哉殯於斯墓

粵以永隆二年正廿一日勒銘

注：①"古"通"故"，"故舊"之意，"古旅帥"，即"故旅帥"。②本録文根據《新疆墓誌》及《亞洲腹地》(LXXV)的照片録出，後參考《磚誌集注》略有增補。本録文與《斯坦因文書研究》、《白須凈真1977》和《磚誌集注》的録文均有不同。白須凈真録文有缺字，使用時需進一步核實。銘文倒數第三行第七字之"辭"字，墓誌寫作"詳"。③第二行的"曾祖俱僞明威將軍"或許是曾祖與祖都是僞明威將軍，而非"曾祖名俱，僞明威將軍"之意。但有曾祖有祖，而無父之經歷，也是一個疑問。或可理解爲墓銘中只書寫有官職的曾祖俱的名字，無官歷的祖、父則省略了。④"城賓之際"，當指唐占高昌之事。《國語·楚語上》："蠻夷戎狄，其不賓也久矣。"章昭注："賓，服也。"⑤懷音折衝府，設置於河南府懷音，屬右武衛，參考《新唐書》卷三八《地理志·河南府》，又參考羅振玉《唐折衝府考補拾遺》。旅帥，從八品上。上柱國，勳官，視正二品。此時期，勳官的授與比較濫。但是"太宗時代における勳官の價值は、濫授傾向の甚しくなった開元·天保のそれに對比すれば、はるかに價值あるものであったことは疑いなく、まして当時の高昌における價值は相当高かったとみてよいのではなかろうか"(《白須凈真1979》)。⑥《磚誌集注》徵引文獻注釋文獻出處爲《亞洲腹地》第三卷附録A第985頁和第四卷圖版LXXV，實則只見於第三卷。

【《亞洲腹地》3/75，《白須凈真1977》49、54，《墓塼考釋（一）》，《侯燦1984》，《新疆墓誌》，《侯燦1992》，《索引稿》，《朱雷1993》，《孟憲實1994a》，《孟憲實1994b》，《墓塼題録》，《斯坦因文書研究》383，《北京旅順倫敦藏阿斯塔那墓誌》，《唐代文獻編年》，《磚誌集注》，《統計分析》，《劉安志2011》36、46，《陳國燦2012》145、233，《裴成國2012》】

89.唐思文妻張氏墓塼

永淳元年(682)五月十五日　塼質　朱書　38×30×4.3　雅爾崖子溝西　故宮

維永淳元年歲次壬午□□□

五月癸巳朔十三日乙巳西州

交河縣人唐思文妻張氏

春秋廿有五以其年五月

十五日葬於城西原禮也

注:紀年先書寫死亡日期,後書寫埋葬日期。從高昌墓塼紀年的行文規律看,紀年干支後緊接着應該出現的是月份,此紀年和紀月之間的三個字應與日期有關。

【《高昌塼集》,《高昌陶集》,《白須净真1975》,《索引稿》,《磚誌集注》,《統計分析》,《故宮藏誌彙編》,《米婷婷2014》】

90.氾智□墓誌銘

永淳元年(682)　灰塼　朱竪格朱框朱書　40×39×6
72TAM199:6　新考

□□□□□□□縣故□智□墓□□

□□□□□□人也禀志高明松

□□□□□德無虧冰玉居心襟

□□□□□□言滿鄉閭既能敬上順

□□□□□□已爰自弱齡之歲琱瑩高

□□□□□年每以恭謹為美既得名

□□□□□□台閣銓衡擢任安西府

□□□□抱□砥礪恒心冀應眉壽遐

□□□□□河圖一旦風燭俄追以永淳元
□□□□□卒於任所尋繹春秋卅有□
□□□□□五日葬於州城北原禮也
□□□□□愴逝川之嘆長悲宗族□而
□□□□□乎斯及量由受奄殯□□□
□□□□□少仕之美年實亦□苗□之
□□□□□銘之云爾

注：①本錄文參考《墓誌錄》和《磚誌集注》，與《斯坦因文書研究》略有不同。②斯坦因在墓表左側用鉛筆書寫"ix.5."，上側又用墨筆書寫"Ast.ix.5"。本墓誌年代係據斯坦因《亞洲腹地》第二卷第667頁解釋。（《墓誌錄》）③TAM199墓出土之延昌卅一年(601)張阿質妻鞠氏墓表、重光元年(620)張阿質墓表、唐永徽三年(652)王歡悅墓表、唐永淳元年(682)氾智□墓塼、高昌延壽二年(625)王伯瑜妻唐氏墓表、貞觀廿年(646)張延衡妻鞠氏墓表，均係斯坦因發掘後而未帶走，後存入此墓者。④氾姓，參見和平二年(552)氾紹和及夫人張氏墓塼注釋。⑤《磚誌集注》徵引文獻注釋文獻出處爲《亞洲腹地》第二卷第667頁和第三卷第1041頁，不知何據。

【《墓塼考釋（一）》，《墓誌錄》，《侯燦1992》，《白須净真1992》136注13，《索引稿》，《墓塼題錄》，《斯坦因文書研究》364，《阿斯塔那出土墓誌》，《唐代文獻編年》，《速水2002》，《磚誌集注》，《葉貴良2003》，《統計分析》】

91.永淳元年殘墓誌

注：發掘報告中寫明發現唐永淳元年殘墓誌，但未注明更多內容。

【《阿斯塔那1973》】

92.張歡夫人麴連墓誌銘

永淳二年(683)二月廿四日　灰塼　朱豎格朱框朱書
33×33×3.8　69TAM117　新博

大唐故僞吏部侍郎張歡夫人麴氏墓誌銘
夫人諱連字戒高昌僞左衛大將軍陁之女
也積善無徵奠楹入夢粵以永淳二年二月
五日嬰疾奄然物化春秋八十有七以其年
歲次癸未二月巳未朔廿四日壬午窆於城
北原舊兆礼也嗚呼哀哉迺爲詺曰
嬋媛淑質肅穆風神光浮月宇影泛星
津笄年訓誡仇歲承賓三從克順八敬
方申氣序遄謝年鬢傷人窆藏匪固臺
色徒春黃鶴一別紫劍雙淪柳轜咽水
蒿塋飛塵

注：①錄文據《墓誌錄》《白須淨真1992》和《碑誌集注》。②永淳二年(弘道元年)二月巳未(己未)應爲癸丑朔,廿四日應爲丙子。此墓誌的廿四日壬午是按己未朔排列下來的。③《墓誌錄》著錄爲朱書、朱豎格、朱框。從白黑照片看,似乎應是墨地、白書、白豎格、白框。④《西域碑銘錄》在其目錄中將此墓誌錯定爲咸亨五年(674)的"張歡□妻唐氏墓塼",且文獻出處并非《文物1972》。⑤合葬墓。

【《白須淨真1979》39,《侯燦1984》,《墓誌錄》,《新疆墓誌》,《關尾史郎1991》,《白須淨真1992》120,《索引稿》,《出土文書貳》288,《宋曉梅1994》,《阿斯塔那出土墓誌》,《施新榮2001》,《碑誌集注》,《張銘心2007》,《統計分析》,《劉安志2011》27,《西域碑銘錄》,《米

婷婷 2014》】

93.氾建墓誌

垂拱二年(686)九月十七日　白粉格墨地朱書　38×36×4.5　阿斯塔那　故宮

維大唐垂拱二年歲次景戌九
月辛巳朔西州高昌縣前庭府
隊正上騎都尉氾建　銘諱□

竊以二儀應表惠照郡萌鵠樹
輀光顯迢品物真容出代組綬
門傳不謂妙體分留玄潛永息
靈誠終始遲暢久臻一沒長泉
令名居代在生養性幽讓魂猶長
誓循文登神淨業德苞往右道習
依仁墓繼招宗託隆三界殊路有異哀
炌傷心痛割㞋嵑不勝躃踊春
秋六十有已七月十二日深患廿二日總
悌用今月十七日葬於城東北
原禮也

孤子氾神力墓誌

注：①錄文錄自《高昌塼集》，第三行"氾建"後《磚誌集注》沒有加未識字標記，第八行"養"字張湧泉《敦煌俗字研究》釋爲"差"字。②按垂拱二年爲丙戌，高昌墓塼唐代墓表，凡干支爲丙多作景，如趙貞仁墓表"五月景辰朔"當作"丙辰"；□海悅墓表"五日景寅"當作"丙

寅";劉士恭墓誌銘"乾封元年歲次景寅"當作"丙寅",蓋避李昞諱也。劉住隆妻王延臺墓誌"顯慶五年歲次景申"當作"庚申"。又按垂拱二年九月朔,劉義叟《長曆》作戊戌,此作辛巳,誤。(黃文弼原注)③氾姓,參見和平二年(552)氾紹和及夫人張氏墓塼注釋。

【《高昌塼集》,《墓塼考釋(一)》,《白須净真1992》136 注 14,《索引稿》,《速水2002》,《磚誌集注》,《李方2008》,《統計分析》,《故宮藏誌彙編》,《李方2010》352,《李方2013a》218】

94.□如節墓誌

垂拱二年(686)十一月二十七日　青塼　墨地朱豎界欄朱書　34.5×34×4　04TBM217:12　吐文

君諱如節其先兗城之勝族卜宅

徙塞高栖此地長爲西州人焉其祖前

庭府隊正上護軍諱護父上柱國諱歡

之長子祗質怡亮禀靈聰穎文風有裕□

□知機與交淡水之情密契秉披雲之趣年將

四五祗奉公門孝篤居德無虧私室豈謂

涉洹之夢俄及蒿里之閟忽從秀而靡實

殲光景春秋卅以垂拱二年歲屬庚戌六月

十九日終其月廿一日權殯於私第其年十一月廿七日

遷葬城東先人舊塋禮也嗚呼哀哉迺爲

銘曰金方茂族玉塞榮□□陶儒訓

性尚知機公庭肅奉私第仁慈懷秀

不實掩及塋穴從風易往逝水無來

丘墳寂寞煙霧徘徊

注:此墓誌出土於巴達木2號臺地217墓的墓道內,側立於距墓道口向北0.6米西壁處。第十行"塋禮",原作"禮塋",據顛倒符號訂正。

【《巴達木墓地2006》,《新獲文獻》,《李方2008》,《氣賀澤2009》,《李方2013a》218、230】

95.賈父師墓誌

唐垂拱四年(688)二月五日　灰塼　白粉書　39.4×39.4×4　L1.4.59　新博

唐故賈大夫墓誌
君姓賈諱阿名父師
西州高昌縣人 也粵以
垂拱四年歲次 壬子二
月五日 遘疾卒於私第
即以其月其日 葬於州
城北赤山南原 禮也

注:①死亡同日埋葬例。②賈大夫,諱阿,名父師。高昌國人名中多有"阿"字,然單名爲"阿"者,可以確認者僅此一例。另有張阿質兒墓表,或可讀作張阿、張質兒。然從其妻的墓表中可知,張阿質兒亦名張阿質。或許張阿質兒實名張阿,字質兒,又名張阿質。與張阿質同時埋葬的張鼻兒與張質兒或許是兄弟。③歲次壬子,垂拱四年干支爲戊子。④此墓誌是民國年間的記者李帆群在吐魯番發掘古墓所得。原錄文載1947年12月5日《新疆日報》的《高昌古墓發掘經過》一文中。據傳,李氏所得墓塼共有三方,其餘兩方也可能同此賈大夫墓誌同時轉入新疆博物館。但因無題名,無法核實。

【《墓誌錄》131,《侯燦 1992》,《索引稿》,《阿斯塔那收集墓誌》,《唐代文獻編年》,《磚誌集注》,《統計分析》】

96.王遮駔墓塼

　　唐垂拱四年(688)十一月　　土坯　　刻字　　43×20×12
59TAM304:1

　　垂拱四年十一月□六□

　　頭府隊正王

　　遮駔慕舍

注:《出土文書》等記載爲"王遮駔",《文物 1960》《磚誌集注》錄文作"五遮駔"。錄文似缺字,"頭府隊正"前應是"岸",而第一行的"六"後應是"日"。參見《文物 1960》、吳震《唐開元三年〈西州營名笈〉初探》(《文物》1973 年 10 期)。

　　【《文物 1960》,《白須净真 1975》36 注 52,《墓誌錄》130,《索引稿》,《出土文書叁》294,《阿斯塔那出土墓誌》,《磚誌集注》,《李方 2005》,《統計分析》,《李方 2010》392》

97.張雄夫人麴氏墓誌銘

　　武周永昌元年(689)十一月廿七日　　砂岩　墨地刻格刻字
74.5×74.5×14　　墓誌蓋盝頂式　　72×72×13　　73TAM206:75
新博

　　唐故僞高昌左衛大將軍張君夫人永安太郡君麴氏墓誌銘並序

　　君諱雄字太歡本南陽白水人也天分翼軫之星地列燉煌之郡英宗得於高

　　遠茂族檀其清華西京之七葉貂蟬東土之一門龍鳳則有尋

源崐閬倚柱涼

　　城跗蕚散於前庭波瀾流於右地因家遂久避代不歸故爲高昌人焉祖務僞

　　朝左衛將軍綰曹郎中父端僞建義將軍綰曹郎中並蒿萊巨雀蹄涔尺鯉文

　　成七代實相亾韓右侯一身惟忠僞趙公天資孝友神假聰明爰自弱齡襲居

　　榮職衣冠黼黻不以地望高人禮樂詩書不以才優傲物屬奸臣作禍僞祚將

　　顛公出乾侯兵緹縏邑君執奉羈靮經始艱難功冠卻燕勳隆復郢僞王返國

　　寵命偏優拜威遠將軍兼都官郎中答勤勞也尋遷左衛大將軍兼兵部職公

　　以太妃之姪外戚之家懼梁冀之奢亾誡霍山之侈滅所寄逾重所執惟謙殫

　　馨粟帛散惠親友貞觀之初　　聖人啓旦占雲就景公懷事大之謀阻漠

　　憑沙國有偷安之望規諫莫用殷憂起疾成都石折智士其當以僞延壽十年

　　二月甲申卒於本郡春秋五十君主哀慟歸賵誄德追贈南平太守護軍大將

　　軍綰曹如故夫人隴西金城麴氏　　皇朝永安太郡君祖願僞寧朔將軍

　　左衛大將軍橫截太守父明僞寧朔將軍橫截太守青樓甲第

盛軒冕於中京

赤阪荒區徙邦家於下國誕生英淑作配仁賢賓敬克申卿親益固芝蘭今胤

始植階庭膠漆良人遽悲泉壤廣被斷機之訓教子多方靡他自誓之心望夫

何及膏澤不禦五十餘年於嗟彼蒼莫恤煢獨以垂拱四年歲次戊子三月戊

午朔廿八日景戌遘疾終於高昌縣之淳風里第春秋八十有二長子定和前

庭府折衝都尉基構纔隆盛年早卒次子懷寂朝請大夫行疊州長史假右玉

鈐衛翊府右郎將二聞漸誠三徙承規永懷資事之恩載深創巨之痛倚閭斷

望入室增號式備衣衾之舉以崇封樹之製粵以永昌元年十一月廿七日祔

葬於高昌縣之西原禮也嗚呼哀哉鳳鳥樓前昔年孤往蛟龍匣裏今此同歸

輀車動而涼野愁晝翣移而寒泉悶長松肅肅漸生懸劍之枝高壠峨峨猶存

若斧之煞陳德音於不朽俾泰山其如礪銘曰

白水英宗朱門貴族裘冕不墜公侯戴復金運道銷沙塲地福雖鄰赤阪亦盜

黃屋其二我家有子君實挺生青囊曉術白麵知兵神機俊爽心鏡虛明忠申夙

事智若老成其二惟彼伐柯求此灼實於歸百兩好合琴瑟林鶴纔雙鏡鸞逈一

昔年分劍今來共室其三生榮巳矣哀送何之郊原漫漫旌翣遲遲霜櫃晨慘風

楊暮悲刻貞琰於茲日傳德音於幾時其四

注：①高昌墓塼中，由此墓誌始出現完整意義上的墓誌。但從發掘報告看，墓誌蓋似無文字。②唐代吐魯番有永安城。③關於綰曹郎中的官職，《孟憲實2004》有專題研究，他認爲綰曹郎中源自北魏官制，而實際上北魏平城時代的諸多制度多源自北涼，而從地緣角度上看，高昌受到北涼的影響應該更多，所以不妨如此理解：北涼爲北方十六國時期漢文化、制度的主要繼承者，其後北涼文化制度影響了更偏遠的高昌，同時也因爲北魏滅北涼而繼續影響到了北魏。④本墓誌是發現麴氏高昌國"義和政變"的主要綫索。相關研究參見《吴震1981》及關尾史郎《「義和政变」前史——高昌国王麴伯雅の改革を中心として》（《東洋史研究》第52卷第2號，1993年）、《張銘心2001》等。關於"義和政變"等問題的最新研究，有薛宗正《麴伯雅生平析疑——麴氏高昌與突厥木杆、室點密兩大汗系及隋朝的關係》（《敦煌學輯刊》2007年第2期）一文，薛文對以往研究參考不足。

【《文物1975》，《白須净真1977》53，《白須净真1979》36、39，《吴震1981》，《侯燦1984》》，《王素1984》，《王素1989》，《墓誌錄》，《新疆墓誌》，《出土文書貳》299，《宋曉梅1991》，《白須净真1992》123，《朱雷1993》，《侯燦1993》，《索引稿》，《宋曉梅1994》，《孟憲實1994a》，《孟憲實1994b》，《白須净真1997》，《王素1998》，《王素1999》，《阿斯塔那出土墓誌》，《朱雷2000》92、94，《唐代文獻編年》，《張銘心2001》，《孟憲實2001》，《施新榮2001》，《磚誌集注》，《孟憲實2004》，

《孟憲實 2004》18、106、135、192、193、196、203、212、292、296、303、304、307、343—347,《張銘心 2006》,《統計分析》,《王素 2010b》,《李方 2010》348、349,《劉光蓉 2011》,《陳國燦 2012》56、153、192、195、464、482,《裴成國 2012》,《李方 2013b》282,《西域碑銘錄》,《米婷婷 2014》】

98.氾延仕墓塼

永昌元年(689)九月三日　　灰塼　朱縱格朱書　38.5×38×4　72TAM199：4　新考

君姓氾諱延仕高昌縣人也爲人雅素

識性清高教闡前庭聲餘

後部無郍年餘耳順疾疫諍

纏藥石無徵哲人斯逝粵以永

昌元年歲次己丑九月壬申朔廿

六日乙亥卒於私第春秋八十有

三即以其年閏九月三日葬於城西北

原禮也嗚呼哀哉

注：①塼文模糊不清，各家錄文有別，《磚誌集注》錄文最後多出"迺爲銘曰"四字，由於塼文不清晰，不能判斷《磚誌集注》多錄出的這幾個字是否存在。②參考乾封二年(667)氾延仕妻董真英墓誌。③氾延仕墓誌中沒有官歷記錄，其妻董氏墓誌中有"西州高昌縣前官"的內容。墓誌中省略官歷，此爲一例。④TAM199墓出土之延昌卅一年(601)張阿質妻麴氏墓表、重光元年(620)張阿質墓表、唐永徽三年(652)王歡悅墓表、唐永淳元年(682)氾智□墓塼、高昌延壽二年(625)王伯瑜妻唐氏墓表、貞觀廿年(646)張延衡妻麴氏墓表，均係

斯坦因發掘而未帶走,後存入此墓者。⑤氾姓,參見和平二年(552)氾紹和及夫人張氏墓塼注釋。⑥《磚誌集注》徵引文獻注釋文獻出處爲《亞洲腹地》第三卷附錄Ⅰ第1042頁,不知何據。

【《墓塼考釋(一)》,《墓誌録》,《侯燦1992》,《白須净真1992》136注13,《索引稿》,《墓塼題録》,《斯坦因文書研究》343,《孟憲實1994b》,《阿斯塔那出土墓誌》,《速水2002》,《磚誌集注》,《統計分析》,《李方2013b》223】

99.張運感妻墓銘

天授元年(690)□月二日　灰塼　白字　30×30×5
73TAM509:1　新考

維大周歲次庚

寅朔□□

二日天山府

都帥張運感故

妻墓銘

故西關鎮將張君誌銘

維開元廿五年

歲次丁丑十二

廿六年庚寅歲正月六日葬

月十三日沙洲故

西關鎮將張

注:①此墓誌二回書寫,上段録文爲第一次書寫之塼文。參考開元

廿六年(738)張運感及妻墓銘。②大周庚寅,是年九月壬午武則天改國號爲周,改元天授。③《出土文書》中著錄爲武周久視元年(700)張運感妻墓誌,《磚志集注》著錄爲唐開元廿六年(738)張運感及妻墓表。

【《索引稿》,《出土文書肆》251,《阿斯塔那出土墓誌》,《磚誌集注》,《統計分析》,《李方 2010》118、398,《陳國燦 2012》624,《李方 2013b》265】

100.張富琳墓誌

長壽二年(693)二月六日　灰磚　黑地刻格白粉書
37×37×4　73TAM512:4　新考

上柱國張君墓誌
君諱富琳字仁禮西州高昌縣人也其先
出自白水分枝中夏子孫相繼播業前庭
祖父連輝皆爲國儀祖仁偽任廣武將軍
允文允武乃智乃仁父隆偽任武賁將軍
偽駙馬都尉身材挺特武藝絶倫慕化歸
朝遂授長上校尉君武賁將軍之小子乃
是公主之所生貌若潘安盈車擲菓彎弓
猨泣夏羿自慙文武兼施詩書竟習何期
積善無徵遂遭膏肓之疾名醫上藥療救
無方綠袟神香以佽難濟以長壽二年二
月二日卒於私第春秋五十有八即以其
月六日葬于城北原也嗚呼哀哉遂瘞斯
墓

注：①第七行的"授"，以及"年""月""日"均爲武周新字，銘文以通行字録入。③墓誌文中的公主，應是高昌麴氏的公主。張氏與麴氏歷代多有聯姻，西州時期也是如此。

【《侯燦1984》，《墓誌録》，《宋曉梅1991》，《新疆墓誌》，《索引稿》，《宋曉梅1994》，《孟憲實1994b》，《出土文書叄》369，《阿斯塔那出土墓誌》，《磚誌集注》，《葉貴良2003》，《李方2008》，《統計分析》，《陳國燦2012》146，《李方2013a》230、231】

101. 張懷寂墓誌銘

長壽三年(694)二月六日　細泥灰塼　黑地刻格刻字填
71×64×16　蓋失　阿斯塔那　新博

大周故中散大夫行茂州都督府司馬上柱國張府君墓誌銘並序

君諱懷寂字德璋南陽白水人也昔軒后誕孕手文疏得姓之源錫壤崇基白水爲封侯之

邑賢明繼軌代有人焉佐漢相韓備該策史襄避霍難西宅敦煌餘裔遷波奄居蒲渚遂爲

高昌人也曾祖務僞右衛將軍都綰曹郎中器度温雅風神秀朗祖端僞建義將軍都綰曹

郎中識鑒明敏弘博多通父雄僞左衛大將軍都綰曹郎中神性俊毅志懷剛直片言折獄

無謝仲由諾重千金寧慚季布故得入籌帷幄出總戎機緯武經文職兼二柄公良冶是傳

箕裘不墜年在襁褓僞授吏部侍郎爵被姣童以旌恩寵貞觀之際率國賓王永徽

之初再還故里都督麴湛以公衣纓望重才行可嘉年甫至學奏授本州行參軍雖蒞職舊

邦榮同衣錦展私不虧鄉禮存公無越憲章俄轉伊州錄事參軍糺劾六曹剛柔一貫駁議

無隱躬操直繩轉授甘州張掖縣令肅清百里仁政一同草靡其風人化其德令譽扇於三

輔逸響聞於九皋遷授朝散大夫除疊州長史此州境隣渾寇塁帶山巖烽候屢驚草竊爲

弊公雖職佐千里而微洞六奇設計運籌窮其巢穴下人謠德上徹　天聰旌善賞功

恩波夙被公歷任多載闕觀　慈顔念噬指以思歸想投機而自勵未申反哺之戀俄丁

膝下之憂一溢僅存毁瘠過禮屬蔥山小醜負德鴟張瀚海殘妖狐恩蟻聚同惡相濟劫掠

成群　天子命將登壇推輪伐罪以公果略先著蔄在帝心恩製奪情令總戎

律特授右玉鈐衛假郎將充武威軍子總管公固辭不獲俯履轅門輟孝殉忠義資盡命於

是飛懸旌而西上擁戎卒以啓行鳴鼓角於塁中竦長劍於天外是日賊頭跋論逆次拒輪

兵戈纔衝賊徒俄潰如秋風之掃枯葉類春景之鑠薄冰殲厥渠魁脅從罔治於是金方靜

析玉塞清塵十箭安氈幙之鄉四鎮復飛泉之塁元帥王孝傑錄功聞奏　恩製遽下

曰朝請大夫前行疊州長史武威軍子總管張懷寂識具通濟器能優舉夙承榮獎出貳蕃

條近總戎麾遠清荒徼恢七擒之勝略致三捷之嘉庸逆黨冰離妖群瓦解譽隆裨帥績著

幽遐作副名都充諧懋賞可中散大夫行茂州都督府司馬仍賜緋袍金帶及物貳伯段公

以允野寧諡榮賞優隆振旅凱旋翹欣飲至豈謂修途未極逸足中疲玉碎荊山珠沉漢浦

以長壽二年歲次癸巳五月己丑朔十一日己亥終於幕府春秋六十有二於是六軍望櫬

興埋玉之悲元帥親臨盡夫人之慟即以長壽三年太歲甲午二月己卯朔六日庚申葬於

高昌縣之西北舊塋禮也惟君體質貞明機神警朗雅善書劍猶精草隸彎弧擬樹已見啼

猿落紙飛毫行驚返鵲崇讓去伐絕矜尚之心重義輕財履謙沖之跡如珠有潤似玉無瑕

美績嘉猷筆難詳載子禮忠等扣心泣血茹粒僅存負米無期過庭絕訓思蓼莪而號踴想

陟岵以崩心恐陵谷貿遷芳猷歇滅聊題琬琰廼勒銘云

尋源討氏系自軒皇孕珠含德手印弓長辭榮讓顯戰涿功彰爰封白水錫土南陽三五已

降代襲忠貞珥貂漢闕曳綬韓庭槐門棘路鳴珮飛纓九州垂範四海馳聲顯允夫子寔為

仁軌百行攸歸五常是履綏邊殄寇鷹揚擅美懋賞疇庸備旌

緗史皇窮爽善摧此良材一丸無驗二竪興灾質殞朝露魂歸夜臺銘徽猷而洩涕薤露麴以申哀

注：①本錄文與《白須淨真1992》錄文有異。《唐墓誌》錄文第一行爲"大唐故中散大夫"，應以白須淨真錄文"大周"爲是。但白須淨真錄文的標點有可商榷之處。本墓誌錄文中有武周新字未標出。②長壽二年六月卒，長壽三年二月葬。停葬時間長達半年以上。③墓誌文中有"猶精草隸"的記載。此詞亦常見於兩唐書的傳記中。④"都督麴湛"即舊高昌王麴智盛之弟麴智湛。《册府元龜》卷九九一："高宗永徽二年(651)十一月丁丑，以高昌故地置安西都護府，以尚舍奉御天山縣公麴智湛爲左驍衛大將軍兼安西都護府州刺史，往鎮撫。"（參考［日］伊瀨仙太郎《中國西域經營史研究》）。《唐會要》卷七三："至(顯慶)三年(658)五月二日，移安西都護府於龜玆國，舊安西復爲西州都督，以麴智湛爲之，以統高昌故地。"(此記載又見《新唐書》卷二二一上《龜玆傳》)"張懷寂の墓塼に都督麴湛とあったのは、西州都督となった麴智湛を慣習により麴湛と略記したものと見てよいであろう。なお、張懷寂を西州行參軍に奏授した永徽の初めの麴智湛の官職は、安西都護兼西州刺史であったが、それが墓塼に都督とされているのは、墓塼が長壽三年(694)に作成された爲で、後の官職で統一的に刻したからに他ならない。"(《白須淨真1977》)⑤"至學"即"志學"，指人十五歲專心求學志學之年。"張懷寂は長壽二年(693)、六十二歲で他界しているから、授官の永徽の初めは、すでに十五歲を越えていたはずである。ここでは、墓誌であるから雅に刻したものか。"(《白須淨真1977》)⑥此墓塼於1910年被清巡檢張清發現。《新疆圖志·金石志》(1911年刊行)著

錄，是高昌墓塼中最早被著錄的。據《新疆訪古錄》記載，張懷寂墓誌出土於墓門處。如此，墓誌的埋藏位置與高昌墓塼埋藏於墓葬接近地面處不同，從這方面講，張懷寂墓誌已經與中原墓誌無差別了。⑦銘文中之"蒲渚"，實指吐魯番盆地之艾丁湖，泛指吐魯番盆地。（參見陳國燦《從吐魯番出土文獻看高昌王國》，《蘭州大學學報（社會科學版）》2003年第4期）"瀚海"在唐代是蒙古高原大沙漠以北及其迤西今准噶爾盆地一帶廣大地區的泛稱，亦多用爲征戰、武功等典故。⑧本墓誌專題研究論文參見羅振玉《僞周張懷寂墓誌跋》（載同氏《雪堂金石文字跋尾》卷四，《永豐鄉人稿》丙），陳國燦《跋〈武周張懷寂墓誌〉》（《陈国灿2012》），[日]小笠原宣秀、大庭脩《龍谷大學所藏吐魯番出土の張懷寂告身について》（載《谷大學論集》，1958年）。

附《張懷寂告身》復元錄文：

鸞臺朝散大夫前行迭州長史武威軍子暫管張懷寂識具通濟器能優舉夙承榮獎出貳蕃條近暫戎麾遠清荒？恢七擒之勝略致三捷之嘉庸逆黨冰離規群瓦解譽隆褝師績著幽遐作副名都允諧懸賞可中散大夫行茂州都督府司馬主者施行長壽二年臘月　日鳳閣令闕（散官）鳳閣侍郎同鳳閣鸞臺平章事臣李昭德宣奉（散官）鳳閣舍人臣行納言闕□部大夫守鸞臺侍郎同鳳閣鸞臺平章事臣元琮□部大夫給事中內供奉上柱國臣等言制書如右請奉請付外施行謹言長壽二年臘月廿九日臘月　日　都事下直左司員外郎下直文昌左相闕文昌右相闕天官尚書闕□□大夫守天官郎中權知天官侍郎事李至遠天官侍郎闕□□大夫守文昌左丞同鳳閣鸞臺平章事姚璹告中散大夫行茂州都督府司馬張懷寂奉被制書如右符到奉行主事　承敬□□大夫守天官員外郎咸□書令史　　　　　長壽二年臘月

注：此張懷寂告身復元錄文是根據小笠原宣秀與大庭脩合著的《龍谷大學所藏吐魯番出土の張懷寂告身について》(《龍谷大學論集》，1958年)抄錄。

【《西陲錄》,《新疆訪古錄》,《白須淨真1975》33注23,《白須淨真1977》50,《白須淨真1979》36,《吳震1981》,《侯燦1984》,《王素1984》,《彭琪1987》,《王素1989》,《白須淨真1990》2,《新疆墓誌》,《關尾史郎1991》,《宋曉梅1991》,《唐墓誌》854,《白須淨真1992》122,《朱雷1993》,《索引稿》,《墓塼題錄》,《孟憲實1994a》,《孟憲實1994b》,《白須淨真1997》,《王素1998》,《王素1999》,《阿斯塔那收集墓誌》,《唐代文獻編年》,《王素2002》,《磚誌集注》,《孟憲實2004》107、111、306、339、340、344—348,《張銘心2006》,《李方2008》,《統計分析》,《王素2010a》,《李方2010》149、150、348、349,《劉安志2011》28、36,《陳國燦2012》51、153、189、507,《裴成國2012》,《李方2013a》117、118、195、215,《西域碑銘錄》】

102.田府君夫人衛氏墓誌

證聖元年(695)五月十四日　黑地刻豎格白粉書
33.5×33.5×4　哈拉和卓　新考

大周前伊州納職縣主簿上輕車都
尉田府君夫人衛氏墓誌
夫人衛氏西州高昌人也巽宮稟
淑月宇資柔秦晉之疋尅諧琴
瑟之弦爰洽八敬攸備誠婦禮
以無虧四德允昭惣母儀而有

裕移天之軌諒在於斯春秋卅

有五粵以證聖元年五月十

四日葬於城東北塋礼也嗚

呼哀哉

注："年""月""日""天"及年號等字均爲武周新字，銘文以通行字錄入。此墓誌爲黑地白粉書，書法之精美，可謂西州時期之代表。

【《墓誌錄》，《新疆墓誌》，《索引稿》，《孟憲實1994a》，《孟憲實1994b》，《阿斯塔那出土墓誌》，《唐代文獻編年》，《磚誌集注》，《統計分析》，《米婷婷2014》】

103.唐憧海妻王氏墓牌

神功元年(697)　木質　墨書　110×28×2　64TAM15:3 新博

唐憧海妻王氏春秋卌丁酉歲

五月廿日葬毛去

注：①墓牌的文字内容屬異例，似不屬墓誌系列。但不知墓葬中的具體出土位置。②夫婦合葬墓。③本墓牌無紀年，因同墓唐憧海屍體上出土有貞觀十五年(641)文書，一般認爲唐憧海的埋葬時間在貞觀十五年(641)之後，如《出土文書貳》、《磚誌集注》，也有認定爲延壽十四年(637)的，如《索引稿》。然而唐憧海和其妻誰死於前尚不明確，因此將此墓牌推定爲延壽十四年(637)似有不妥。由貞觀十五年(641，辛丑)往後推，最近的"丁酉"年爲唐神功元年(697)，故本書定此墓牌爲唐神功元年。④同墓出土唐憧海無紀年隨葬衣物疏一件。

【《墓誌錄》，《索引稿》，《出土文書貳》20，《高昌文獻編年》，《張銘心 2000》,《阿斯塔那出土墓誌》,《磚誌集注》391,《統計分析》,《許全勝 2007》,《李筍 2013》,《米婷婷 2014》】

104.范羔墓誌

神功二年(698)臘月廿八日　灰磚　白地朱書　39×39×4
73TAM504:30　新考

　　神功貳年臘月戊戌朔
　　貳拾捌日景丁西州高昌縣武
　　城々上輕車都尉前城主范羔
　　之靈正月二日亡春秋七十有四
　　殯埋武城東北四里恐後歲月
　　奄久子孫迷或不分今立此至後
　　憑所依
　　神功貳年臘月貳拾捌日葬

注：①"年""月""日"及年號等字爲武周新字，銘文以通行字録入。第五行第十字"後"，第六行第九字的"今"，《墓誌録》分別録爲"淩"和"令"，但《磚誌集注》中已修訂。第二行的"景丁"即"丙丁"，避唐高祖李淵父李昞名諱。第六行的"至"即"誌"。"誌"作"至"者，尚見於阿斯塔那出土麟德元年(664)《翟郍寧昏母康波蜜提墓表》。另外，朝鮮出土明宗十八年(1188)金振鐸墓誌銘中有"振鐸之至"的刻銘，"之至"是否"之誌"的異寫，或可討論。參考西尾尚也《関西大学博物館所蔵高麗墓誌銘考証》,《千里山文学論集》第 67 號，2002 年 3 月。②神功年號只使用了一年，神功二年即武周聖曆元年。③墓表文記明正月二日死亡，臘月二十八日葬。《資治通鑑》卷二〇四，"武后永昌元年十一月條"載："十一月庚辰朔，日南至。太后享萬象神

宫,赦天下,始用周正。改永昌元年十一月爲載初元年正月,以十二月爲臘月,夏正月爲一月。"可知武周時期將每年的曆日提前兩個月算起,即將前一年的十一月算作本年的正月,十二月算作臘月,這種改制從公元 690 年至唐中宗神龍元年(705)爲止,沿用了十五年。(參見侯燦《〈吐魯番出土磚誌集注〉補正》,《新疆師範大學學報(哲學社會科學版)》2005 年第 3 期)④"墓誌に祖父や父のことを記することができなかったこと(彼らが記すべき官位や官職を持たなかった)がよく物語っているように、富強と呼べる状況は、彼の時代になってからのことであった。彼は間違いなく新興と呼べる庶民であった。"(參見《白須淨真 1997》)⑤TAM504 墓共出土墓表九方,除 504 號原有之延壽十二年(635)張善哲墓表和貞觀十六年(642)張善哲妻麴法臺墓表,餘七方均係斯坦因發掘時從他墓移來之物。本塼側面斯坦因書有 ix.1 的編號,在《亞洲腹地》第六章中記録爲 vi.1,亦即斯坦因編號的第四區 1 號墓。⑥《磚誌集注》徵引文獻注釋文獻出處爲《亞洲腹地》第三卷附録Ⅰ第 1043 頁和第四卷圖版 CXXVⅡ,實則只見於第三卷中。

【《亞洲腹地》3/127,《文物 1975》,《墓塼考釋(一)》,《侯燦 1984》,《白須淨真 1989》,《墓誌録》,《新疆墓誌》,《侯燦 1992》,《索引稿》,《墓塼題録》,《斯坦因文書研究》287,《白須淨真 1992》136 注 15,《侯燦 1993》,《孟憲實 1994a》,《白須淨真 1997》,《阿斯塔那出土墓誌》,《唐代文獻編年》,《磚誌集注》,《李方 2008》,《統計分析》,《李方 2010》302,《李方 2013a》227】

105.張智積妻麴慈音墓誌

聖曆三年(700)臘月廿二日　　灰地墨書　　36×36×4　　阿斯塔那　　新考

惟大周西州高昌縣上柱國張智積妻麹氏墓誌

夫人諱慈音麹貞爽之貴女四德園備令

淑有聞積善無徵弥留痼疾名醫絕驗

尚藥無施忽以聖曆三年歲次庚子臘月

辛巳朔十五日乙未卆於私第春秋卅有

九花方開而遽落月未滿而先虧昆

第崩摧宗親内裂即以其月廿二

日葬於西北原礼也嗚呼哀哉勒

斯銘記

聖曆三年臘月廿二日撰記

注：①"年""月""日"及年號等字爲武周新字，銘文以通行字録入。②由於武周時期將前一年的十一月算作本年的正月，十二月爲臘月，所以此墓誌紀年中的"聖曆三年歲次庚子臘月辛巳朔十五日乙未"當爲上一年十二月的閏朔。

【《墓誌録》，《新疆墓誌》，《索引稿》，《宋曉梅1994》，《阿斯塔那出土墓誌》，《施新榮2001》，《磚誌集注》，《侯燦2005》，《張銘心2007》，《李方2008》，《統計分析》，《李方2013a》231，《米婷婷2014》】

106.氾德達墓誌

久視元年（700）九月廿二日　灰塼　刻格白粉書　31×31×3.5　68TAM100　新博

大周西州高昌縣上輕車都尉□氾

府君墓誌　　府君諱德達字□

志西州人也源分渤澥玉塞而遷居

卜宅王庭處金方而迵秀廼祖廼父

唯孝唯忠奉公奉私恒懃恒謹有二
男三女長子行同夙承餘慶少仕天
曹居務駈馳曾無虧失次子法朗出
家入道志在清虛女適右玉鈐衛前
庭府旅帥曹氏之門並以節義居懷
今問今望以久視元年九月十四日
終於私第春秋五十有八即以其月
廿二日葬於高昌縣西北舊塋禮也
嗚呼哀哉

注：①"年""月""日"及年號等字爲武周新字，銘文以通行字錄入。②《墓誌錄》著錄尺寸爲32×32×3.5。③同墓出土永淳元年(682)、延載元年(694)氾德達告身(抄件)兩件，參考《文物1972》《新疆考古三十年》。④氾姓，參見和平二年(552)氾紹和及夫人張氏墓塼注釋。

【《墓誌錄》，《新疆墓誌》，《索引稿》，《孟憲實1994b》，《出土文書叁》404，《阿斯塔那出土墓誌》，《朱雷2000》226，《唐代文獻編年》，《速水2002》，《磚誌集注》，《李方2008》，《統計分析》，《李方2010》358，《李方2013a》231，《米婷婷2014》】

107.張禮臣墓誌銘

長安三年(703)正月十日　砂岩　附蓋　黑地刻格刻字
90×90×22　72TAM230:1　新博

大周故遊擊將軍上柱國張君墓誌銘並序
君諱禮臣字崇讓南陽白水人也昔軒姬誕孕手文疏得姓之
源析胤開疆白
水入封茅之域尔其分柯列職歷代騰芳張安運籌於將帷決

勝千里張禹師

衡於帝道賓穆四門晉出王佐之才魏居燮理之任偉人繼踵台相不絕屬符

堅肆虐梃擾五涼避難西奔奄居右塞曾祖忠偽高昌獻文王之建義將軍都

綰曹郎中襟神俊毅志性剛直武略優長言談可則祖雄偽光武王之左衛大

將軍都綰曹郎中志度宏遠風神高亮阿衡臣后匡俗濟時七戎靜邊塵四時

諧燮理父寂中散大夫上柱國行茂州司馬勇氣英風孤標獨上半刺州牧中

寬猛之規投筆從戎總分麾之將橫行玉塞靜難金方懋賞懋功備諸

誥制君崑山片玉丹穴鳳鶵對日之年早標令譽至學之歲識敏多能仗仁義

以立身弘恩惠而接物性理明潤類趙璧之無疵襟靈秀逸譬巖松之孤上溫

枕扇席愛敬之性純深共被同車友于之情敦睦而輔仁無驗早之過庭之訓

服禮纔闋續丁　　膝下之憂泣血絕漿毀悴過禮親友曉喻曾不慰心罄

竭家資轉經造像以爲出財披讀未愜追遠之情克己懋功將覆慎終之望於

是哭臨之暇扶力自強奉爲　　尊靈敬讀一切經一遍手

無釋卷曉夜忘

疲半偈捐軀乍可方其重法懸頭刺股未足比其翹懃哀悴內攻劬勞外功因

茲抱疾荏苒經年藥石無徵奄從化往可謂罔極之戀盍棺乃止君任居散袟

包養私門竭力之孝雖終盡命之忠未著方擬宣威蔥嶠掃靜兜渠微申汗馬

之勞以答　　天波之澤豈謂丹誠未果素質先殂一丸之藥難逢二豎之

灾俄及以長安二年太歲壬寅十一月甲子朔廿一日甲申終於私第春秋卌

有八即以長安三年歲次癸卯正月癸亥朔十日壬申葬於高昌縣之北原舊

塋禮也嗚呼哀哉惟君質儀瓌麗機神瑩朗守百行而難奪履五常而不移秉

松筠之勁心逸風雲之意氣加以虛襟好士懸榻留賓月下風前時參酒德雖

聆談論杜口人非恭順洽於親僚禮數備於鄉曲凜凜生氣無替生前汪汪頃

度終光歿後長子獻誠次子獻琛等扣心號踴茹粒僅存思負米而無期空倚

廬而洩涕恐陵谷遷貿芳猷歇滅敢題琬琰廼勒銘云

尋源討氏系自軒皇孕珠含德掌印弓長辭榮讓顯戰涿功彰爰封白水錫土

南陽其一三五已降代襲忠貞珥貂漢闕曳綬韓庭槐門棘路鳴珮飛纓九州垂

範四海馳聲其二顯允夫子寔爲仁軌百行攸歸五常是履珪璋比德瑚璉方器

忠國孝家芳猷可記其三皇穹爽善摧此良材一丸無驗二竪興灾質傾朝露魂

飛夜臺銘徽猷而洩涕歌薤露以申哀其四

注：①"國"字爲武周新字，銘文以通行字錄入。②錄文參考圖版及《墓誌錄》《磚誌集注》等錄成。③琬琰，爲碑石之美稱。唐玄宗《孝經序》："寫之琬琰，庶有補於將來。"薤露，樂府《相和曲》名，是古代的挽歌。

【《吳震1981》，《侯燦1984》，《王素1984》，《墓誌錄》，《宋曉梅1991》，《新疆墓誌》，《白須淨真1992》124，《索引稿》，《朱雷1993》，《孟憲實1994b》，《出土文書肆》65，《白須淨真1997》，《阿斯塔那1972—1973》，《阿斯塔那出土墓誌》，《唐代文獻編年》，《磚誌集注》，《孟憲實2004》，《孟憲實2004》《張銘心2006》，《李方2008》，《統計分析》，《王素2010a》，《李方2010》99、279、16、84、107、111、214、290、296、305—307、345，《陳國燦2012》51、192、381、507，《裴成國2012》，《李方2013a》191、222】

108.張詮墓誌

長安三年（703）四月五日　　黑地白粉書　　43×52×4
73TAM508:1　新考

大周西州天山縣前天山府校尉上柱國張府君墓誌

君諱詮字君行清河人也惟本枝高潔前代隆

周舊幹才良鼎門大族祖悲僞任兵部侍
郎父默僞任中兵校郎並内參雄略知七
德之孤虛外睦荒陬殲四戎之節制乃祖
乃父且公且侯惟子惟孫純忠純孝豈謂
積善餘慶始表無徵秀木先摧方知實語
遂乃弥留痼疾荏苒經年上藥良醫往來
不絕隙駒已往棄穢境而昇霞電影難追捨
閻浮而往善逝以長安三年歲次辛卯三月
壬戌朔卅日辛卯卒於州茅春秋七十
有八哀子運端等嗚呼痛烈踊絕躃
於塗車知与不知並傷情於素馬即以其
年四月五日葬於城北舊原礼也而天長
埊久寒暑驟來恐陵谷遷貿故勒茲言
嗚呼哀哉式記荒壙

注：①"日""月""天""地"等字爲武周新字，銘文以通行字錄入。
②有關折衝府的等級問題，參考白須淨真《唐代の折衝府と西州の折衝府の等級に関する覺書》（一）、（二）、（三），分別載《吐魯番出土文物研究会会報》第67、68、69號。校尉的問題，參考《白須淨真1997》張詮墓誌的解説。

【《侯燦1984》，《王素1989》，《墓誌錄》，《新疆墓誌》，《關尾史郎1991》，《宋曉梅1991》，《索引稿》，《孟憲實1994b》，《出土文書叁》401，《白須淨真1997》，《阿斯塔那出土墓誌》，《唐代文獻編年》，《磚誌集注》，《孟憲實2004》344，《李方2008》，《統計分析》，《李方2010》398、408、409，《李方2013a》218，《李方2013b》267、268、269】

109.唐智宗墓誌

長安四年(704)四月五日　黑地白粉竪綫白粉書　46.5×61×2.6　69TAM1　吐文

大周故上柱國唐府君墓誌
君諱智宗字和裕晉昌酒泉人□□
因五涼延禍避難⼆庭因此不歸奄成
高昌人也祖仲達僞任從事中郎□□
□朝散大夫父太相僞□□□將□□武
牙將軍並才略超絶識勇過渝君性賦溫
良恭儉自節往以髡頭作梗投筆從戎
掃定金方蒙酬勳上柱國忽以灾生二竪□
奠兩楹輔德無徵奄從風燭以長安四年
太歲甲辰三月廿八日終於私第春秋六
十有四嗚呼哀哉即以其年四月丙辰朔
五日庚申葬於高昌縣之西北舊塋禮也
長子承嗣絶漿泣血毀踊過禮恐田成滄海
陵谷貿遷聊題琬琰以旌不朽嗚呼哀
哉

注：①"國"爲武周新字，銘文以通行字録入。②"髡"，《墓磚拾遺》謂不識，實乃"髠"。髠頭是指當時中國北方遊牧民族的髮型，所謂"被髮左衽"是也。此墓磚文中用"髠頭"來指突厥人。麴伯雅曾經在高昌國實施"解辮削衽"，可知此時的高昌已經改變了麴氏高昌國時期的"被髮左衽"。

【《墓磚拾遺》，《新疆墓誌》，《索引稿》，《孟憲實1994b》，《白須净真1997》,《阿斯塔那收集墓誌》,《唐代文獻編年》,《磚誌集注》,《孟憲實2004》16、84,《李方2008》,《統計分析》,《裴成國2012》,《李方2013a》231】

110.康富多夫人康氏墓銘

神龍元年(705)十月卅日　墨地粉書　38.3×44.6×5
阿斯塔那　故宮

　　蓋聞靈要率周是稱六
　　合坤儀之際斯異發華以
　　覆祭昭於家檀休明者剛宅
　　是以今日康富多夫人康氏以
　　十月廿四日亥時崩愕栖宿之
　　情無之有也已取其月卅日
　　卯時葬於邦東荒野造□
　　墓然以龍轜既動猶子竭
　　情蹕踴啼悲哽咽不返但以
　　久冥幽闇載出無期故述
　　其文已明後矣也
　　神龍元年十月卅日墓銘

注：①録文自《白須净真1997》。白須净真認爲,此墓銘的埋葬地點可能是哈拉和卓古墓群。參見上文注31。②夫婦同姓。此康氏夫婦應是漢化粟特人(《白須净真1997》160,榮新江《中古中國與外來文明》298注2)。本墓銘中使用"崩"字。"崩"一般是指帝王、皇后之死。但唐代也見有用於一般人死亡的,如唐劉景夫《內侍王守琦墓誌》："大中三載(849),退歸私第,因寢疾,崩於歲十二月十五日。"

《高昌塼集》《墓塼考釋（一）》《新疆墓誌》《索引稿》《白須淨真1997》《北京旅順倫敦藏阿斯塔那墓誌》《磚誌集注》《葉貴良2003》《張銘心2007》《李肖2007》《統計分析》《故宮藏誌彙編》《米婷婷2014》】

111. 成達墓誌

開元二年(714)十月十六日　灰塼　墨書　34×34×3.5　64TAM36　新博

大唐西州高昌縣故岸頭府旅帥

成府君神道墓誌

君諱達字即□□太□人也開

元二年十月十六日卒以其

月十九日葬於城西北平

原禮也

注：①新疆維吾爾自治區博物館《吐魯番縣阿斯塔那—哈拉和卓古墓群發掘簡報(1963—1965)》（《文物》1973年第10期）將出土成達墓誌的TAM36墓定名爲"張師成墓"。②此墓塼雖自稱墓誌，但其内容非常簡略。從其内容的構成看，尚處在墓表與墓誌的過渡階段。③"神道墓誌"的名稱亦見於中原地域的墓誌，如1980年1月在西安發現的長慶三年(823)大唐故隴西郡夫人墓誌銘（陳國英：《西安東郊三座唐墓清理記》，《考古與文物》1981年第2期）。

【《墓誌錄》《白須淨真1992》136注14，《索引稿》《出土文書肆》14，《白須淨真1997》注30，《阿斯塔那出土墓誌》《唐代文獻編年》《磚誌集注》《李方2005》《統計分析》《李方2010》155、194、281、394】

112.張公夫人麴娘(麴達女麴娘)墓誌銘

開元三年(715)十一月六日　砂岩石質　黑地刻格刻字
78×65×17　72TAM188:1　新博

大唐昭武校尉沙州子亭鎮將張公夫人金城麴氏墓誌銘並序

夫人諱娘字仙妃金城榆中人也巖巖峻阯森森洪源朱門啟其先

宗青樓兊乎遠胄固以聲華籍甚纓冕聯輝青史具傳可略言矣曾

祖明僞寧朔將軍橫截太守祖悦游擊將軍五丈府果毅並沉謀有

略字育多方人位兼榮才望雙允父達游擊將軍杏城府長上果毅

孝極事親誠深奉國枕席仁義履踐膏腴夫人即公之長女也芳桂

八株梢月容而吐秀滋蘭九畹帶風色以抽翹耀掌方珠輝庭比玉

晨搖彩筆鸖態生於綠牋晚弄瓊梭鴛紋出於紅縷暨三星降彩百

兩言歸纔甫笄年作嬪君子邕和彰於叔妹勤孝備于舅姑四德孤

影於千齡六行獨高於万祀既盡美矣而有終焉方期千月異登五

福無爽豈謂飛丹舛侯曾不驗於長春連石移陰溘先歸於大

夜以開元三年乙卯歲十月十七日終於私第分形五十有二即以其年十一月六日宅兆於先人舊塋禮也嗚呼哀哉爰從挺歲以及權年令範日新始終不易孟光以齊眉飮譽王明以姝貌傳名一以貫之故無慙色嗟夫瞰明延禍積善虧徵晦娥影於霄輪沉婺炎於夜象公神傷閱水攀枦樹以長號昆季哀切桓山倚荆㝹而寫恨有子獻直悲纏厚地哭甚移天遑遑靡訴哀哀如殞以爲青松列蓋徒表隧千秋碧琬題銘庶揚徽於萬祀式炎泉路而作頌云　長源遠葉茂緒洪宗青樓演貴朱門啓封裂素圖巧飛梭闈功貞峻秋栢忘曄春松年甫初笄時登就娉蘤花入頌標梅興詠孟婦齊恭韓妻叶敬始欣母范俄乖閫政薤晞朝露舟移夜壑婺晦天輪粧銷地絡館室悽慘惟屏寂寞永謝雕楹長捐綺閣偉哉蘭桂風飇所傷影韜南里魂歸北荒孤墳鬱鬱拱木蒼蒼佳城此掩厚夜冥長　河東裴法

禮文

注：錄文參照侯燦錄文及《新疆墓誌》照片集成。倒數第三行第十五字"窒"墓誌作"峪"。第十三行"舊荣"，當即"舊瑩"之誤。

【《白須淨真1979》40，《墓誌錄》，《新疆墓誌》，《白須淨真1992》124，《索引稿》，《宋曉梅1994》，《孟憲實1994a》，《孟憲實1994b》，《出土文書肆》24，《王素1999》，《阿斯塔那出土墓誌》，《唐代文獻編年》，《施新榮2001》，《磚誌集注》，《葉貴良2003》，《孟憲實2004》344，《侯燦2005》，《統計分析》，《陳國燦2012》225、234、625，《西域碑銘錄》，《米婷婷2014》】

113.張大岌妻焦氏墓塼

開元三年(715)十月卅日　灰塼　墨書　35×35×5
72TAM190:1　新考

　　開元叁年拾月

　　卅日四品孫張

　　大岌妻焦氏靈

注：①《墓誌錄》及《磚誌集注》記載收藏地爲"新博"。②其祖曾官及四品。

【《墓誌錄》，《新疆墓誌》，《索引稿》，《阿斯塔那出土墓誌》，《磚誌集注》，《統計分析》，《米婷婷2014》】

114.張行倫墓誌

開元七年(719)九月五日　白地墨書　40×40×4
72TAM194:1　新考

　　開元七年八月五日八十鄉君版授延州司馬張府君墓誌

君諱行倫字季布南陽人也其祖高昌僞朝授門下司馬蓋慕
儒風妙閑經史溫良有美匡輔當時聲及子孫冠纓莫絶父餘風
襲善固學靡窮清直魁彰名馳禮閣皇朝任交河縣尉加以門傳
綬紱與七葉而相輝身帶高班閱三墳而詰俗君乃鄉閭友直
行潔清
高上相延齡入乞言而食粟帛乙太極元年三月內
制版授延州司馬兼賜袍笏自古及今未之有也此則君之有福
幸偶明時壽考壽終若太公之晚禄寢居垂化正見有徵十念不
虛如入禪而不亂此則君之一生正信之佳驗也春秋八十有六
以開元七年八月廿八日終於私第九月五日葬於城西元禮
之營也悲夫生崖不駐嗟逝水之難停隟影倏流若飛星
之過目且諸天劫壽猶不晚於三災豈我凡夫而無去來之
苦一河生死貴賤同歸勒此誌銘記斯年代者

注：①錄文開頭有紀年，但是其與鞠氏高昌國時期墓塼紀年不同，非埋葬紀年，而是版授的紀年。②《舊唐書·中宗紀》："天下婦人八十已上，版授鄉、縣、郡等君。"《新唐書·太宗紀》："民八十以上賜粟帛，百歲加版授。"本墓誌稱張行倫在太極元年（712）三月"內制版授延州司馬，兼賜袍笏。自古及今，未之有也"。③第一行和第七行的"延州"當爲"廷州"，或即"庭州"。然庭州非西州，西州人的張行倫被授予庭州司馬，有待考證。④參考專題研究《孟憲實1993》。

【《墓誌錄》，《新疆墓誌》，《索引稿》，《孟憲實1993》，《孟憲實1994b》，《出土文書肆》52，《阿斯塔那出土墓誌》，《唐代文獻編年》，《塼誌集注》，《孟憲實2004》14、344、364—369、375、376，《統計分析》，《劉光蓉2011》，《李方2013a》128】

115.張行倫墓誌

開元七年(719)九月五日　灰塼　黑地白書　36.5×36.5×4　72TAM194:2　新考

開元七年八月廿八日八十鄉君版授延州司馬張府君墓
誌君諱行倫字父師季布南陽人也其增高昌僞朝授明
威將軍祖僞朝授通事教郎蓋慕儒風妙閑經史溫良
有美匡輔當時聲及子孫冠纓莫絕父餘風襲善固
學靡窮清直尅彰名馳禮閣僞朝授太教學博士
皇朝授交河縣尉加以門傳綬紱與七葉而相輝身帶
高班閱三墳而詰俗君乃鄉閭友直行潔清高上相延齡
入乞言而食粟帛乙太極元年三月内制授延州司馬兼賜袍笏
自古及今未之有也此則君之有福幸偶明時授考盡終若太公之
晚禄寝居垂化正見有徵十念不虧如入禪而不亂此則君之一生正信
之佳驗也春秋八十有六以開元七年八月廿八日終於私第九月五日葬於城
西北元禮之營也悲夫生崖不經嗟逝水之難停隙影倏流若
飛星之過目且諸天劫壽猶不晚於三災豈我凡夫而無來往之
苦一何生死貴賤同歸勒此誌銘記斯年代者矣

注：①第二行的"其增"當爲"其曾祖"之誤。②此墓誌與上同名墓誌同墓出土，關於此問題《孟憲實1993》有專題研究。③據《阿斯塔那1972—1973》第107頁圖13可知，張行倫的兩方墓誌出土於墓道靠近墓室的地方。這與高昌國時期的墓誌是不同的。

【《墓誌錄》,《新疆墓誌》,《索引稿》,《孟憲實1993》,《孟憲實

1994b》,《出土文書肆》52,《阿斯塔那出土墓誌》,《唐代文獻編年》,《磚誌集注》,《孟憲實 2004》14、344、364—369、375、376,《統計分析》,《李方 2010》220、278、279】

116.張大良墓塼

開元十二年(724)甲子廿日　灰塼　墨書　35×34.5×5 73TAM192:1　新考

甲子廿日
開元十二年歲次己酉

故翊衛張大良

之靈

【《墓誌録》,《新疆墓誌》,《索引稿》,《出土文書肆》143,《阿斯塔那出土墓誌》,《磚誌集注》,《統計分析》,《李方 2013a》99】

117.張運感及妻墓銘

開元廿六年(738)正月六日　灰塼　墨書白粉書　30×30×5　73TAM509:1　新考

維大周歲次庚

寅朔□□

□□二日天山府

都帥張運感故

妻墓銘

故西關鎮將張君誌銘

維開元廿五年

歲次丁丑十二

廿六年庚寅歲正月六日葬

月十三日沙洲故

西關鎮將張

注：此墓塼兩次書寫，第一次白字，參見唐天授元年（690）張運感妻墓誌。以上錄文的下一部分是第二次墨書書寫的塼文。其第一行、第四行及末行書迹與第二、三、五行稍異。前者爲淡墨，字迹較小，後者爲濃墨，字迹較粗大。又開元廿六年是歲爲戊寅，非庚寅。（參見《磚誌集注》）

【《墓誌錄》，《新疆墓誌》，《索引稿》，《出土文書肆》251，《白須净真1997》，《阿斯塔那出土墓誌》，《唐代文獻編年》，《磚誌集注》，《統計分析》，《李方2010》118，《米婷婷2014》】

118. 崔延武墓塼

　　調露年間（679—680）　　土塊　　刻字　　21×21×10
73TAM507:15　　新博

　　崔延武

注：①同墓出土延壽年間和調露二年文書。②墓塼文字"崔武"二字間之數筆畫《新疆墓誌》釋爲"延"。

　　【《新疆墓誌》，《磚誌集注》，《統計分析》】

119. 張彦墓塼

　　開元年間（713—741）　　白地墨書　　34×34×5
72TAM218:1　　新博

　　游擊將軍伊吾軍

副使西州岸頭府

折衝都尉賞賜

魚袋上柱國張

彥之暮

注：墓塼無紀年，以官名可判斷爲唐西州時期墓塼。侯燦判斷爲開元年間。

【《張廣達1988》，《墓誌録》，《新疆墓誌》，《索引稿》，《白須净真1997》，《阿斯塔那出土墓誌》，《唐代文獻編年》，《磚誌集注》，《李方2005》，《李方2008》，《統計分析》，《李方2010》394，《李方2013a》188、212】

120. 史建洛妻馬氏墓塼

武周時代（684—704）　　粉地墨格墨書　　40×40×4.7　　阿斯塔那　　故宫

□□□□□□□□□□□□□□□□□□□□

□□上柱國史建洛妻馬氏終於節義坊□□

□其月柒日葬於城東舊塋禮也春秋叁

拾有捌夫人性懷貞敏志協温恭齊眉之禮鳳

彰捧心之風彌著門同秦晉族類潘陽掩膏

□而長辭靡魂香而難返哀子嘉略舉

□泣血僻踴絶漿心摧如半死之桐志痛

若□心之草嗚呼哀哉慈容永謝

注："國""日""月""人"等爲武周新字，銘文以通行字録入。

【《高昌塼集》，《墓塼考釋（一）》，《索引稿》，《磚誌集注》，《葉貴良2003》，《李肖2007》，《李方2008》，《統計分析》，《故宫藏誌彙編》，

【《李方2013a》232,《米婷婷2014》】

121. 上柱國張□墓塼

长寿元年至長安四年(692—704)　TAM187:178

□…安西都護府□□□副□上柱國張…□

注：①此墓誌僅存數字，"國"爲武周新字，銘文以通行字録入。②同出文書最早爲唐垂拱三年(687)，最晚爲天寶三年(744)的。③此墓塼年代可以進一步限定在长壽元年至長安四年(692—704)之間，因爲垂拱二年(686)以後，安西都護府曾一度廢置，長壽元年收復四鎮後又重置。此點黃惠賢《從西州高昌縣徵鎮名籍看垂拱年間"西域"政局之變化》(載唐长孺主編《敦煌吐魯番文書初探》，武漢：武漢大學出版社，1983年)中已論及。

【《墓塼題録》,《出土文書肆》201,《阿斯塔那出土墓誌》,《磚誌集注》,《葉貴良2003》,《統計分析》】

122. 高耀墓誌銘

建中三年(782)十一月廿八日　砂岩　附蓋　刻字　70×77×14　84TKM338:1　吐博

大唐伊西庭支度營田副使銀青光禄大夫試衛尉卿上柱國渤海高公墓

誌銘並序　　節□□……□□述□□……□□

□□積□□□必有餘慶□吾見諸高氏矣　　公諱耀字□……………□

□□國源流廣大莫與□也　　祖諱德方皇朝散大夫守安西副都護上柱國累□

積行下帷□□衡鏡署州縣之間臨人有冰霜之揉介然類耀垂範將來

父諱玄琇皇中大夫守北庭副都護上柱國賜紫金魚袋風抻踈朗瞻略縱橫□□

九鳴累□榮級清風不墜克著令聞爰從戴□之資遂階□□之副　公少□

謙謹長有令名德茂三端道弘二柄□可以傳理策可以御戎佐登□之□征□

忘家之誠節開元廿四年烏□不虔皇赫斯喪公以身許國扙劍前驅解褐授昭

武校尉涼州麗水府別將天寶中頻著戰功領二都尉志未得也所謂龍盤沮澤未

暇與雲驥伏鹽車安能蹋電天寶七載擁旌使太原王公氣稟河岳識洞神明

簡賢任能推才慎擇上聞　　宸宬特降絲綸言授　　公朝議郎北庭都護府司馬專知

倉庫賜紫金魚袋用心廉潔益勵□勤平均粟帛之等夷不能進寸而退尺名既

□政亦成矣俄遷副都護恪勤力政丕□高□□胡威繼質之□復玄成紹賢之□

至德初除朝散騎大夫守太子率更令充管內勾覆倉庫使威而□猛寬而以和鑒徵則明

月入像決滯則龍泉在手上元二年加朝議大夫守將作監公德業日新嘉聲遠播寶

應二年特加銀青光禄大夫試衛尉卿充伊西庭支度營田副使年二監而登九列佐

帷幄而運良謀闢充國之田敖庚委積闡弘羊之計帑藏其殷未舟楫於巨川忽隨流

於逝水以廣德四年四月十七日薨於北庭公年六十有五公□恭身近執德不回去雄守

雌難進易退威儀□□友愛怡々不諂□以躁求不容私而述職是以位登棘□道合□

貞聲實聞天錦衣照地家傳劍履三業副鄭吉之榮奕世流芳百身保令終□□公從

官冊載享齡六十五而竟先與後瀆命屈於時哲人之亡邦國彌瘁以建中三年十一月廿

八日葬於前庭東原禮也副子日祐趨庭聞禮早稟義方輟堂上之鳴琴騁治中之

□□長□関□思報劬勞將祔葬於先塋遂□揮於喪紀往年瀚□黃鳥悽止棘之

□今宅交河青鳥□□□之所銘曰　　望表渤海家於交河簪裾籍地□□□□光照百行學茂四□

捨青道□抱素□多志剛廉平名高朔塞利以□滯□無瑕類克副司□業霑　　鴻霈執高守位

□□……□德合文□□□四百□弘益二庭惜哉國寶不享遐齡未祔先塋且言權措副子

□□……□前□□馬□……□附火山□□……□今地惟□

□□……而……□□

注:①清黄宗羲《金石要例·稱呼例》:"名位著者稱公,名位雖著同輩以下稱君,耆舊則稱府君。"進入西州時期後的高昌墓塼銘文中,出現了公、君、府君等稱謂。②"高耀墓誌は、銀青光禄大夫(從三品)であったとするが、北庭陷落直前の特例で例外。しかも彼は、麴氏高昌国時代からの名族ではなく西州時代に当地の人となったもので……"(《白須淨真 1997》)

【《墓誌録》,《白須淨真 1990》,《白須淨真 1992》124,《索引稿》,《墓塼題録》,《孟憲實 1994b》,《白須淨真 1997》,《唐代文獻編年》,《磚誌集注》,《孟憲實 2004》344,《統計分析》,《劉光蓉 2011》,《陳國燦 2012》235,《西域碑銘録》】

123.太原王氏之墓塼

大中二年(848)

此墓誌已經遺失。

【《新疆訪古録》】

124.□□相墓塼

唐□□二年　灰塼　墨地朱書　37×37×5　TAM84

新博

　　□□……………□相西州高昌人也

　　□□……□蘭韜奇玉忠信之節

　　□□………□義之方洪纖盡備粤

　　□…□二年歲次壬巳廿六日春秋

　　□□……□有一嗚呼白駒超忽桂

　　□□……□人斯逝□……□謠乃

□□……□曰□…………□
　　□□…□雲浮山邊日落寂々孤墳
　　□□…□游魂是託

注：①同墓出土延昌十四年(574)文書。②紀年爲壬巳，六十甲子無壬巳。③發掘報告中未記錄發現墓塼，後經侯燦整理發現該墓塼。參見《侯燦1992》。

【《墓誌錄》150，《侯燦1992》，《出土文書貳》1，《阿斯塔那出土墓誌》，《磚誌集注》，《統計分析》】

125.刀柱柱墓誌

　　年次未詳　　灰塼　　墨地豎格朱書　　56×61×2.5
72TAM234:1　　新考
　　大唐故右戎衛□□副刀柱□□……□□□
　　君諱柱柱姓□□……□忠誠竭□□志於弋
　　□□友□□……□危定當禍□□勇武
　　過人□□…………………………□□聲聞
　　朝野拜僞武牙□□…………□風安府
　　幕於車師置軍□□…………□武昌府
　　旅帥□□西□……………………□
　　颷海道□□□營勇□…………□
　　史君明知陣□□越□□…………□
　　簡點立樣選□□□…………□補□
　　弓月鵄張□…□又布橫陳□□□野□□
　　死硏營事□…□陳當團□…………□
　　十一月歸於□……□之□泣而□………□

傷哽噎其月□…□春秋卅有二即□……□

昌縣北原禮也□…□孤懸烏□……□

注：①此墓誌殘損嚴重，無法確認紀年。據劉安志《從吐魯番出土文書看唐高宗咸亨年間的西域政局》考證，"弓月鴉張"當指龍朔三年（663）弓月攻打于闐之事。"死斫營事"即反映了刀柱柱戰死於唐軍救于闐之役。劉安志推測刀柱柱應是死於麟德元年（664）十一月前不久。②從死亡年齡和墓誌文看，刀柱柱似是作爲武昌府旅帥或者團的衛士，或者更高一級的兵士戰死在戰場的。③第六行的"昌府"前應是"武"字。《吐魯番出土文書》75TAM518:3/3（見《出土文書叁》）中有"武昌府"。另參考《張廣達1988》。

【《墓誌錄》，《索引稿》，《阿斯塔那出土墓誌》，《唐代文獻編年》，《磚誌集注》，《統計分析》，《李方2010》364、365，《劉安志2011》40、77、78，《陳國燦2012》234，《裴成國2012》】

126.曹建達墓塼

年次未詳　泥質灰陶　朱方格刻字填朱　殘26×41×4　83TAM　吐博

□□……三月二日

□□……隊副勳官騎

□□……七歲右件正

□□……騎都尉

□□……年至廿屬爲國平

□□……爲善相居時青吉

□□……不種延年今令少

  □□……辭唯恨不得盡刑

   □□……世亦不得爲皇親職

   □□……今天灾期□願後人

   □□……亦須念臣憖□行

   □□……身今故留此傍萬

   □□……故人曹建達□名

注：録文録自《墓磚拾遺》圖版，較《墓磚拾遺》録文稍多幾字。

【《墓磚拾遺》，《索引稿》，《磚誌集注》，《李方2008》，《統計分析》，《李方2013a》219】

127.氾大師墓誌

  年次未詳 灰塼 墨書刻竪綫 43×殘30×3 77TAM吐博

  西州前庭府校尉上柱國氾大師墓幟

  君諱傑字大師高昌人也稟性英

  嶷猛毅發於弱齡恭慎天生忠孝光

  於盛歲屬以吐蕃中亂奉 命行誅

  頻經龍戰之歡庶展鷹鸇之力以身

  殉國柱遭凶寇良木斯壞奄□□□□

   □□□□□濁之□……□□□

  （下缺）

注：①《墓磚拾遺》判斷爲長壽元年(692)底，白須净真判斷爲692年以降。②墓誌文中有"以身殉國柱遭凶寇"的記録，可知氾大師是戰死在戰場的。另外，吐蕃中亂，是指何時的亂，有待考證。③氾姓，參見和平二年(552)氾紹和及夫人張氏墓塼注釋。

【《墓磚拾遺》,《白須凈真 1992》136 注 13,《索引稿》,《孟憲實 1994b》,《速水 2002》,《磚誌集注》,《統計分析》,《李方 2008》,《李方 2010》347、348,《裴成國 2012》,《李方 2013a》108、109、217】

128.傅阿歡墓塼

年次未詳　土塊　刻字　38×25×12　64TAM10:32　新考

傅阿歡

注:①同墓出土麴氏高昌重光年間(620—623)和唐永徽年間(650—655)文書,依文書下限,定爲唐墓。關尾史郎推定爲 650 年代中期的墓葬。②一男一女一男兒合葬墓。

【《墓誌録》152,《關尾史郎 1988》85,《索引稿》,《出土文書貳》201,《白須凈真 1997》159,《阿斯塔那出土墓誌》,《磚誌集注》,《統計分析》】

129.趙慶富墓塼

年次未詳　泥質　陰刻填墨　36×20×12　69TAM132　新博

趙慶富

注:依該墓形制定爲唐代墓(侯燦)。

【《墓誌録》,《索引稿》,《阿斯塔那出土墓誌》,《磚誌集注》,《統計分析》】

130.殘墓誌

年次未詳　灰塼　墨地朱書　33×33×4　68TAM104　新博

錄文殘欠,只辨一"虜"字。

注:依該墓出土器物定爲唐墓(侯燦)。

【《墓誌錄》,《索引稿》,《阿斯塔那出土墓誌》,《磚誌集注》,《統計分析》】

131.天山縣南平鄉殘墓塼

年次未詳　泥質灰塼　22×31.5×4.5　吐魯番五星公社建設大隊七小隊　吐博

　　□□……年三月十三日死
　　□□……天山縣南平鄉
　　□□□……□年八十二三月
　　□□□……時葬好也
　　　　　阿郎
　　　　　　好去

注:①參考《文物》1984年第5期。②南平鄉屬天山縣,故"山縣"前一字爲"天"字。此外,墓塼文的最後六字與前文字體不同。

【《文物1984》,《柳洪亮1984》,《墓磚拾遺》,《墓誌錄》,《侯燦1992》,《索引稿》,《墓塼題錄》,《磚誌集注》,《磚刻銘文集》,《統計分析》】

132.唐□氏墓誌

年次未詳　磚質　37×37×2.3　雅爾湖古墓區

□□…廿日丁丑交

□□…嗚呼哀哉少稟志

□□…厚養鄉城

□□…長幼□其德既而魂

□□…騰形隨煙滅復與所天同

□□…覩者摧其骨鳴

□□…秋葉雕霜身隨煙滅

□□…量□紀遵路素蓋

□□…不應平生是緣仰

□□…鬼居死生既異

□□…虛甘從灰滅知復何

□□…□□

□□…□□

注：此殘墓誌只於《磚誌集注》。其雖注明徵引自《高昌塼集》，但該書中未見此墓誌。同時，侯燦同書中《張季宗及夫人宋氏墓表》也注明徵引自《高昌塼集》，不知誤自何處？《索引稿》第321號《唐年次未詳某人墓誌銘》注明文獻出處為黃文弼《高昌第二分本·高昌專集》，是否就是此墓塼？待查。

【《磚誌集注》662】

133.殘墓塼

年次未詳　灰塼　墨地白格白字　39×38.8×4
72TAM213:1　新考

□□……………………□□
　　□□………西州……□
　　□□□………子房之苗……
　　□□……時載玉泣……□□
　　□□………昌………□□

（後部殘欠）

【《墓誌錄》，《索引稿》，《阿斯塔那出土墓誌》，《磚誌集注》，《統計分析》】

134. 殘墓塼

　　年次未詳　灰塼　楷體墨書　墨緣綫　三角形　16×18×5　魯克沁采集　吐博

　　銘文殘欠。

注：①《新疆文物1988》有如下記錄："采集墓誌殘塼一塊，灰色，三角形，底有邊綫，長16厘米，厚5厘米，殘高18厘米。正中有漢文墨書'武戚'二字，字兩側與上下有墨框綫，橫距6厘米，縱距4.4厘米，底框綫距塼邊3.3厘米。'戚'字右側還存有墨書'□丑'二字，上一字因半殘，難以辨認，大概是天干。字體均爲楷書。塼左邊無字迹。"②采集者爲吐魯番地區文物普查隊，此墓塼當存吐魯番博物館。

【《新疆文物1988》76，《索引稿》】

135. 殘墓塼

　　年次未詳　書式不明

注：發掘簡報著錄"墓誌：共10方，現能辨認者8方"，此爲未辨識之

一方。

【《新疆文物1989》】

136.殘墓塼

年次未詳　書式不明

注：發掘簡報著錄"墓誌：共10方，現能辨認者8方"，此爲未辨識之一方。

【《新疆文物1989》】

137.宋仁墓塼

麴氏高昌國至唐西州時期　生土模製　刻字　35×26.5×11　吐魯番交河遺址博物館

宋仁

【《交河新出墓誌》，《王宗磊1998》，《磚誌集注》，《統計分析》】

138.首□墓塼

麴氏高昌國至唐西州時期　生土模製　刻字　46×30×8.2　新考

首□

【《交河新出墓誌》，《王宗磊1998》，《磚誌集注》，《統計分析》】

139.白願佰墓塼

年次未詳　時代爲麴氏高昌國至唐西州時期　黃泥模製土坯　縱長方形　下端微殘　36×21.4×8　TBM107：1

白願佰

【《巴達木墓地2006》】

140. 保相妻墓塼

年次未詳　時代爲麴氏高昌國至唐西州時期　黄泥模製土坯　近方形　四角均有不同程度殘損　33×30×9.2　TBM204:1

保相妻墓

【《巴達木墓地2006》】

141. 王氏墓塼

年次未詳　時代爲麴氏高昌國至唐西州時期　黄泥模製土坯　縱長方形　左下角殘　38.8×23.4×8.8　TBM231:1

王氏……

【《巴達木墓地2006》】

142. 康氏墓塼

年次未詳　時代爲麴氏高昌國至唐西州時期　黄泥模製土坯　橫長方形　左部殘　36×21.4×8　TBM107:1

康

【《巴達木墓地2006》】

143. 唐令狐□墓塼

年次未詳　時代爲麴氏高昌國至唐西州時期　土坯　29×31×10　TAM324:17

【《阿斯塔那出土墓誌》第13號】

三

附屬資料

1. 且渠封戴墓表

大涼承平十三年(455)四月廿四日　石質　有台座　刻字填朱　52×35(台座與墓表通高53厘米,墓表本體高約40厘米)　72TAM177　新博

大涼承平十三年
歲在乙未四月廿
四日冠軍將軍涼
都高昌太守都郎
中大且渠封戴府
君之墓表也

注:①學界多將此墓表作爲高昌墓塼系列納入高昌墓塼資料中,然而此墓表與麴氏高昌國及以後的墓表、墓誌并非一個系列。參見《張銘心2006》及張銘心《十六國時期碑形墓誌源流考》(《文史》2008年第2期)等相關研究。②多位學者認爲此墓表出土於墓道中部填

土中,如周偉洲《試論吐魯番阿斯塔那且渠封戴墓出土文物》(《考古與文物》創刊號,1980年)、《白須淨真1990》21、宋馨《關隴地區對北朝墓誌形制的影響》(載中國魏晉南北朝史學會、山西大學歷史文化學院編《中國魏晉南北朝史學會第十屆年會暨國際學術研討會論文集》,太原:北岳文藝出版社,2012年)等,但發掘報告墓葬平剖面圖(《阿斯塔那1972—1973》)表明本墓表出土於墓室中。

附錄:追贈且渠封戴敦煌太守木表

　　有

　　令故冠軍將軍都郎中高昌太守封戴夫功高德邵好

　　爵亦崇惟君誕輯神境文照武烈協輔餘躬熙繼

　　絕之美允釐庶績隆一變之拃方遵舊式褒賞勳庸

　　榮命未加奄然先逝春言惟之有恨乎心今遣使者陰

　　休贈君敦煌太守魂而有靈受茲嘉寵

　　承平十三年四月廿一日起尚書吏部

注:以上錄文錄自圖版,并參考《黃烈1982》錄文。

【《墓塼考釋(二)》186;《黃烈1982》322;《白須淨真1990》17;《白須淨真1992》113;《侯燦1986》;《史稿·統治編》257;《阿斯塔那1960》;《阿斯塔那出土墓誌》;《磚誌集注》;《王素2006》;《張銘心2006》;《李筍2013》】

2.鄐月光墓銘

北魏正始二年(505)十一月廿七日　　塼質　陰刻　46×23　洛陽　西安碑林

　　大魏正始二年歲次乙酉

　　十一月戊辰朔廿七日甲

午前部王故車伯生息
妻鄯月光墓銘

注：①鄯月光爲車師前部王車伯生之息婦。②據郭玉堂《洛陽出土石刻時地記》記載："民國廿一年(1932)，洛陽東北卅里天皇嶺出土。誌文共卅五字，文曰：'大魏正始二年歲次乙酉十一月丙辰朔廿七日甲午，前部王故車伯生息妻鄯月光墓銘。'長約尺四寸，廣七寸半。"其紀年誤錄爲"丙辰"。③關於此墓銘的相關著錄，參見《六朝墓誌檢要》。

【《洛陽出土石刻》12，《六朝墓誌》62，《北圖館藏》88，《漢魏墓誌彙編》，《刁淑琴 朱鄭慧2008》】

3.鄯乾墓銘

北魏延昌元年(512)八月廿六日　石質　陰刻　56.4×48　有蓋　洛陽　西安碑林

墓誌銘(墓誌蓋)

魏故征虜將軍河州刺史臨澤之侯鄯使君墓銘
君諱乾司州河南洛陽洛濱里人也侍中鎮西將軍鄯鄯
王寵之孫平西將軍青平涼三州刺史鄯鄯王臨澤懷侯
視之長子考以去真君六年歸國自祖已上世君西夏君
初宦以王孫之望起家爲員外散騎侍郎入領左右輔國
將軍城門校尉出爲征虜將軍安之内史春秋卌四以永
平五年歲次壬辰正月四日薨蒙贈征虜將軍河州刺史
謚曰之其年四月改爲延昌元年八月廿六日卜營丘兆
於洛北芒而窆焉其辭曰

有袟斯流潾羢瀾京唯天縱昌聿資厥聲世光涼右襲休

纂榮豐幹絜源邈彼姬嬴惟祖惟考曉運昭機入蕃
皇魏趣含唯時錫土分茅好爵是縻灼灼章服悠悠車祺
唯君韶節夙稟門矩室友廉蕬賓無濫與幼承祕寵早縈
禁宇暫苤西服恌政已舉體素欽仁端風雅正清明在躬
昭然冰鏡文英武果超光朝令將加殊命顯茲華祿高列
崇班副此朝屬遠二金坨式昭魏錄如何不淑摧樑碎玉
歲聿其徂爰即遷堙泉扉一奄永謝朝光去矣莫留道存
人亡列銘幽石長述風芳
大魏延昌元年歲次壬辰八月己未朔廿六日甲申記

注：①本錄文據趙萬里《漢魏南北朝墓誌集釋》拓本錄出。②墓誌蓋拓片雖殘，但從銘文書寫位置看，應該是只書寫了"墓誌銘"三字，這一現象在同期墓誌中少見。③誌文所述鄯乾之祖"鄯鄯王寵"和父"視"，即《北史·西域傳》所載之鄯善王比龍和真達。參見趙萬里《漢魏南北朝墓誌集釋》212號。

【《洛陽出土石刻》16，《漢魏墓誌集釋》，《漢魏墓誌彙編》，《陝西石刻》，《刁淑琴 朱鄭慧 2008》】

4. 麴舉墓誌

鄭開明二年（620）　石質　陰刻　37×37　洛陽　洛陽市博物館

鄭故大將軍郈公墓誌（墓誌蓋）
鄭故上柱國遊擊大將軍洺貝等十州刺史郈公麴君銘
公諱舉字峻之洺州邯鄲人也自開國承家分支命族炳
諸前代舜乎前史小則匡讚秦朝大乃扶危晉室祖進上
柱國懿美於鄉家父仁上柱國行成於垣宇並是作世典

謨為民軌範公以壯志飄飛雄才峻舉故得折衝漳滏威
棱趙魏大隋之末王事多故羽書滿路戎馬生郊值拽鹿
有歸天人共伐時逢革命載離雲雨故得戮力河瀍盡心
伊蔡早為良將是曰哲臣累加正議大夫俄轉右光祿大
夫加龍驤將軍延安郡開國公入典禁旅廊廟展其英聲
□□留譽銘鼓思其雄宗豈直論功漢世獨有大樹將軍
載開□生為□土積成巒千年万古空見塵埃

注：①錄文以《洛陽發現鄭開明二年墓》所載拓本爲底本，參考《唐墓誌》及萬大衛《〈鞠舉墓誌〉校讀》錄出，較此前錄文略有增補。②墓誌藏所不明，最初到達出土現場的是洛陽市博物館的曾億丹，故推測藏于該館。

【《曾億丹1978》，《唐墓誌》6，《萬大衛2009》】

5.楊敏墓誌

唐貞觀廿三年(649)二月九日　石質　陰刻　共3石
36×36×6　36×36×3.5　54×53×11　延安洛川　洛川縣博物館

維大唐西州岸頭府故果毅都尉上柱國廣鏡
縣開國男楊　公墓誌銘
公諱敏字桃湯鄜州洛川人也上祖弘農太尉
公之苗胤自漢葉中分族口隆盛因官派別流
布天下各檀一時聲流史牒靈根芳實可略于
此曾祖提同鄜州別駕渭州刺史鄜城郡守祖
榮隨盧瀘邛三州刺史邛州諸軍事涼益二州
捴管左驍衛大將軍魏平縣開國公封邑三千

户父誼隨左親衛旅帥右親衛校尉朝散大夫
右翊府郎將惟公識亮清高風神夐遠幼摽令
譽弱冠稱奇可謂松筠始秀便有貞翠之心蘭
桂初生目含芳芬之氣既而鄜州草創控帶華
戎大摠管□原公識鑒清高英華駿拔見公智
略英謀股肱是託授校尉夙靜邊豪又使敷奏
丹墀禮儀合度遂得馳名日下流譽紫宸又擢
授飛騎校尉宿衛□廊光□道路左屯衛大將
軍以公壯氣縱橫風情倜儻重而顧問表知將
相之門特奏授京畿望苑府果毅系於高
（以上爲第一石）
昌初破戎狄土崩靜亂寧民非賢莫可授
西州岸頭府果毅都尉　詔授上柱國廣
饒縣開國男封邑三百户將欲叝翮鄧林
迴翥千里躍鱗濱渤冐南九萬但以日馭
不停終驚於夜臺川流不息徒想於朝霞
以貞觀十七年三月十二日寢疾至其年
七月廿九日薨公體質貞明機神奕悟臨
終不亂猶或視成言念與妻子同歸遂得
還於故里今德帳猶懸門罕漬之酒彥墳
未宿草野絶動□之賓知世路之無常識
苦空之霓滅彼蒼不予奄棄茲善　公春
秋卌有九以貞觀廿三年歲次巳酉二月
景子朔九日甲申葬於洛川縣南地名太

平村九里之原恐谷徙陵□□□□□爰
勒幽石以傳不朽其詞曰□□□□汎崇
基峻無地稱天府君之封植惟祖挺□□
門抗直乃考騰芳俊□□翼

（以上爲第二石）

大唐故遊騎將軍上柱國廣饒
縣開國公楊君墓誌　公諱敏
字依仁弘農人也曾祖提周中
大夫祖榮隨左衛大將軍上柱
國魏平郡開國公父誼隨右衛
郎將公少挺英規早從名策以
貞觀初任望菀府果毅以貞觀
十八年薨於官舍廿三年葬於
太平之原禮也有子什力援柏
崩心瞻鶴增慕茹荼銜酷聆風
靡訃悲歲序而易軫衰陵谷兮
遷耳勒遺範於泉扃託幽埏之
永固

（以上爲第三石）

注：①本錄文以《隋唐五代墓誌匯編》拓本爲底本，同時參考叚雙印、劉合心論文錄成。②本墓共出墓誌兩套，第一套由二石組成，無墓誌蓋，出土時兩塊誌石合在一起，靠放在墓室內西北角，另一套墓誌墓的誌蓋呈覆斗形，斜刹波度較小，飾兩組對稱的卷草和如意雲朵紋，墓誌蓋綫刻，九個方連內各飾變形牡丹紋。

【《隋唐五代墓誌匯編》，27－28、30，《叚雙印 劉合心 1992》，《李

方2005》、《李方2008》、《李方2013a》61、187、211、244、259】

6.康子相墓誌

唐顯慶二年（657）三月十四日　石質　陰刻　59.6×59.6×16　洛陽（徵集）　中國農業博物館

康君墓銘（墓誌蓋）

唐故陪戎校尉康君墓誌

君諱子相河南洛陽人也其先出自康居仕于後魏為頡利發陪從孝文粵自恒安入都洏洛積德重胤著於州閭祖黐以累葉魏臣恥於齊霸既遇周師入洛擁眾先降蒙授上儀同左驍衛中郎將昔由餘入秦名傳簡冊日殫歸漢譽重搢紳望古為曺異時同勳父清隨左勳衛晉王府屈咥真以舊左右加建節尉守屯衛鷹揚郎將忠勤奉主謹盡見稱趍侍蕃朝執參馴之羈靮攀援欄陛作鉤陳之爪牙君生於誠孝之門幼聞仁義之訓居身廉慎口無擇言立性淳和不欺暗室交遊以信事長以恭武德五年直秦　王府監司牧園勞力忘食督察工徒竭心無懈　太宗撫運乃加優獎以舊左右蒙賜榮班貞觀十年　敕授陪戎校尉任連七萃職典五營外立戊己之功內恣步兵之賞年登讓袟歸老舊廬旱則資舟方在陶之潤屋智而好殖同賜也之駐馴縱金鄉壤方極鳩杖之懽撤瑟丘園亟軫隙駒之悼以顯慶二年二月十八日卒於洛州洛陽縣之嘉善坊春秋六十六粵以其年三月十四日壬寅窆于河南縣之平樂鄉東望首陽惻夷叔之荒壠北瞻邙阜忉田客之哀挽有子文朗蒙遺一經升袟

積勞佐斯百里寒泉傷骨憂結終身敬撰德徽乃爲銘曰
累勤成務積行爲基雾鄉稱善歸塾登師道存鬼谷年洎髦
眉均躬在瀨若石遊邙泛泛不羈營營自厚世隨川閱丘從
地久風蕩松帷雲沆壠首反真冥昧芳塵不朽

　　　　金紫光禄大夫禮部尚書弘文館學士上柱國高陽縣開國男許敬宗製文

注：①本録文以曹建强、馬旭銘録文爲底本，參考王素録文和墓誌拓本對部分文字進行了修正。②趙振華認爲墓誌銘文最後一行"許敬宗"的落款或爲後人僞造，參見《王素2016》。

【《曹建强 馬旭銘2010》，《齊運通2012》，《中田裕子2012》，《福島惠2014》148－149，《山下將司2013》163、170，《王素2016》】

7.麴善岳墓塼

唐龍朔二年(662)十月廿八日　塼質　陰刻　37×37×7.3
洛陽　歷博

惟大唐龍朔二年歲
在壬戌十月丁亥朔
廿八日庚寅殞故西
州偽内散常侍麴善
岳　皇朝欽爵致果
副尉春秋七十九遇
疾遭夭殯之斯墓

注：①此墓塼出土於洛陽，出土年代不詳；麴善岳爲唐滅高昌後從高昌遷來之高昌豪族。"致果副尉"，唐武散官，正七品上。②此墓塼雖製於洛陽，但書式爲高昌墓塼之書式，質地爲塼質，與高昌墓塼無異。③侯燦未見《中國歷史博物館藏法書大觀》(第十卷，《碑刻拓本》，

東京：柳原書店，1997年）一書，故誤推斷此墓塼可能出土於吐魯番。參見《磚誌集注》。

【《唐墓誌》367；《索引稿》；《歷博法書十》47、181；《磚誌集注》；《磚刻銘文集》1151號；《統計分析》；《裴成國2012》；《李方2013a》191】

8.蓋蕃墓誌

唐咸亨元年(670)十月四日　石質　陰刻　60×60　洛陽　千唐誌齋

唐故曹州離狐縣丞蓋府君墓誌銘

府君諱蕃字希陳魯郡泗水人也齊太公裔孫漢武牙將軍廷之後元魏邳州刺史

靈之曾孫北齊泗水主薄平棘令暉之孫隨許昌令洪之子也小名叔文後繼從叔

順改焉資性淹純操履中正少私寡欲澹如也博覽經傳尤精王易幼孤事兄嫂甚

謹鄉邑稱之未弱冠隨大業初以父萌入為太廟齋郎久之授堯臺府司馬此後金

革日用喪亂弘多皇泰仍饑開明連禍寡身虐政自拔無由及皇唐威靈暢於東

夏以隨宮降授文林郎從時例也府君以為遭天人革命之秋君子經綸之會而棲

附非地沉於散冗豈命也乎遂安之無復宦情唯以講授為事洛中後進李太師康

敬本等並專門受業其後咸以經術知名而子暢不弃士林者

寔資過庭之訓也貞

　觀中兄伯文任洋州洋源縣令坐事幽繫將寘嚴刑府君泣血申冤辭令懇惻見者

　莫不歔欷使人漢王府參軍蘭陵蕭德昭孝友人也不堪其悲左僕射房玄齡特為

　奏請得減死配流高昌此國初平磧途險澁距長安七千餘里白兄曰正尒而往取

　達何期某受彼宮庶幾可濟於是起選授西州蒲昌縣丞允所祈也乘馹赴官先兄

　而至躬率人力渡磧東迎德昭每言及天下友于即引府君為稱首及秩滿兄亦當

　敘接轡連車共遵歸路以永徽元年至于京洛初許昌君及夫人隨仁壽中相次薨

　於本州瑕丘縣府君昆季既幼且貧卜厝稱家力不逮禮常以此疚心至是方議遷

　合竊念曰儻得便近一任經營豈不易從生平常事藥師琉璃光拂忽於夢中仿佛

　見之曰當如意果授曹州離狐縣丞濟泗舊川風壤鄰接可謂孝悌之至通於神明

　者歟越三年春大事始畢自違鄉從宦更歷亂離邑里蕭條桑梓蕪沒眷言疇昔十

　不一存唯府君弟兄白首俱至州寮縣宰吊祭成行鄉里以為哀榮咸增悲仰既而

　解印還于河南從地斷也營新安之山墅曰吾將老焉池亭宛

宇花藥竹樹盡觀賞

之致行二十年忽謂人曰吾昔夢遇韮兩睚是重九也老子今年正八十一其殁乎

人曰不祥言胡為涉口府君曰死者人之終也賢聖未如之何得非殀折幸耳何諱

為以總章二年十二月八日寢疾薨於莊第春秋八十一凡在親賓咨嗟知命夫人

宜陽孫氏先薨自有墓記令以咸亨元年歲次庚午十月庚午朔四日癸酉合葬於

洛陽芒山之月崗遵周禮也桂坊太子司直清河崔懸黎暢之遊歟府君言行是所

飲承故敬憑為銘其辭曰

舜岳咨賢昌田悅聖枝葉雲吐源流海鏡功啓漢封道康齊政家善既積門風惟競

誕生懿德載襲芳塵堅中表性通理騰彬滔天雲擾戰野雷屯鸞栖舛附蠖屈何申

進輕卑職退尋幽贊巾卷自遠韋編是玩在原有切陟崗增歎花颺連跗鴈歸齊翰

俗推友政靈感淳心卜塋舊壤灌柏新林庭趨荷戟邑佐鳴琴一丘披薛三徑投簪

庶茲永日翻隨厚夜泉閟桐閽風迴柳駕淚集枝改年移草化玉篆有刊金聲無謝

【《千唐誌齋藏誌》,《魯才全1985》,《趙超1988》,《唐墓誌》518－520,《孟憲實1993》,《劉安志2011》32、54,《李方2013a》100、

101,《李方2013b》280,《姚崇新2011》452】

9.麴建泰墓誌

唐咸亨四年（673）　石質　陰刻　63×63×12　孟津大唐西市博物館

大唐上柱國益州玉津府折衝麴君之銘（墓誌蓋）

唐故寧遠將軍益州玉津府折衝都尉上柱國麴君墓誌銘並序

君諱建泰字元亨樂安人也開宗肇暎上代起於龍淵發胤延華中葉興於鳳

穴自凱風豹變搏朔野以飛楊微禽蟬蛻泳淮波而出没作天綱於白帝成地

維於青戎橫坤象而疎宗據坎德而標族豈直朝遊閬苑獨駕仙鳧暮集瀛宮

孤乘相鶴而已祖周授高昌大將軍封淩江公考隋授高昌大將軍淩江公如

故君稟秀山川聲雄姿而動俗含宵星象鳴壯志以跨時夙勵清區遂策謀身

之道計偕丹史蟬乃翼於彫蟲摠閱青編復錙銖於筆硯見將軍於老子趨入

天機覿劍客於莊周走調神府貞觀十三年天山起祲焉嵯告氛公占募西行

乃從軍而静柝金婆堰月儷鶴而先登寅叱魚麗弄犀渠而後末朝致非常之

賞國絶費留之譏乃授公上柱國朝議郎行天山縣丞後轉昭

武校尉守右屯

衛安邑府右果毅俄而改游擊將軍守右驍衛萬安府左果毅
塍埒長城激雙

流而下屬吞若巨防迴九折以逶迤故乃剛悍生方鋭氣植土
孟陽銘於梁漢

太沖賦於巴岷信峻阻之隩區寔壑險之深壤疇咨　帝念
致網羅於百夫

妙莆　天心僉讓公於千傑乃授公玉津府折衝束浮雲而
直去慕鄧侯之

先蹤目斂彎之迴途責王生之後迹匪伊賓旅歷膽交趾累足
而已哉故財雄

奪氣豪右失魄日飛光崦嶺惜傾曦之驟餘輝月騣景於濛
濱痛頹光之馳殘

彩咸亨四年八月五日薨於玉津府遂使渝儺斂於長袖失捐
椀於王孫白雪

撤號鐘弛抵掌於公子惟公淹量深遠器度光華森踈松竹之
操凜厲冰霜之

節勗禮義而檢己獎仁信以弘身故乃作鏡一朝規摹万古嗚
呼哀哉劍星沉

彩儵浮氛於倚楹弓月埋光忽抽陰於計俎咸亨五年二月廿
八日葬北邙禮

也中子運行少踐毗尼之説小輈阿含之經覺此浮生遂脱屣
塵諦今配名淨

土長子端行小子勝行莆行並剥皷申悲痛升岈以屠裂泣血

興慕哀陟岵以

攀號慮羊墳之陵谷馬鬣無名恐鵠墓以桑田斧形無字乃命勒銘式旌嘉德

其詞曰

東江啓派西海疏源中宗鳳穴上代龍淵仙鳧万世相鶴千年簪裾靡絶鐘鼎

長傳其一時隽疊華英毦襲慶豈獨一夫屨光三命猗歟夫子宗林作暎孔墨苔

踐老莊是鏡其二弄此犀渠儷茲鶴膝失魄金婆亡精寅叱果毅賞功折衝是袟

鋭氣無猜剛悍唯一其三日居月來人事迭謝不見懸車忽焉長夜星劒無拔月

弓長卸悲哉遄景光陰無借其四松櫃標墳宿薆依墓不見人蹊唯開鳥路孝子

帷荒哀以遲踢乃攀兮步步恐溟漠兮後覺故勒石而先瘱

注：本錄文以王素《唐鞠建泰墓誌與高昌"義和政變"家族》一文的錄文爲底本，并參王素先生所贈拓片照片對一些異體字略有調整。

【《秦晉豫新出墓誌》，《齊運通 2012》，《胡戟 榮新江 2012》，《毛陽光 余扶危 2013》，《榮新江 2013》，《翟旻昊 2013》，《劉子凡 2014》，《王素 2014》，《冀静 2015》】

10.甘露寺尼真如塔銘

唐上元三年（676）三月十七日　石質　陰刻　66×72
西安曲江　藏地不明

大唐甘露寺故尼真如之柩

曾祖伯雅高昌獻文王

祖文泰高昌光武王

父智湛　皇朝左驍衛大

將軍西州都督上柱國天

山郡開國公

尼真如總章二年為亡　父出傢

即其年三月廿二日亡上元三年三月十

七日起塔扵明堂樊川之原禮也

注：尼真如爲麴氏高昌王族之後，其父麴智湛爲末代高昌王麴智盛之弟，係貞觀十四年(640)唐滅高昌後虜至內地。

【《楊興華1987》，《樊波　李舉綱1994》，《孟憲實1997》，《裴成國2012》】

11. 麴安及妻董氏墓誌

唐調露元年(679)十一月十六日　石質　陰刻　35.5×35.5×8.5　洛陽　洛陽市第二文物工作隊

唐故麴君墓誌銘並序

君諱安字□護金城人也夫以龍官命氏鬱為綏

冕之宗鳥□摘文素漸疇華之籍嗣興梁棟繼踵

珪璜爰逮英明可略言矣　　曾祖昶楚州別

駕祖瓊銀青光禄大夫剌半六條榮該三事依仁

履義譽藹縑絅列職象賢儀標岳瀆父安上騎都

尉糠□榮利聲寶甍□宅慶括神用休天爵春秋

五十有五粵以顯慶五年八月十三日卒於私弟

夫人隴西董氏祖亮脩任驃騎大將軍父勗

皇朝承奉郎地藉冠盖之暉訓染蘭荃之馥内光
神媛誕生胤子豈期薤露俄歇庭蕣先凋春秋六
十有五奄以歲次巳卯十一月戊寅朔十六日癸
巳卒於脩善坊之私第昔年偏喪嗟鳳相之半死
今兹同穴痛龍劍之雙沉嗚呼哀哉嗣子德光哀
緬没地福極虧天菇慕芳芳猷式銘貞琰其詞曰
赫矣鴻冑爵為華族別駕不空銀青代禄綿勳鳳
□騰雊智服昔悲寡鶴今痛雙龍邙山霧惨隴首
雲濃風摧宿草霜積寒松高柳遲遲飛旌蕭蕭敦
哀□暎野酸輀橫陸玄夜有期清朝俄倏

注：①本錄文以《洛陽新獲墓誌續編》拓本爲底本，參照同書錄文錄
出。②金城麴氏，或爲高昌麴氏後裔。

【《河洛墓刻》，《洛陽新獲墓誌續編》】

12.衡義整墓誌

唐天授二年（691）二月廿八日　石質　陰刻　69.5×71
洛陽　千唐誌齋

大周朝議大夫使持節伊州諸軍事伊州刺史上柱國衡府君
墓誌銘並序
　　　　朝散大夫行冀州下博縣令史寶鼎製文
公諱義整字義整齊州全節人也漢儒林大夫咸之後晉相國
府參軍凱之九代孫曾祖則周大將軍祖生隨萊州別駕本州
大中正父長孫唐嵐朔翼渭四州刺史左監門將軍長山縣開
國公萬户千門資徽巡之寄丹襜皂冕信風教之原故得開國

承家貽列土之貴紳河礪嶽擅銜珠之寵公幼勤琢玉早習篆金始自鬻遷終期鴻漸起家右勳衛俄授蔣王府兵曹參軍事竹園防露妙選英寮蘭坂清風公為領袖累遷夏州寧朔瀛州清苑二縣令浮易故俗渤海遺黎化梟有期集鷟何遠以公勤恪夙著課寂尤高特加朝散大夫行普州長史勝州都督府司馬西州都督府長史山連古塞乍偵胡塵地接長城時修漢堞恩制授朝議大夫使持節伊州諸軍事伊州刺史不謂藏山易往逝水不留以永昌元年四月廿一日薨於官舍嗣子守直等攀橋枝而永慕感吹棘以崩心式訪烏占爰興鶴隧粵以天授二年二月十八日與夫人元氏河南郡君合葬於洛陽縣清風鄉之原禮也惜桑田之有變懼陵谷之將移内彫芳琰外樹豐碑日繩難繫露草先吹石扉徒掩金聲不訾乃為銘曰

六氣迴薄四序推遷春秋已矣霜露先焉家焚芝蕙國喪貞賢禍延止服甖跕飛鳶聲沉于地魂散于天陵闕森聳神靈翳然風雲蕭索原野芊蕞劔留松樹海變桑田山深少日谷邃多煙夜臺一閟幾度千年

文林郎齊州歷城縣尉董履素書

注：①"年""月""日"等字為武周新字，銘文以通行字録入。②衛義整最後官歷是西州都督府長史，朝議大夫使持節伊州諸軍事伊州刺史，其於永昌元年(689)四月廿一日薨於官舍，此官舍當是伊州州府。③近兩年後的天授二年(691)二月十八日與夫人元氏合葬於洛陽縣清風鄉之原。

【《千唐誌齋藏誌》，《唐墓誌》802，《全唐文新編》2932，《王素2016》】

13. 劉僧墓誌

唐(武周)長壽二年(693)二月廿二日　石質　陰刻　71×71×14　西安　陝西省文物局

唐故左衛

親衛劉府

君墓誌銘

(以上墓誌蓋銘文)

唐故左衛劉府君墓誌銘並序

公諱僧字彥達本河間郡人也五代祖因官關右遇亂不歸故今為長安

縣人焉昔豢龍夏代開命氏之源斷蛇沛澤啓興王之運雖西賓東主隨

風煙以歇滅而靈根茷葉將蘭菊以芬芳祖咸周濟北郡丞思州刺史征

虜將軍河間公偉貌挺生雄圖直上斑條察郡迎期月而化成轉扇撝軍

不崇朝而令肅父壽隋北龍治中建州別駕言成士則行為時範鴻材拙

用遠毗回雁之鄉龍劍難諢即動衝牛之氣公削成千葉建本一枝神□

才明生知孝悌溫良恭讓之性本自家風從橫長短之間由來足用貞觀

初以門蔭授左衛親衛不偶自廢潘安仁之養拙築室穿池仲長統之栖

閒背山臨水瀟灑無競優游自得懸蛇起疾問鵩無言嗟智士之其當恨

主人之將去以貞觀廿一年正月廿三日終于本縣真安里第春秋四十

有七夫人晉陽趙氏隋扶風郡丞之長女也常山貴寶秦城美璧淑德溫

仁賢姿婉順食魚求鯉潘揚得于舊親乘龍逐風秦晉合其佳偶自哀纏

晝哭契南親卿情罷瑟琴首絶膏沐廣被斷機之訓教子多方崩墉折樹

之悲望之何及以天授二年臘月十三日遘疾終于洛陽縣富教里第春

秋七十有五子玄意唐左鷹揚衛郎將　皇朝西州都督府司馬西州

長史肅州刺史析薪荷業易簧承規詩禮二聞敢忘趨庭之訓孝經一卷

長懷顧屬之詞恨尼父之少孤久虧安厝鄙王孫之薄葬廣舉衣衾以大

周長壽二年二月廿二日合葬于長安城東霸陵原禮也地若晉京墳如

夏廡縢公逝矣蹋駿馬于茲年季子歸來掛寶劍于何日銘曰

卯全貴族日角雄胤接武侯王比肩英俊龍飛霸蜀虎步延晉祖業家聲

風裂雷迅其二征虜千里鄧林一枝人倫水鏡邦國羽儀治中

小了政多知

題車北闕展足南垂□其二昂昂処士保家之子拙用安仁巧追公理逃迹

軒蓋塞門朝市上善如斯中年已矣其三公之故劎族盛邯鄲儵田得禮椎

髻同歡忽墜延葛長孤夢蘭崩城有恨徙宅無安其四伯苛作嗣一不嫌少

□禄養親揚名顯考哀哀聖善永錫難老享福未終啓予何早其五合葬依

古先遠卜期霸城之曲渭水之湄薤露朝咽楊風夕悲百齡人子蹉此時

□其六

注：①"年""月""日"等字爲武周新字，銘文以通行字録入。②本墓誌拓本未見發表，録文根據王翰章、尹夏清論文中的簡體字録文轉録，換行根據王、尹記録的"行28字"，銘文中的"其一"……"其六"二字采用唐代墓誌慣例，按一格計算。③本墓誌藏所不明，本墓誌的最初披露者王翰章及尹夏清二位均爲陝西省文物局工作人員，故推測本墓誌藏於陝西省文物局。④劉僧之子玄意曾任西州都督府司馬、西州長史。

【《王翰章 尹夏清1996》，《全唐文新編》14594，《王素2016》】

14.麴信墓誌

唐久視元年(700)七月廿六日　　質地不明　　陰刻　　49.5×49.5　　洛陽　　藏所不明

唐故麴府君墓誌銘並序

君諱信字多信西平人也即西國昭武王之族孫代
德家聲具標實錄曾祖保隨威遠將軍祖悅隨平漠
將軍並巍若斷山隱如敵國渥泉生其駿骨閬嶠誕
其英姿父隆㡀威將軍有唐之初奉圖內附方大任
用會以病終連城之珎甃充奇觀平吳之利空謝明時
君生而淳至少便靜默敦閱詩書不求名位而嚴怙早
没慈親在堂包養有聞孝恭不怠及內艱在疚柴毀過
人服闋或勸君仕進者君曰所謂纓冕何殊桎梏金
璧交暎莊生願處於塗中珪組相輝魯連行辭於海
上祿不逮養何用宦為遂糠秕之時榮屏絕事研精釋
典高卧上皇放曠出塵優遊平歲粤以永隆二年辛巳
之歲終於私第以久視元年庚子之歲七月廿六日與
夫人孟氏合葬於北邙山平陰之原禮也夫人肅恭
典禮敬慎言容嬪則遠聞母儀載洽未極潘輿之賞
俄聞皐樹之悲今者齊寢時臨邘防禮展劍龍復合塋
鶴還飛嗣子前扶風縣尉脩政陟岵銜哀繞墳增思敬
圖青琬式表玄扃迺為銘曰

安松扃兮閟滕室牛應占兮龜襲吉匣劍雙沉兮會匹
泉鑰重深兮無曉日九原兮淒涼萬古兮終畢

注：①"年""月""日"等字爲武周新字，銘文以通行字錄入。②羅振玉《芒洛冢墓遺文四編》標注此墓誌銘共二十行，行二十字，本錄文換行以此數字爲準。

【《羅振玉1982》14255—14256，《王素1992》，《王素2014》】

15.袁公瑜墓誌

唐(武周)久視元年(700)十月廿八日　石質　有蓋　陰刻　70×74　洛陽　千唐誌齋

大周故

袁府君

墓誌銘

(以上墓誌蓋銘文)

大周故相州刺史袁府君墓誌銘並序　　河北道安撫大使狄仁傑撰書

君諱公瑜字公瑜陳郡扶樂人也嬀滿受封始為列國濤塗得姓實建我家汝墳化

三老之風漢室推五公之貴布在惇史今可略焉曾祖虬魏車騎大將軍行臺大都

督汝陽郡開國公祖欽周昌城太守汝陽郡開國公父弘唐雍州萬年縣令舒州刺

史天錫純嘏世篤忠貞累仁積德傳龜襲紫汝潁之士以爲美談君體國懿姿承家

昭範含章踐軌貫理達微少有大節以射獵爲事嘗遇父老謂之曰童子有奇表必

佐帝王年十有五乃志于學談近古事若指諸掌年十九調補唐文德皇后挽郎授

晉州司士郡有事每命君奏焉君音儀閑雅聲動左右唐文武皇帝歎曰朕求通事

舍人久矣今乃得之時以寺獄未清曰授君大理司直俄而烏

夷逆命鑾駕東征特

　　授君并州晉陽縣令尋遷大理寺丞宰劇有聲恤刑無訟人賴厥訓朝廷嘉焉遷都

　　官員外郎歷兵部都官二員外尋拜兵部郎中張燈匪懈題柱增榮揔文武之司得

　　神仙之望

　　今上倪天伊始潛德未飛君早明沙麓之祥預辯春陵之氣奉若天命首建

　　尊名故得保乂王家入參邦政俄以君為中書舍人又遷西臺舍人徐邈以儒宗見

　　重劉超以忠蓳推名喻此聲芳未足連類遷司刑少常伯君素多鯁直志不苟容猜

　　禍之徒乘閒而起成是貝錦敗我良田尋出君為代州長史又除西州長史驥足遲

　　迴殊非得地雁門奇舛空負明時俄轉庭州刺史無何遷安西副都護君威雄素厲

　　信義久孚走月氏降日逐柳中罷柝葱右無塵雖鄭吉班超不之加也惜乎忠而獲

　　謗信以見疑盜言孔甘文致□罪永隆歲遂流君于振州久之遇赦將歸田里而權

　　臣舞法陰風有司又徙居白州竄迹狼荒投身魑魅炎沙毒影窮海迷天憂能傷人

　　命不可續享年七十三垂拱元年七月廿五日寢疾終于白州嗚呼哀哉永昌歲始

還鄧州權殯石溪里虞翻之弔但見青蠅王業之喪猶隨白㫑如意初有

制追贈君相州刺史恩加異代澤漏窮泉可謂生榮死哀歿而不朽前夫人孟氏隨

車騎將軍陟之孫唐曹州刺史政之女玉林皆寶銀艾相暉地積膏腴世多賢淑夫

人秉閨房之秀導苤苡之風母訓重於紗帷婦德光於綾障勞萊之養未極斑衣張

胤之哀空留畫扇享年卅五永徽六年十月五日終于京第嗚呼哀哉即以久視元

年十月廿八日合葬于洛陽縣之北邙山地卜書生塋依烈士楊公返葬空餘大鳥

之悲魏主迴軒當有隻雞之酹孤子殿中省丞奉宸大夫內供奉忠臣淚窮墳栢

哀結楹書式撰遺風丕揚億載其銘曰

峨峨碩德惟岳生焉顯顯英望允邦基焉服事臺閣厥功茂焉典司樞要其業光焉

積毀銷骨老西垂焉微文獲戾投南海焉虞翻播弃死交趾焉溫序魂魄還故鄉焉

遭逢　　明運帝念嘉焉追贈幽壤　　朝恩博焉北郭占墓啓滕銘焉西階

袝葬從周禮焉樹之松檟神道寧焉刊彼金石休聲邈焉

注：①"年""月""日"等爲武周新字，銘文以通行字錄入。②本錄文據《千唐誌齋藏誌》拓本錄成。③本墓誌銘文中出現了諸多與西域

及唐西州有關的內容,如西州長史、庭州刺史、安西副都護、柳中、月氏、蔥右等。

【《魯才全1986》,《千唐誌齋藏誌》481,《唐墓誌》975－976,《何磊2006》,《王素2016》】

16.鄧溫墓誌

延和元年(712)七月　石質　陰刻　有蓋　74×73×17
山西藍田　藏所不明

大唐故鄧

府君墓誌

之銘並序

（以上墓誌蓋）

大唐故忠武將軍右衛鄧府君墓誌之銘並序

公諱溫字恭南陽新野人也軒轅錫系宗周列士食菜于鄧因而氏焉楚

　　大夫勞漢司徒禹蓋餘緒也洎有隨滅陳官族乘運家于長安今為長安

　　人也曾祖曷隨任銀青光祿大夫營州刺史　皇朝左庶子兼散騎常侍

　　遷冀州刺史臨川郡開國公食邑三千户祖弘政隨任左千牛皇朝通

　　議大夫新野侯父惲　皇朝金紫光祿大夫殿中監遷雍州長史除營繕

　　大匠兼尚書左丞刑部尚書淮陽郡開國公上柱國食邑八百户食乎舊

德列乎大任貂嬋近侍喉舌貴臣詒厥孫謀光大其後公機神俊邁室宇

宏邈仁而有勇簡而能廉祖德家風代傳不泯懷芳善人之室擢秀君子

之林年十有六解褐任太子左千牛金鼎承榮綺紈筮仕捧黃離之光

景肅畫厥之威儀改授鄘邑左果毅都尉除灌鍾府左果毅都尉除金谷

府左果毅都尉殺敵為果致果為毅扶風石柱位摠雄夫洛陽金谷勛高

武衛除遊擊將軍淮陰府折衝都尉尋拜朝散大夫檢校西州都督加朝

議大夫使持節都督西州諸軍事西州刺史天子再錫爰服藻文諸侯五

等方持竹使克備文武保界遐荒除使持節杭州諸軍事杭州刺史道合

循良杆光鎮海撫縣懷德江使弭佐除使持節貝州諸軍事貝州刺史三

駕朱轓騄傳珪瑞化行河朔潤及京師除使持節都督秦州諸軍事秦州

刺史十三州之重二千石之寄河塞頌中和之風秦谷無害群之馬奏課

連最朝廷嘉之除定遠將軍右衛率加忠武將軍職司環衛地摠成機衛

率具僚式嚴　宮禁方期諸後命而組謝中年嗚呼哀哉以太極元年五

月十二日遘疾薨于萬年縣之安興里第春秋五十有六衣冠士族喪德

而變容故吏門生懷惠而垂泣即以延和元年歲次壬子七月戊辰朔十

五日壬午遷窆于雍州藍田縣之白鹿塬禮也位虛列象殞金精於天上

榮開甫遷埋玉樹於土中秦山陰幽緣古相畢有子如岳次子如聖等夙

踐義方克循孝行佩趍庭之明訓稟鑿楹之遺範俾揚家業以述先志篆

呼陰石廼作銘云　軒丘乃神餘緒弗論司徒其往懿尒後人獻替功著

圖書任殷育玆上德重光楷神弱冠筮仕少海承寰祠歧下金漳洛濱

戎機累授爪牙倏申畫秦大夏江甸河潯蝗遷政洽俗變風淳拜命仙禁

棱威武臣跡流功業適反玄真風挑于送煙郊是埋繒雞分晝月有夜分無晨

注：①本墓誌1986年7月出土於陝西省藍田縣孟村鄉田禾村，墓葬情況不詳，墓誌出土於墓石門前內。②關於本墓誌的研究分見李思宇、樊維岳《藍田縣出土唐故忠武將軍右衛率鄧温墓誌銘》及樊維岳、李思宇《大唐故忠武將軍右衛率鄧温墓誌銘考釋》二文，其中後者載墓誌拓本，但模糊不清。③本錄文以李思宇、樊維岳兩篇論文

所作録文爲底本，并參考墓誌拓本録成，李、樊二位録文疏漏在此直接修改，不再一一注明。④第七行"淮陽郡"原書"淮揚群"。⑤關於"果毅"之含義，有"果敢堅毅"（《書·泰誓下》："爾衆士，其尚迪果毅，以登乃辟。"孔穎達疏："果爲果敢，毅爲强决……皆言其心不猶豫也。"）之解，本墓誌銘文解爲"殺敵爲果，致果爲毅"。

【《李思宇 樊維岳1993》，《樊維岳 李思宇2008》122－125，《王素2016》】

17.成公崇墓誌

唐開元廿五年（737）九月一日　石質　陰刻　60×60×12.5　洛陽（徵集）　大唐西市博物館

唐故定遠將軍左驍衛翊府右郎將員外置同正員兼西州都督府别駕賜紫金魚袋成公府君墓誌銘並序

君諱崇字舜子東郡人也分符列宦久縣此焉地望清華圖光載籍曾祖諱緒隨游擊將軍武以韜鈐珪璋遹襲祖諱徹皇左衛翊衛中郎將警衛丹墀光毗軒禁父諱虔裕　皇正議大夫行錦州諸軍事錦州刺史上柱國曰官列宦委質臨人君崇則亡考虔裕之長子也　君右衛勳衛應制及苐皇授右衛隊正長上奉以才堪奮戟扛鼎屢聞國慶遷官改授澤州丹川府别將功超武略再沐殊榮應制衛恩又授河南府武定府右果毅都尉長上效職軍容鋒臨要苊亡軀殉國識荷縑緗制授頻頒有承天澤又遷河南府函谷府左果毅長上珪組相傳又遷河南府通谷府左果毅都尉長上轉授沁州延儒府折衝都尉長上孤標獨秀時在不群簪望相承迄于忠謹又改授懷州武德府折衝都尉

長上厼以稱賢譽流冠蓋又改授河南府輞輞府折衝都尉松筠自性桂馥難藏 制授西州別駕又擢左驍衛翊府右郎將員外置同正員兼西州都督府別駕賜紫金魚袋上柱國 君朱紱弥固与水鏡而齊明仁孝恭惟溫良植性為官清白處事公平寬猛臨人德政謀己福之不祐玉折蘭摧慷愷之風頓傾號慕所謂棲鴛告豐忽何逝以邊州止服呈祓遽歸魂於故里烏呼哀哉君春秋六十有二去開元廿四年四月廿一日終於伊部哀纏鄉族悼感飛沉粤以開元廿五年歲次丁丑九月壬申朔一日壬申君權葬于河南縣洛陽縣北部鄉邙山膏腴之原禮也長子日新等並移家奉國資孝事 君特以威儀式加贈賻禮樂斯畢神道遵比為時凶歲禍奄歺未寧今以吉辰敢之安厝恐陵平壑徙紀曆雕珉詞曰

家聲門緒貫寵連勳冠冕駱驛榮俸氛氳光前絶後千秋萬春俯悼黃腸之路仰淒綠柏之群

①本錄文以王素錄文為底本，根據墓誌拓本稍有修訂。②吐魯番阿斯塔那509號墓出土《唐開元廿一年唐益謙、薛光泚、康大之請給過所案卷》《唐開元廿一年染勿等保石染典往伊州市易辯辭》《唐開元廿一年西州都督府案卷爲勘給過所事》《唐開元廿二年楊景璿牒爲父赤亭鎮將楊嘉麟職田出租請給公驗事》《唐開元廿二年西州下高昌縣符》五件文書中多有"依判，諮，崇示"通判官署名，此通判官"崇"當即成公崇。（參見《王素2016》）③成公崇卒於"伊部"，文獻史料未見此地名，王素先生認爲"伊部"即"彼部"，指西州（參見《王素2016》），其根據是墓誌所記成公崇最後履官"制授西州別駕，又擢左驍衛翊府右郎將員外置同正員，兼西州都督府別駕"，以及墓誌銘文所言"逝以邊州"。

【《秦晉豫新出墓誌》,《齊運通 2012》,《胡戟 榮新江 2012》,《毛陽光 余扶危 2013》,《榮新江 2013》,《劉子凡 2014》《王素 2016》】

18.麴崇裕夫人慕容氏墓誌

唐年次未詳（天寶前）　石質　陰刻　尺寸不明　蘭州榆中　收藏地不明

故交河郡夫人慕容氏墓誌序

夫人諱儀字輔賢昌黎人也其先可汗青海國王慕容宣超皇任驃騎大將軍贈持節督節夫人□□□□也室由天火崇女德於宗盟出奉□□□□□配德和鳴内範嬪嬙外標禮義聖族遺裔榮邁膚氣引銀河之媛用能温肅恭懿宣慈惠和孝素柔而貞令淑遠聞嘉聲克著雖寢疾移晷□□彌留亦閨訓不彌□□

將衰也戒并宗子訓及來孫貴而能貧無□□□□人無怙富而卑上及其□□□□木短長也生死命□言畢遂終□□□

八月一日薨于金城郡私第嗣子朝議郎守太僕卿□榮國公□吾衛大將軍嵩等知生也有涯死而無□□流□□□天訝□慈親之不待洎於十一月二十七日□□□□□□此郡東南九十里薄寒山之北原也粵□□□□□也死薶之以禮歸於義終也猶恐暮暮□□□□内極二三子僉曰然則何以紀德留其□□成風觀□□□徵□嚴迥谿谷□□□□□不朽矣其銘曰生而榮兮死而可哀遠感□□□□□□塚兮寒霜早催美此□□□□□□□□人兮垂裕後來□□□□□□□□

注：①1973年8月，在甘肅省榆中縣城西四公里處興隆山北二公里的朱家灣村旁的一處唐代石棺墓中出土。墓誌出土時置於墓室北端，青石，已殘破成數塊。②本錄文斷行處不明，僅根據下引陳守忠和孫永樂所撰兩文錄出，其中陳守忠和孫永樂合撰的論文應該發表在後，故以此錄文爲主要參考。③陳守忠、孫永樂的考證，慕容儀之夫爲麴崇裕，即麴智湛之子。

【《孫永樂1994》，《陳守忠 孫永樂1994》】

索 引
(以書名首字漢語拼音爲序)

人 名

凡例:1.人名均録自墓表、墓誌銘文,如果只存墓表、墓誌銘名録而無銘文内容者,則將名録中的姓名收入索引中;2.銘文中只有名或字而無姓者,如可確知其姓,采用"姓/名・字"的形式,如果只有名或字而無姓氏信息的,則單列其名或字,如姓氏部分殘缺,則以"□名・字"的形式列入,名字部分殘缺者,則以"姓□□"的形式列入;3.銘文中出現"姓氏+官名"者,如"麴都督",或謚號,如"光武王"者,均收入人名索引中;4.如果同一方墓表、墓誌銘文中出現全名及某氏的人名,如果是同一人,則收全名的同時,以姓名(字)的方式列出;5.不同墓誌中出現同一人,且其名字有不同者,則以姓名(異名)的形式列出;6.銘文中如只有姓氏單字,則索引中名爲"某氏"。

人名	墓塼編號
□□羅	高 210
□□相	唐 124
□伯□	高 116
□海生	唐 77
□海悦	唐 64
□護	唐 94

续表

人名	墓塼編號
□歡	唐 94
□隆惡	唐 41
□如節	唐 94
□追（眠良）	唐 57
跋兒	高 221
白阿度	高 26
白坎奴	高 212
白願佰	唐 139
保相	唐 140
曹阿檜	高 62
曹懷明	唐 79
曹建達	唐 126
曹孟祐	高 44
曹仁秀	高 38
曹氏	高 55，唐 10，唐 106
曹武宣	高 190，高 199
曹智茂	高 114
柴哲威	唐 33
成伯熹	唐 16
成達（成即□）	唐 111
崔延武	唐 118
刀柱柱	唐 125
董□隆	唐 33
董氏	高 73
董真英	唐 67
杜氏	高 63
杜相	唐 27
氾崇慶	高 104

续表

索引

人名	墓塴編號
氾大師	唐 127
氾德達/□志	唐 106
氾法濟	高 167
氾/法朗	唐 106
氾建	唐 93
氾靈岳	高 13
氾朋祐	唐 26
氾紹和	高 19
氾神力	唐 93
氾神武	高 72
氾氏	高 148,高 162
氾武歡	唐 51
氾相達	唐 60
氾/行同	唐 106
氾延海	高 214
氾延仕	唐 67
氾延壽	高 204
氾智□	唐 90
范阿伯	唐 42
范法子	高 176
范羔	唐 104
范隆仁	唐 52
范氏	高 79,高 95
范鄉願	唐 65
范永隆	唐 66
范宗迷	高 180
房玄齡	附 8
符堅	唐 107

续表

人名	墓塼編號
傅阿歡	唐 128
傅僧郍	高 178
傅子友	高 121
蓋/伯文	附 8
蓋/洪	附 8
蓋/暉	附 8
蓋/靈	附 8
蓋/廷	附 8
蓋蕃(叔文)	附 8
蓋希陳	附 8
剛武王	唐 24
高/德方	唐 122
高/玄琇	唐 122
高氏	高 17,高 22,高 52,高 136
高臺量	高 215
高玄琇	唐 122
高耀	唐 122
槁師祐	高 130
艮顯慎	高 129
鞏氏	高 5,高 126
鞏孝感	高 131
光武王	唐 34,唐 38,唐 42,唐 107,附 7
郭恩子	高 69,高 94
郭和兒	高 39
韓妻	唐 112
韓氏	高 21
和都子	高 105
和氏	高 158

续表

人名	墓塼編號
和氏	高 47, 高 72
侯□觀	唐 87
侯慶伯	高 205
許昌君	附 8
畫伯演	高 101
畫承	高 12, 高 16
畫儒子	高 68
畫神邕	高 76
姬孝敏	唐 33
賈□行	唐 82
賈阿(賈父師)	唐 95
賈阿女	唐 66
賈阿善	高 140
賈買苟	高 75, 高 81
賈謙恕	高 112
賈容兒	高 202
賈師苟	唐 66
賈氏	高 43, 高 74, 高 122
賈羊皮	高 137
賈永究	唐 1
焦氏	高 10, 高 32, 高 149, 唐 113
解氏	高 69
解顯武	高 155
康□□	高 115
康□鉢	高 98
康波密提	唐 58
康浮啚	高 189
康富多	唐 110

续表

人名	墓塼編號
康敬本	附 8
康虜奴	高 58,高 59
康蜜乃	高 107
康延願	唐 47
康業相	唐 2
康衆僧	高 109
李太師	附 8
梁/祐	唐 59
梁/子	唐 59
梁延懷(憨道)	唐 59
令狐□	唐 143
令狐法奴	高 223
令狐氏	高 127,高 224,唐 33
令狐天恩	高 49
劉□□	高 29
劉保歡	高 173
劉不六	唐 69
劉士恭	唐 63
劉氏	高 88,唐 4
劉住隆	唐 45
羅英	高 14
馬阿卷	高 71
馬氏	高 128,高 133
馬氏	高 5,高 96,高 123,高 187,唐 120
毛弘弘	高 57
毛姿臺	唐 50
孟婦	唐 112
孟炎	唐 112

续表

人名	墓塼編號
孟隆武	唐 25
孟氏	高 70, 高 102, 高 117, 高 156
孟孝□	高 103
孟宣住	高 34
孟宣宗	高 20
孟子	高 144
慕容儀	附 11
裴法禮	唐 112
祁顯明	高 181
齊太公	附 8
譙國公	唐 33
且渠封戴	附 1
麴/伯雅	附 7
麴/慈音	唐 105
麴/達	唐 112
麴/明	唐 112
麴/明	唐 97, 唐 112
麴/文泰	附 7
麴/悦	唐 112
麴/智湛(知湛,麴湛)	唐 68, 唐 101, 附 7
麴阿蕤	高 151
麴彈郍	高 65
麴都督	唐 59
麴惇	高 28
麴法臺	唐 11
麴懷祭	高 93, 高 99
麴姜	唐 61
麴舉	附 4

续表

人名	墓塼編號
麴連（戒）	唐 92
麴郁	高 26
麴娘（仙妃）	唐 112
麴謙友	高 64
麴慶瑜	高 177
麴善嶽	附 6
麴勝	唐 62
麴氏	高 26,高 124,高 157,唐 6,唐 17,唐 32,唐 68,唐 97,唐 105
麴太明	高 139
麴陁	唐 92
麴文姿	唐 9
麴顯穆	高 77
麴孝嵩	高 120,高 145
麴延紹	高 193
麴玉娥	高 161
麴願	唐 97
麴悦子	高 198
麴貞爽	唐 105
麴仲	唐 62
稔當	唐 80
任□□	高 119
任□□	高 24,高 119
任□慎	高 53
任阿慶	高 201
任阿悦	唐 4
任法悦	高 203
任謙	高 152

续表

人名	墓塼編號
任叔達	高 23, 高 30
任顯文	高 97
任相住	唐 39, 唐 40
鄑月光	附 2
史伯悦	高 192, 唐 32
史建洛	唐 120
史氏	高 164
史祐孝	高 41
史住(史住者)	唐 76
首□	唐 138
宋阿虎	高 9
宋仏住,宋佛住	高 184, 高 196
宋懷仁	唐 55
宋懷熹	唐 34
宋仁	唐 137
宋氏	高 1, 高 3
宋武歡	唐 38
蘇□	高 216
蘇氏	高 190
蘇武公	高 87
蘇玄勝	高 74
孫氏	附 8
索謙儀	高 75
索氏	高 6, 高 7, 高 36, 高 78
索守豬	高 43, 高 50
索顯忠	高 55, 高 110, 高 125
索演孫	高 33
太景	高 210

续表

人名	墓塼編號
唐/承嗣	唐109
唐/明	唐83
唐/謙	唐83
唐/太相	唐109
唐/仲達	唐109
唐□氏	唐132
唐阿朋	高205
唐憧海	唐103
唐紹伯	高92
唐神護	唐13,唐14
唐氏	高179
唐氏	高179,高183,唐19,唐81
唐舒平	高160
唐思文	唐89
唐疊海	唐56
唐武悦	唐20
唐護(護)	唐83
唐耀謙	高191
唐幼謙	高157
唐元護	高127
唐智宗(唐和裕)	唐109
唐忠賢	高52
唐仲謙	高147
田府君	唐102
田慶延	唐46
田紹賢	高27
田賢文	高106
田孝養	高87

人名	墓塼編號
田元初	高 15
王阿和	高 37
王保謙	高 185
王伯瑜	高 179
王伯瑜	高 186
王闍桂	高 208
王歡岳	唐 21
王歡悦	唐 28,唐 68
王舉奴(王鼠奴)	高 56
王康師	唐 85
王理和	高 73
王明	唐 112
王朋顯	唐 23
王皮苟	高 150
王氏	高 91,高 153,高 211,唐 103,唐 123,唐 141
王仵	唐 33
王孝傑	唐 101
王雅	唐 70
王延臺	唐 45
王元祉	高 48
王遮駔	唐 96
王遵	高 164
衛氏	唐 102
衛孝恭	高 108
夏白兒	唐 5
夏相兒	高 213
夏幼恕	高 138
獻文王	唐 107

续表

人名	墓塼編號
蕭德昭	附 8
辛苟子	高 66
辛氏	高 84
辛英疆	唐 19
徐寧周	高 35
嚴道亮	高 171
嚴海隆	唐 73
嚴懷保	唐 8
嚴氏	唐 12
陽保救	高 217
陽士通	唐 35
楊保救	唐 71
楊敏	附 9,附 10
楊榮	附 9,附 10
楊氏	高 2,高 11,高 126
楊提	附 9,附 10
楊誼	附 9,附 10
元貝	高 227
袁穆寅	高 47
袁氏	高 23,高 30,高 108
翟郍寧昏	唐 58
翟氏	高 46,唐 82
张文智	高 5
張/俱?	唐 88
張/太隆	唐 43
張/獻琛	唐 107
張/獻誠	唐 107
張/獻直	唐 112

人名	墓塼編號
張/雄	唐 97,唐 107
張/運端	唐 108
張/折仁	唐 43
張皷萁	高 63
張□	唐 121
張阿□	高 51
張阿賢	高 124,高 170
張安	唐 107
張安吉	唐 72
張保守	高 175
張保悦	高 146
張鼻兒(端)	高 151,高 169,唐 97,唐 101
張伯慶	高 153
張伯玉	高 195
張大炭	唐 113
張大良	唐 116
張德淮	高 40
張定和	唐 97
張遁	高 25
張富琳	唐 99
張公	唐 112
張歸宗	高 7
張海佰	唐 15
張行倫(季布、父師)	唐 114,唐 115
張洪	高 10,高 32
張懷寂	唐 97,唐 101,唐 107
張歡	唐 92
張歡□	唐 81

续表

人名	墓塼編號
張歡臺	高 214
張季宗	高 3
張寄(張懷寄)	唐 107
張救子	高 118
張君	唐 61,唐 62,唐 84
張禮臣(崇讓)	唐 107
張連思	高 42
張隆悅	唐 9
張龍相	唐 36
張買得	高 60,高 91
張默	唐 108
張難陁	高 117,唐 7
張謙祐	高 188,唐 12
張詮(張君行)	唐 108
張容子	高 143
張僧惠	高 61
張善和	唐 43
張善哲	高 207,唐 11
張神穆	高 45
張神忠	高 67
張師兒	高 166,高 211
張時受	高 141
張氏	高 12,高 16,高 19,高 31,高 33,高 35,高 38,高 39,高 65,高 80,高 86,高 120,高 182,高 196,唐 50,唐 87,唐 89
張叔慶	高 139
張曙子	高 222
張順	高 96,高 154,高 161

人名	墓塼編號
張臺	高 217
張頭子(張弘震)	高 156,高 174
張團兒	唐 30
張武儁	高 46
張武嵩	高 148,高 168
張武孝	高 83
張武忠(務忠、忠、務)	高 17,高 22,高 135,唐 97,唐 101,唐 107
張賢壽	高 225
張顯祐	高 209
張相歡	唐 88
張孝	高 100
張孝英	高 110
張孝真(張孝貞)	高 6,高 36
張興明	高 2
張雄	唐 97,唐 101,唐 107
張延衡	唐 17,唐 18
張彥	唐 119
張沂子	高 136
張毅	高 102,高 113
張銀子	高 215
張幼達	高 1
張禹	唐 107
張元峻	唐 31
張元隆	唐 24
張元尊	高 82
張運感	唐 99,唐 117
張惹	唐 107,唐 108
張智積	唐 105

续表

人名	墓塼編號
張忠宣	高 85
張仲慶	高 149, 高 172
張子慶	唐 3, 唐 22
張祖	高 4
趙陎	高 226
趙□	高 218
趙充賢	高 197
趙惡仁	唐 75
趙隔	高 90
趙海玫	唐 53
趙令達	高 18
趙孟雍	高 80
趙慶富	唐 129
趙榮宗	高 21, 高 54, 高 128
趙僧胤	高 159
趙善德	唐 48
趙善慶	高 165
趙氏	唐 74
趙松柏	唐 29
趙顯曹	高 219
趙緒豐	唐 49
趙宣	高 132
趙羊德	唐 37
趙元祐	高 142
趙悦子	高 187, 高 194
趙貞仁	唐 86
趙眾	唐 54
真如	附 7

续表

人名	墓塼編號
鄭吉	唐122
周氏	高76,高89
周賢文	高79
朱阿定	高8,高11
竺買婢	高59
陶氏	高39
左憧意(左憧憙)	唐78
左氏	唐8

地　名

本地名索引以墓誌銘文中出現的地名爲主。銘文中有些地名是官爵名中的一部分，如"交河太守"，本索引取"交河"之地名收録。還有一些"某某原"，并非專有的地名，但因其有地點的特指，所以也列入了本索引中。

地名	墓塼編號
□□郡	高103
□□縣	唐90
□昌縣	唐125
安西鄉	唐35
安樂	高5
安西	唐122
白芳	高5
白水	唐43,唐84,唐97,唐100,唐101,唐107
薄寒山	附11
北府	高50
北陵	唐55,唐61
北山	唐82

续表

地名	墓塼編號
北原	唐50,唐52,唐57,唐59,唐66,唐67,唐68,唐71,唐72,唐73,唐77,唐90,唐92,唐93,唐98,唐100,唐105,唐107,唐125,附11
北原舊塋	唐107
異州	附4,附16
渤海	唐71,唐122
曹州	附8
昌黎	附11
長安	附8
車師	唐125
成都	唐97
城北舊原	唐108
城北西□	唐62
城北原	唐73,唐100
城東	唐94
城東北塋	唐102
城東北原	唐93
城東舊塋	唐120
城西	高26,唐47,唐56,唐61,唐66,唐67,唐68,唐71,唐78,唐80,唐83,唐84,唐89,唐98,唐111,唐114,唐115
城西北平原	唐111
城西北元	唐115
城西北原	唐66,唐67,唐68,唐71,唐98
城西舊兆	唐84
城西元	唐114
城西原	唐78,唐83,唐89,唐115
赤阪	唐97
赤山	唐63,唐95

续表

地名	墓塼編號
淳風里	唐97
達安鄉	唐33
德州	附4
疊州	唐97,唐101
定州	附4
東原	唐75,唐122
敦煌(燉煌)	高1,高2,高3,高5,高19,高36,高39,高40,高50,高51,高65,高80,高96,高100,高124,高135,高143,高158,高168,高169,高170,唐97,唐101
頓丘縣	唐33
樊川	附7
鄚城	附9
鄚州	附9
扶風	高5,高96
甘州	唐101
高昌	高12,高16,高41,高45,高65,唐15,唐30,唐31,唐43,唐50,唐52,唐55,唐56,唐57,唐59,唐62,唐66,唐68,唐71,唐72,唐77,唐87,唐92,唐97,唐101,唐102,唐107,唐109,唐114,唐115,唐124,唐127,附1,附7,附8,附9
高昌城	唐80
高昌縣	唐15,唐34,唐50,唐52,唐55,唐59,唐60,唐64,唐67,唐73,唐76,唐77,唐78,唐84,唐88,唐93,唐95,唐97,唐98,唐100,唐101,唐104,唐105,唐106,唐107,唐109,唐111
高寧	高4
關西	唐34,唐72

续表

地名	墓塼編號
廣鏡縣	附 9
廣饒縣	附 9, 附 10
開郡	高 8
河東	唐 112
河南	附 8
河右	唐 71
橫截	高 28, 唐 97, 唐 112
橫截郡	高 5
恒州	附 4
弘農	附 9, 附 10
許昌	附 8
冀州	附 4, 附 12, 附 16
建康	高 41, 高 76
交河	高 41, 高 50, 高 52, 高 54, 高 84, 高 88, 高 99, 高 106, 高 107, 高 108, 高 126, 高 177, 高 205, 高 207, 唐 47, 唐 56, 唐 122
交河城	高 26, 高 98, 高 103, 唐 85, 唐 86,
交河郡	高 12, 高 13, 高 15, 高 16, 高 30, 高 41, 高 49, 高 64, 高 86, 高 97, 高 148, 高 168, 高 183, 高 203, 高 205, 高 206, 高 208, 高 210, 唐 47, 附 11
交河縣	高 52, 唐 2, 唐 4, 唐 10, 唐 13, 唐 19, 唐 23, 唐 25, 唐 26, 唐 30, 唐 32, 唐 39, 唐 81, 唐 83, 唐 89, 唐 114, 唐 115
節義坊	唐 120
金城	高 35, 高 99, 高 120, 高 129, 高 151, 唐 97, 唐 112, 附 11
金城郡	附 11
晉昌	高 179, 唐 109
酒泉	唐 109
蘭陵	附 8

续表

地名	墓塼編號
蘭州	唐 62
梨陽	唐 71
離狐縣	附 8
廉州	附 4
涼城	唐 97
涼都	附 1
涼州	唐 122
六樂里	唐 15
隴靳	高 39
魯郡	附 8
洛川	附 9
洛陽	附 8
洛州	唐 30
邙州	附 4
茂州	唐 101,唐 107
獼猴	高 126
洺州	附 4
納職縣	唐 102
南平	唐 80,唐 97
南平鄉	唐 33,唐 131
南陽	唐 84,唐 97,唐 101,唐 107,唐 114,唐 115
南原	唐 63,唐 95
邳州	附 8
平棘	附 8
平陽	唐 83
蒲昌	附 8
蒲渚	唐 101
前庭	唐 97,唐 98,唐 100,唐 122

续表

地名	墓塼編號
東原	唐75,唐122
前庭府	唐93,唐97,唐106,唐127
清河	唐108,附8
邛州	附9
沙郡	附5
沙州(洲)	唐99,唐112,唐117
神山鄉	唐19,唐23
泗水	附8
太平(村)	附9,附10
太原	高186,唐122,唐123
天山郡	附7
天山縣	唐33,唐68,唐108,唐131
田地	高39,唐84
田地郡	高13,高169,高215
庭州	唐33
吐蕃	唐127
王庭	唐106
威神	高4
魏平郡	附10
魏平縣	附9
魏州	唐33,附4
涔林	高10,高32,高135,高170,高172,唐18,唐43
五涼	唐107,唐109
武城	高180,唐75,唐104
武城城	唐104
武城縣	高28
武城鄉	唐15,唐42
武威	高108,唐101

续表

地名	墓塴编號
西□	高39,唐60,唐62
西北舊塋	唐101,唐106,唐109
西北原	唐66,唐67,唐68,唐71,唐72,唐98,唐105
西城	唐26
西關	唐99,唐117
西京	唐97
西陵	高31
西崖	高56
西伊庭三州	
西原	唐78,唐83,唐88,唐89,唐97,
西州	唐13,唐20,唐23,唐26,唐28,唐29,唐30,唐31,唐33,唐34,唐38,唐59,唐60,唐62,唐64,唐66,唐67,唐68,唐70,唐72,唐73,唐75,唐76,唐78,唐81,唐83,唐84,唐87,唐88,唐89,唐93,唐94,唐95,唐100,唐102,唐104,唐106,唐108,唐111,唐119,唐124,唐127,唐133,附7,附8,附9
西州縣	唐42
新安	附3,附8
新城	高2
新興	唐52
許昌	附8
延安郡	附4
延州	唐114,唐115
兗城	唐94
洋源	附8
洋州	附8
遙遙郡	高35
伊吾	唐119

续表

地名	墓塼編號
伊州	唐33,唐101,唐102
永安	高5,高184,唐38,唐97
永安城	唐38
永昌	高83
榆中	唐112
玉關	唐71
源州	高108
張掖	高5,高23,高30,高126,唐101
中京	唐97
州城	唐61,唐90,唐95
子亭	唐112

官、府、职、品、判、勋等

本索引所收均爲墓表、墓誌銘中出現的官爵名號、軍府、官府名以及與身份、職官、軍府、官府有關的詞彙。但如"天山郡""天山縣"等帶有地名的官府則收録到了地名索引中。爲了讀者查詢方便,本索引將一些官職府名號作了分解。

官名官號	墓塼編號
□部參軍	高181
□事□軍	高160
□校尉	唐84
□州學生	唐72
安西都護	唐33
安西都護府	唐33,唐43,唐121
安西府	唐90
安西副都護	唐122
安樂縣令	高5

续表

官名官號	墓塼編號
岸頭府	唐13,唐41,唐45,唐47,唐51,唐62,唐96,唐111,唐119,附9
白丁	唐25
白芳縣令	高5
白石府	唐31
百家之長	唐52
半刺	唐107
碑堂將	高186
北府	高50
北聽(聽、廳)	高40,高46,高146,高184
北聽幹	高146
北聽散望	高184
北廳(廳)左右	高40,高46
北庭	唐122
北庭都護府	唐122
驃騎大將軍	附11
別駕	附9
別將	唐122
兵部	高12,高16,高28,高65,高188,高204,唐20,唐97,唐108
兵部參軍	高188,高204,唐20
兵部職	唐97
兵部主簿	高12,高16,高188
兵曹參軍	高15,高27,高43,高50,高77,高114,高119,高184,唐38
兵曹司馬	高26,高65,高184,高196
兵曹主簿(薄)	高50,高62
兵營主簿	高9

续表

官名官號	墓塼編號
博士	高 205,唐 83,唐 115
財官校尉	高 10,高 32
參軍	高 5,高 6,高 7,高 8,高 11,高 12,高 15,高 16,高 18,高 23,高 27,高 30,高 33,高 36,高 38,高 39,高 42,高 43,高 44,高 48,高 49,高 50,高 51,高 54,高 56,高 61,高 72,高 74,高 76,高 77,高 78,高 80,高 83,高 84,高 97,高 99,高 101,高 104,高 106,高 113,高 114,高 119,高 128,高 144,高 160,高 162,高 172,高 175,高 181,高 184,高 186,高 188,高 195,高 197,高 202,高 204,高 205,高 210,高 216,高 223,唐 20,唐 29,唐 33,唐 38,唐 43,唐 50,唐 55,唐 59,唐 101,附 8
參軍事	唐 29,唐 38,唐 43
倉部	高 32,高 93,高 99,高 113,高 170,唐 18
倉部長史	高 99
倉部郎中	高 32,高 170,唐 18
倉部司馬	高 93,高 99,高 113
長上果毅	唐 112
長上校尉	唐 100
長史	高 5,高 28,高 32,高 48,高 99,高 135,高 172,高 174,唐 18,唐 97,唐 101
朝請大夫	唐 97,唐 101
朝散大夫	唐 101,唐 109,唐 122,附 9
朝散郎	唐 33
朝散騎大夫	唐 122
朝議郎	附 11
朝議大夫	唐 122
朝議郎	唐 122

续表

官名官號	墓塼編號
城主	高4,唐52,唐104
持節督節	附11
敕使	唐33
刺史	唐33,附3,附9
從行參軍	唐38
從事中郎	唐109
大夫	唐95,唐97,唐101,唐107,唐109,唐122,附4,附9,附10
大將軍	唐92,唐97,唐101,唐107,附4,附7,附9,附10,附11
大總管	附9
帶閣(閤)主簿(薄)	高65,高177,高192,唐32
黨內事	高74
殿(壓)中將軍	高25,高102,高104,高113,高121,高124,高135,高145,高154,高170,唐28,唐68,唐87
殿(壓)中中郎將/殿中中郎	高12,高13,高16,高36,高71,高105,高116,高145,高186,高188,高213
殿中/壓中	高12,高13,高16,高25,高36,高71,高102,高104,高105,高113,高116,高121,高124,高135,高145,高154,高170,高186,高188,高213,唐25,唐28,唐68,唐87
東宮	高172,唐30,唐34
諫議郎	高207
都城參軍	高8,高11
都督	唐59,唐68,唐101,附7
都督府	唐101
都督左右	唐59
都官	高8,唐29,唐97
都官參軍	高8,唐29

续表

官名官號	墓塼編號
都官郎中	唐 97
都官主簿	唐 29
都郎中	高 28,附 1
都帥	唐 99,唐 117
都縮曹郎中	高 169,唐 101,唐 107
都尉	唐 17,唐 18,唐 46,唐 93,唐 97,唐 100,唐 102,唐 104,唐 106,唐 119,唐 122,唐 126,附 9
隊副	唐 51,唐 126
隊正	唐 30,唐 47,唐 88,唐 93,唐 94,唐 96
飛騎尉/飛騎校尉	唐 34,附 9
風安府	唐 125
府官	高 202
府門散(望)(將)	高 36,高 191,高 193,高 198
府門子弟/府門子弟將	高 213,唐 30
撫軍府	高 54
副城主	唐 52
副都護	唐 122
副使	唐 119,唐 122
駙馬	唐 100
高昌司馬	高 41
高昌太守	附 1
公主	唐 100
功曹/功曹吏/功曹史	高 20,高 31,高 41,高 51,高 60,高 64,高 91,高 177
勾覆倉庫使	唐 122
冠軍將軍	附 1,附 3
光禄大夫	高 122,附 4
廣威將軍	高 28,高 172

续表

官名官號	墓塼編號
廣武府	唐62
廣武將軍	高32,唐100
果毅/果毅都尉	唐62,唐112,附9,附10
漢王府	附8
河西王	高3
横截太守	唐97,唐112
横截令	高28
虎賁將軍	唐43
虎威將軍	高32
虎牙將軍	高13,高18,高19,高35,高55,高71,高73,高75,高81,高85,高86,高87,高88,高92,高94,高105,高110,高112,高115,高116,高121,高125,高155,,高166,高167,高206,高211,高213
户曹(部)參軍	高12,高16,高38,高39,高42,高44,高49,高74,高78,高83,高106,高160,唐33,唐55
户曹/户部	高12,高16,高38,高39,高42,高44,高49,高51,高57,高74,高78,高83,高106,高111,高126,高160,高215,唐33,唐55
户曹司馬	高51,高126,高215
户曹主簿	高57
護軍大將軍	唐97
懷音/懷音府	唐30,唐88
記室參軍	高33,高72,高162
建威將軍	高5,高28
建義將軍	高169,唐97,唐101,唐107

续表

官名官號	墓塼編號
將軍	高1,高2,高5,高13,高18,高19,高25,高28,高32,高35,高55,高71,高73,高75,高81,高85,高86,高87,高88,高92,高94,高102,高104,高105,高110,高112,高113,高115,高121,高123,高124,高125,高135,高138,高145,高154,高155,高161,高166,高167,高169,高170,高172,高176,高206,高211,高213,高217,唐18,唐27,唐28,唐31,唐34,唐43,唐59,唐61,唐66,唐68,唐71,唐87,唐88,唐92,唐97,唐100,唐101,唐107,唐109,唐112,唐115,唐119,附1,附3,附4,附5,附7,附8,附9,附10,附11
將作監	唐122
交河公府	唐56
敦郎將軍	唐31
郡守	附9
開國公	附4,附7,附9,附10
開國男	附9
客曹	高23,高30,高33,高56,高67,高99,高175,高183
客曹參軍	高23,高30,高33,高56,高175
客曹司馬	高99
客曹主簿	高67,高183
庫部	高61,高135,高154,高170,唐59
庫部參軍	高61
庫部郎中	高135,高154,高170
庫部主簿	高61,唐59
郎將	高12,高16,高71,高105,高113,高145,高186,高188,高213,唐97,高101,附9,附10

官名官號	墓塼編號
郎中	高5,高28,高32,高135,高154,高169,高170,高172,唐18,唐97,唐101,唐107,附1
里正	唐35
禮閣	唐114
吏部	高5,高28,唐92,唐101
吏部郎中	高5,高28
吏部侍郎	唐92,唐101
麗水府	唐122
淩江將軍	高25,高154,高161,高172,唐18
領兵胡將	高98
令	參見"縣令"條
令兵將/領兵將/領兵/兵將	高18,高33,高42,高80,高83,高98,高142,高180,高181,高187,高194,高202,高204,高208,高209,高216,唐50
令內將	高143
龍驤將軍	高1,附4
鹿門散望	高167
鹿門子弟	高145
録事/録事參軍	高5,高7,高23,高30,高97,高144,高162,唐81,唐101
旅帥	唐13,唐41,唐88,唐106,唐111,唐125
率更令	唐122
門下	唐18,唐114
門下司馬	唐114
門下校郎	唐18
民部	高5,高6,高18,高36,高48,高79,高80,高154,高186
民部參軍	高6,高18,高36,高80,高186
民部郎中	高5,高154

续表

官名官號	墓塼編號
民部司馬	高 48
民部主簿	高 79
明威/明威將軍	高 18,高 32,高 35,高 71,高 86,高 121,高 123,高 138,高 166,高 206,高 211,唐 71,唐 88,唐 115
幕府	唐 101,附 4
南平太守	唐 97
內幹將	高 13,高 19,高 21,高 49,高 54,高 86
內行	高 184
內行參軍	高 54
內將	高 125,高 127,高 143,高 152,唐 4,唐 47
內直參軍	高 104
內直主簿	高 104
內散常侍	附 6
寧朔將軍	高 135,唐 97,唐 112
平棘令	附 8
平莫(漠)將軍	高 170
平遠府	高 7
騎都尉	唐 17,唐 18,唐 46,唐 93,唐 126
前庭府	唐 93,唐 97,唐 106,唐 127
輕車都尉	唐 102,唐 104,唐 106
輕車都尉	
親侍/親侍左右	高 189,高 201,高 212,唐 56,唐 59
曲尺將	高 120,高 190,高 199
戎衛	唐 51,唐 78,唐 125
薩綱	唐 70
三門將	高 110
三門散望將	高 13
三門子弟	高 12,高 16

续表

官名官號	墓塼編號
散騎常侍	高 1
散望將	高 13,高 51,高 52,高 60,高 108,高 191,高 193,高 198
商將	唐 2
上護軍	唐 94
上騎都尉	唐 93
上輕車都尉	唐 102,唐 104,唐 106
上右親侍	唐 56
上柱國	唐 33,唐 41,唐 88,唐 94,唐 100,唐 101,唐 105,唐 107,唐 108,唐 109。唐 119,唐 120,唐 121,唐 122,唐 127,附 7,附 9,附 10
使持節	唐 33
士曹參軍	唐 43
侍郎/侍	高 21,高 22,高 25,高 32,高 96,高 124,高 126,高 135,高 149,高 151,高 154,高 156,高 169,高 170,高 172,高 174,高 195,高 207,唐 11,唐 18,唐 28,唐 92,唐 101,唐 108
試衛尉卿	唐 122
戍主	高 4
司馬	高 5,高 25,高 26,高 41,高 48,高 51,高 65,高 93,高 99,高 113,高 126,高 131,高 148,高 168,高 174,高 177,高 184,高 196,高 215,唐 38,唐 84,唐 101,唐 107,唐 114,唐 115,唐 122,附 8
祀部	高 154,高 174,高 202,唐 18
祀部參軍	高 202
祀部長史	高 174,唐 18
祀部郎中	高 154
祀部司馬	高 174
太教學博士	唐 115

续表

官名官號	墓塼編號
太廟齋郎	附 8
太僕卿	附 11
太守	高 2,唐 97,唐 112,附 1
太尉	附 9
太子	唐 122,附 8
天山府	唐 99,唐 108,唐 117
田曹	高 41,高 76,高 97,高 101,高 131,高 137,高 162,高 168,高 177,高 197,高 205,高 216
田曹參軍	高 76,高 101,高 162,高 197,高 205
田曹錄事參軍	高 97
田曹司馬	高 41,高 131,高 168,高 177
田曹主簿	高 137,高 216
廳上幹將	唐 34
廳上子弟	唐 34
通事教郎	唐 115
通事舍人	高 3
屯田司馬	高 25
綰曹/綰曹郎中	高 28,高 135,高 169,高 172,唐 97,唐 101
王府	高 5
王國	高 25,高 96,高 124,高 126
王帳下	高 143,146
王帳右	唐 88
望苑府	附 9,附 10
威遠將軍	高 5,唐 61,唐 97
僞(官號)	唐 24,唐 31,唐 50,唐 52,唐 55,唐 59,唐 66,唐 68,唐 71,唐 73,唐 76,唐 83,唐 84,唐 88,唐 92,唐 97,唐 100,唐 101,唐 107,唐 108,唐 109,唐 112,唐 114,唐 115,唐 125,附 6

续表

官名官號	墓塼編號
文林郎	附 8
洿林令	高 10,高 32,高 135,高 170,高 172,唐 18,唐 43
吾衛大將軍	附 11
五丈府	唐 112
武昌府	唐 125
武騎尉	唐 16,唐 27,唐 29,唐 47,唐 59
武牙將軍	唐 27,唐 34,唐 59,唐 66,唐 109,唐 125,附 8
西府	高 206
西關鎮將	唐 99,唐 117
縣丞	唐 68,附 8
縣令/令	高 5,高 10,高 28,高 32,高 135,高 170,高 172,唐 18,唐 43,唐 101,附 8
縣尉	唐 30,唐 114,唐 115
獻文王	唐 107,附 7
相/箱上將	高 75,高 81,高 120,高 121,高 178
巷中左右	高 155
驍騎尉	唐 28,唐 30,唐 68,唐 73
校尉	高 10,高 32,唐 31,唐 45,唐 80,唐 84,唐 100,唐 108,唐 112,唐 122,唐 127,附 9
新城太守	高 2
杏城府	唐 112
宿衛事	高 28
宣威將軍	高 13,高 71,高 81,高 138,高 176
學博士	唐 83
勳官	唐 126
洋源縣令	附 8
洋源縣令	附 8
洋州	附 8

续表

官名官號	墓塼編號
揚威將軍	高 5
堯臺府	附 8
伊吾軍	唐 119
伊西庭	唐 122
翊府右郎將	唐 97
銀青光禄大夫	唐 122
營田副使	唐 122
鄏國公	附 4
永安太郡君	唐 97
永安縣令	高 5
遊擊將軍	唐 107，唐 112，唐 119
遊擊大將軍	附 4
右光禄大夫	附 4
右郎將	唐 97
右領軍	唐 47
右親侍	高 212，唐 56
右親衛校尉	附 9
右衛將軍	唐 101
右衛郎將	附 10
右翊郎將	附 9
右玉鈐衛	唐 97，唐 101，唐 106
元帥	唐 101
雲麾將軍	唐 87
雲騎/雲騎尉	唐 20，唐 21，唐 47，唐 75
雜曹參軍	高 216
張掖縣令	唐 101
帳下/帳(長)下左右	高 109，高 140，高 143，高 146，高 178，唐 42
昭武校尉	唐 112，唐 122

续表

官名官號	墓塼編號
折衝	唐62
折衝都尉	唐97,唐119
折衝將軍	高2,高5
振武將軍	高32
鎮將	唐99,唐112,唐117
鎮西府	高15,高19,高20,高21,高23,高27,高29,高31,高38,高41,高51,高60,高62,高64,高65,高71,高76,高84,高103,高110,高111,高128,高133,高137,高144,高147,高150,高152,高153,高160,高162,高175,高177,高182,高183,高187,高190,高191,高192,高193,高194,高197,高198,高199,高201,高205,高206,高208,高210,唐4,唐41,唐56
鎮西府將	高147
鎮遠將軍	高28
正議大夫	附4
支度	唐122
徵事郎	唐30
致果副尉	唐6,附6
中兵參軍	高51,高84,高99
中兵校郎	唐61,唐108
中兵主簿	高188
中大夫	附10
中郎/中郎將/郎將	高12,高13,高16,高36,高71,高105,高113,高145,高179,高186,高188,高213,唐52,唐66,唐97,唐101,唐109,附9,附10
中散大夫	唐101,唐107
州牧	唐107
諸軍事	唐33,附9

索引

续表

官名官號	墓塼編號
主簿(主薄)	高9,高12,高16,高29,高45,高50,高54,高57,高61,高62,高65,高67,高79,高104,高137,高177,高183,高188,高192,高216,唐29,唐32,唐52,唐59,唐73,唐76,唐102,附8
主客參軍	唐59
主客郎中	高170
資□□□	唐84
諮議參軍	高48,高113,高172,高195,高223
子總管	唐101
總管	附9
總戎律	唐101
左長史	高5
左僕射	附8
左親侍	高189,唐59
左親衛振(辰)師	附9
左屯衛大將軍	附9
左衛大將軍	唐92,唐97,唐101,唐107,附10
左驍衛大將軍	附7,附9
佐使	唐52

墓葬編號

墓葬編號	墓塼編號
04TBM114:1	高213
04TBM201:1	高58
04TBM202:1	高59
04TBM212:1	高189
04TBM217:12	唐94

续表

墓葬編號	墓塼編號
04TMM103:2	高196
04TMNM102:12	唐38
04TMNM103:1	高184
04TYGXM6:1(04TJM6:1)	高109
05TMM209:1	唐24
05TMNM208:1	高146
05TYGXM11:1	唐2
05TYGXM20:15	唐47
2004TBM234:11	高115
2004TYGXM4:1(04TJM4:1)	高98
2005TMM203:1	高143
56TYM103:6	高62
56TYM104	唐9
56TYM105:1	高38
56TYM2:1	高72
56TYM4:1	高215
56TYM4:2	高205
59TAM302:1	唐29
59TAM303:1	高18
59TAM304:1	唐96
59TAM306	高227
60TAM311	高222
60TAM313	高14
60TAM317:42	唐49
60TAM319	高219
60TAM320	高165
60TAM322:32	唐53
60TAM328:040	高228

索引

续表

墓葬編號	墓塼編號
60TAM329:38	高 229
60TAM330	唐 75
60TAM337:19	唐 42
60TAM338	唐 65
60TAM339:35	高 180
63TAM0053	高 100
64TAM10:32	唐 128
64TAM15:3	唐 103
64TAM16:18	唐 20
64TAM18:9	高 92
64TAM36	唐 111
64TAM4	唐 78
65TAM:0099	高 130
65TAM42:47	唐 27
66TAM44:1	唐 33
66TAM61	唐 77
66TKM301:1	高 178
66TKM306:1	高 121
67TAM70:8	高 155
67TAM74	唐 44
67TAM75:1	高 185
67TAM78:1	唐 8
67TAM80:1	高 171
67TAM88:10	高 45
67TAM90:27	高 46
67TAM92:33	高 218
67TAM92:34	唐 71
67TAM94:15	唐 73

续表

墓葬編號	墓磚編號
67TAM99:1	唐57
68TAM100	唐106
68TAM104	唐130
69TAM1	唐109
69TAM10:2	高216
69TAM110:01	高136
69TAM111:1	唐2
69TAM111:2	唐22
69TAM112:1	高168
69TAM112:2	高148
69TAM114:1	高135
69TAM114:2	高17
69TAM117	唐92
69TAM132	唐129
69TAM134:10	唐48
69TAM140:28	唐36
69TKM30:1	高226
69TKM32:1	高129
69TKM50:1	高40
69TKM51:1	高6
69TKM51:2	高36
69TKM52:1	高1
69TKM54:1	高5
72TAM151:1	高167
72TAM153:1	高118
72TAM169:1	高25
72TAM170:1	高10
72TAM171:1	唐6

续表

墓葬編號	墓博編號
72TAM177	附 1
72TAM183:1	唐 59
72TAM188:1	唐 112
72TAM190:1	唐 113
72TAM194:1	唐 114
72TAM194:2	唐 115
72TAM199:2	唐 70
72TAM199:3	唐 17
72TAM199:4	唐 98
72TAM199:5	高 179
72TAM199:6	唐 90
72TAM199:8	高 170
72TAM199:9	高 124
72TAM200:1	高 172
72TAM200:2	高 149
72TAM202:1	唐 84
72TAM202:2	唐 61
72TAM204:1	高 201
72TAM209:1	唐 43
72TAM213:1	唐 133
72TAM214	唐 62
72TAM218:1	唐 119
72TAM230:1	唐 107
72TAM234:1	唐 125
73TAM113:1	高 154
73TAM113:2	高 96
73TAM113:3	高 161
73TAM115:35	高 223

续表

墓葬編號	墓塼編號
73TAM116:1	高 156
73TAM116:2	高 174
73TAM192:1	唐 116
73TAM197:1	高 117
73TAM208:1	唐 31
73TAM221:1	唐 30
73TAM503:1	高 151
73TAM503:2	高 169
73TAM504:28	唐 11
73TAM504:29	高 208
73TAM504:30	唐 104
73TAM504:31	唐 67
73TAM504:32	高 186
73TAM504:33	高 139
73TAM504:34	唐 18
73TAM504:35	唐 21
73TAM507:15	唐 118
73TAM508:1	唐 108
73TAM509:1	唐 99
73TAM509:1	唐 117
73TAM512:4	唐 100
73TAM517:26	高 102
73TAM517:27	高 113
73TAM519:35	唐 9
73TAM520:22	高 134
73TAM522:1	高 22
73TAM525:19	高 224
73TAM526:1	高 225

续表

墓葬編號	墓塼編號
75TAM81:3	高 140
75TKM	高 8,高 11
75TKM60:1	高 2
75TKM74:1	高 219
75TKM76:1	唐 82
75TKM79:1	高 112
75TKM82:1	高 203
75TKM82:2	高 122
75TRM	高 9
77TAM	唐 127
78SLM	高 131
83TAM	唐 126
84TKM338:1	唐 122
86TAM:1	高 188
86TAM:2	唐 12
86TAM385:1	高 85
86TAM386:1	高 166
86TAM386:2	高 212
86TAM387:1	高 210
86TAM390:1	高 63
95TYGXM2:1	唐 81
95TYGXM7:12	高 82
97TSYM1:22	高 4
AST.09	高 48
AST.i.6:08	高 195
EM2:28	高 84
EM3:6(E-Ⅳ-d-3)	高 66
L1.4.35	唐 15

续表

墓葬編號	墓塼編號
L1.4.37	唐 5
L1.4.42	高 181
L1.4.43	高 214
L1.4.46	高 105
L1.4.47	唐 60
L1.45	高 138
M2	高 95
TAM187:178	唐 121
TAM197:2	唐 7
TAM199:1	唐 28
TAM201	唐 80
TAM308	高 90
TAM324:17	唐 143
TAM325:026	唐 52
TAM327	唐 37
TAM504:36	唐 35
TAM63:1	唐 76
TAM84	唐 124
TBM107:1	唐 142
TBM107:1	唐 139
TBM204:1	唐 140
TBM231:1	唐 141
TKM339	高 178
TYGXM5:1(04TJM5:1)	高 107
交河城溝西曹塋	高 44,高 114,高 190,高 199,唐 79
交河城溝西唐塋	高 52,高 127,高 147,高 157,高 160,高 182,高 183,高 191,高 206,唐 13,唐 14,唐 19,唐 56,唐 83

续表

墓葬編號	墓塼編號
交河城溝西趙塋	高 21,高 54,高 128,高 159,高 187,高 194,高 197,唐 86
庫號 L14·15	高 61
馬塋⑦	高 133

麴氏高昌國年表

國王名	傳承	年號	年數	備註
麴嘉	出自春秋燕王族支系,先祖漢代西遷	承平 義熙	502—510 年 510—約 525 年	
麴光	麴嘉子	甘露	526—約 530 年	
麴堅	麴嘉子、麴光弟	章和	531—548 年	
麴玄喜	麴堅子	永平	549—550 年	
麴（佚名）	麴玄喜子	和平	551—554 年	
麴寶茂	麴（佚名）子	建昌	555—560 年	
麴乾固	麴寶茂子	延昌	561—601 年	
麴伯雅	麴乾固子	延和 重光	602—613 年 620—623 年	
麴（佚名）	不詳,政變登位	義和	614—619 年	
麴文泰	麴伯雅子	延壽	624—640 年	
麴智盛	麴文泰子	無	640 年	640 年,唐滅麴氏高昌。

（注:引自王素《高昌史稿》）

後　記

　　如《編寫説明》所言，本書是我在日本大阪大學提交的博士學位申請論文（2003年6月）的《資料編》的基礎上完成的。在我2004年歸國初期，王素先生就建議我將該稿出版。然而由於墓誌銘文校録的繁瑣，更由於十餘年來的主要工作基本上已經脱離了原來的領域，這一工作遲遲沒有進展。幸虧，最後的校稿工作有了學生的參與，才得以完成。

　　爲完成本書作出貢獻的人員，我首先要感謝的是吐魯番學研究院的張永兵研究員，如果沒有張永兵先生的幫助，本書的新資料很難全面落實。此外，我指導的博士研究生張慧芬、碩士研究生以及本科生付珺、劉劍輝、于慧楠、凌妙丹、米婷婷、杜然、李亮、賈楨等人，他們參與了銘文校對等工作。最後張慧芬博士完成了索引和銘文的校補工作。在完稿后，刘子凡博士通读全稿，并提出了修改意见。感謝王素先生爲本書作序和對本工作的肯定！當初如果不是王素先生的建議，我也不會想到將此書稿整理出版。感谢羅燦女士在本書的编辑阶段所作的工作。她的細心和耐心，不但使本書質量由簡入精,還使本書一些不经意的错误暴露无遗。我與廣西師範大學出版社的交往超過了三十年,深知他們出書質量之精,而羅燦女士的工作,讓我再一次深切領略到了廣西師範大學出版社作爲全國超一流出版機構的工作質量!

張銘心

於中央民族大學民族博物館

2020 年 9 月 15 日